Emissionshandel

Verpflichtende und freiwillige Märkte
Funktionsweisen – Hintergründe – Ziele – Ausblick

herausgegeben von

Adela Roszkowski

Klaus Reisinger

Linde
international

Zitiervorschlag: *Reisinger/Roszkowski* (Hrsg), Emissionshandel (2026) Seite

Bibliografische Information der Deutschen Nationalbibliothek

Die Deutsche Nationalbibliothek verzeichnet diese Publikation in der Deutschen Nationalbibliografie; detaillierte bibliografische Daten sind im Internet über http://dnb.d-nb.de abrufbar.

Hinweis: Wenn aus Gründen der leichteren Lesbarkeit auf eine geschlechtsspezifische Differenzierung verzichtet wird, gelten entsprechende Begriffe im Sinne der Gleichbehandlung für alle Geschlechter.

ISBN 978-3-7143-0412-1 (Print)
ISBN 978-3-7094-1413-2 (E-Book-PDF)
ISBN 978-3-7094-1414-9 (E-Book-ePub)

1210 Wien, Scheydgasse 24, Tel.: 01/24 630
office@lindeverlag.at | www.lindeverlag.at

Druckprodukt mit finanziellem
Klimabeitrag
ClimatePartner.com/26395-2511-1003

Druck und Bindung: Prime Rate Zrt.,
H-1044 Budapest, Megyeri út 53

1

Vorwort

„What the atmosphere sees!" ist ein Ausspruch, der bei den Klimaverhandlungen unter dem Dach der Vereinten Nationen immer wieder fällt – und in Wahrheit den Kern des Problems anspricht: Um die Klimakrise bewältigen zu können, ist es entscheidend, dass der Mensch unterm Strich deutlich weniger Treibhausgase in die Atmosphäre bläst als bisher. Unter dieser Prämisse können und müssen auch die Emissionsmärkte funktionieren.

Im Dezember 2015 wurde mit dem Pariser Klimaübereinkommen in dessen Artikel 6 die Basis für freiwillige Kooperationen zwischen Vertragsparteien – bekannt als „Marktmechanismen" – im internationalen Klimaschutz gelegt. Bei der COP 26 in Glasgow im Jahr 2021 konnte man sich auf die grundsätzlichen Verrechnungsregeln für den Emissionshandel einigen. Aber erst mit der Beschlussfassung von Standards für den projektbasierten Mechanismus bei der COP 29 in Baku im November 2024 wurden die freiwilligen Kooperationen insgesamt operabel gemacht. Entscheidend für ein ordnungsgemäßes Funktionieren dieser Kooperationen ist eine transparente Abwicklung, die Doppelzählungen von Emissionsreduktionen hintanhält, „Greenwashing" vermeidet und zum Erreichen der Pariser Klimaziele beiträgt. Die Mechanismen sind kein Ersatz für die notwendigen Maßnahmen zur globalen Treibhausgas-Emissionsreduktion, aber ein wesentliches Hilfsmittel zu deren Umsetzung. Was mit den Kyoto-Mechanismen (JI und CDM) nur bedingt gelungen ist, sollte nunmehr möglich sein: Der Aufbau eines ausgewogenen und fairen globalen Kohlenstoffmarkts.

Die EU hat mit ihrem Emissionshandelssystem gezeigt, wie so ein Markt funktionieren kann und wie man die notwendigen Anreize zur Emissionsminderung schafft. Die kommende Ausweitung dieses Systems auf die Emissionen aus dem Verkehrs- und Gebäudesektor unterstreicht den Erfolg des europäischen Emissionshandels.

Alle diese Aspekte und noch viel mehr, zahlreiche Details sowie Vor- und Nachteile von Emissionsmärkten haben die Autor:innen des vorliegenden Buches in hervorragender Weise zusammengestellt und beleuchtet. Es ist ihnen gelungen, ein kompliziertes, durchaus sperriges und sensibles Thema ausgewogen und verständlich darzustellen. Das Werk gibt einen umfassenden und vor allem aktuellen Einblick in die Entwicklung und das Wesen der Emissionsmärkte von der internationalen über die EU- bis zur nationalen Ebene. Es ist damit quasi Pflichtlektüre für all jene, die sich direkt oder indirekt mit Marktmechanismen beschäftigen, aber auch eine exzellente Grundlage für alle am Thema Interessierte!

Dr. Helmut Hojesky

Abteilungsleiter in Ruhe für Allgemeine Klimapolitik,

Bundesministerium für Klimaschutz, Österreich

Danksagung

Das vorliegende Buch entstand nach einer Idee von *Adela Roszkowski* (KPMG). Bald war klar, dass für ein erfolgreiches Gelingen des Projektes ein zweiter Herausgeber und mehrere Autoren notwendig würden. Mit *Klaus Reisinger* (ClimatePartner) wurde rasch ein zweiter Herausgeber gefunden und bald wurde der Kreis der Autoren durch die Ansprache und Zusage von *Simon Göß*, *Hendrik Schuldt* (carboneer) und *David Schwarzinger* (KPMG) komplettiert. Das Buch gliedert sich in Kapitel, wobei verschiedene Autoren federführend für deren Inhalt verantwortlich sind. Nachstehend sind die Kapitel und deren federführende Autor:innen angeführt:

Kapitel 1: Einleitung: Warum wir einen Emissionshandel brauchen: *Klaus Reisinger*

Kapitel 2: Emissionshandel auf zwischenstaatlicher Ebene: *Adela Roszkowski*

Kapitel 3: Der verpflichtende Handel für Unternehmen in der EU: *Klaus Reisinger* (das Kapitel 3.1.7. Das neue EU-ETS2 und das Kapitel 3.2. Der Carbon Border Adjustment Mechanism-CBAM wurden von *Simon Göß/Hendrik Schuldt* verfasst)

Kapitel 4: Internationale Märkte außerhalb der EU: *Simon Göß* und *Hendrik Schuldt*

Kapitel 5: Freiwilliger Klimaschutz: *Klaus Reisinger*

Kapitel 6: Unternehmensinterner Emissionshandel: *David Schwarzinger*

Kapitel 7: Zusammenhang zwischen Emissionshandelsmärkten und Regulatorik: *Adela Roszkowski, Simon Göß, Hendrik Schuldt und David Schwarzinger*

Kapitel 8: Nachwort: *Klaus Reisinger*

An dieser Stelle sei angemerkt, dass die Autoren wechselseitig die Kapitel der anderen Autoren reviewten und dadurch das Vier-Augen-Prinzip durchgängig eingehalten werden konnte.

Mit *Helmut Hojesky* (vormals Klimaschutzministerium), dem österreichischen Delegationsleiter von zahllosen Klimaschutzkonferenzen (COPs) seit 1990, erklärte sich einer der erfahrensten Klimaschutzexperten der Welt bereit, das Vorwort zu diesem Buch zu schreiben und darüber hinaus als „peer reviewer" für das Kapitel 4 „EU-ETS" zur Verfügung zu stehen. Ein herzliches Danke für Deine Beiträge.

Mit *Dennis Uieß* konnte der Leiter der Research and Development Abteilung von ClimatePartner als Peer Reviewer für das Kapitel 5 „freiwilliger Klimaschutz" gewonnen werden, auch Dir herzlichen Dank für Deine Beiträge.

Markus Reisinger reviewte das Kapitel 3 „Einleitung", vielen Dank für Deine sehr konstruktiven Beiträge.

Die Unternehmen KMPG, ClimatePartner und carboneer beschäftigen sich federführend mit den in dem Buch behandelten Themen, anders wäre ein solches Werk nicht möglich gewesen. Der Dank der Autor:innen geht daher besonders an die genannten Unternehmen, da diese es zuließen, dass Zeit und Infrastruktur für das Projekt verwendet wurde.

Vielen Dank an den Linde Verlag, der die Autoren motivieren konnte, für die Verschiebung von Deadlines Verständnis hatte und die Bucherstellung durch den formalen Rahmen professionell begleitet hat.

Das vorliegende Werk wurde (wie bei solchen Vorhaben sehr oft) vorwiegend am Wochenende, an Abenden oder im Urlaub geschrieben. Daher wollen wir Autor:innen bei der Danksagung zum Schluss unsere Familien nicht vergessen, die im letzten Jahr sehr viel Geduld für dieses Projekt aufbringen mussten – vielen Dank dafür.

Herausgeber:innen und Autor:innen

DI Dr. Klaus Reisinger studierte technische Chemie und widmete bereits seine Dissertation den erneuerbaren Energien. Mehr als zwölf Jahre war er Geschäftsführer der ALLPLAN GmbH und gründete 2007 ClimatePartner Austria, wo er nach jeweils mehrjährigen Geschäftsführertätigkeiten in großen Unternehmen inzwischen als geschäftsführender Gesellschafter aktiv ist. Seit 2008 trägt Klaus Reisinger, der sich selbst als Klimaschützer mit Leib und Seele bezeichnet, an der Hochschule Burgenland zu den Themen Klimawandel, Klimaschutz und Klimakrise vor.

Adela Roszkowski studierte International Public Policy (MSc) mit Schwerpunkt EU Climate Policy an der Queen Mary University London sowie Philosophy, Politics & Economics (BA) an der University of Oxford. Seit 2018 arbeitet sie bei KPMG in Wien und berät Kunden im privaten sowie öffentlichen Sektor, darunter diverse UN-Organisationen, insbesondere im Bereich Dekarbonisierung und Transition Planning. Ein weiterer Schwerpunkt ihrer Tätigkeit ist der Emissionshandel und die Entwicklung von technologiebasierten Projekten im Rahmen freiwilliger Offset-Märkte.

Simon Göß studierte nachhaltige Energietechnik (MSc, Honours) an der Delft University of Technology, Niederlande, sowie Umwelt- und Ressourcenmanagement (BSc) an der Brandenburgischen Technischen Universität Cottbus. Als Geschäftsführer von carboneer berät er Unternehmen weltweit zu verpflichtenden und freiwilligen CO_2-Märkten, CBAM, Carbon Management und Removal sowie Klimastrategien. Simon Göß hat über zehn Jahre Erfahrung in den Bereichen Energie-, Strom- und CO_2-Märkte sowie Politikanalyse, ist zertifizierter Händler an der European Energy Exchange (EEX) und führt Expertentrainings und -workshops durch.

Hendrik Schuldt hat einen Abschluss in Wirtschaftswissenschaften und Management Science (MSc) von der Humboldt-Universität zu Berlin und Umwelt- und Ressourcenmanagement (BSc) von der Brandenburgischen Technischen Universität Cottbus. Als Geschäftsführer von carboneer unterstützt Hendrik Schuldt Unternehmen bei der Bewältigung der komplexen Aufgabe, klimapolitische Vorschriften in Deutschland, Europa und weltweit einzuhalten. Hendrik Schuldt arbeitete für mehrere akademische Institutionen zu Themen rund um Klimawandel, Klimapolitik, Transformationsökonomie und Finanzmärkte.

David Schwarzinger studierte Biomassetechnik (NAWARO) (Dipl.-Ing.) sowie Umwelt- und Bioressourcenmanagement (BSc) an der Universität für Bodenkultur in Wien. Nach drei Jahren in der Papierindustrie arbeitet er seit 2022 bei KPMG in Wien und berät Kunden vorrangig im Industriesektor zu diversen Umweltthemen, insbesondere zu Carbon Accounting, CO_2e-Steuerung und Dekarbonisierungsthemen.

Inhaltsverzeichnis

Vorwort V

Danksagung VII

Herausgeber:innen und Autor:innen IX

Abbildungsverzeichnis XV

Tabellenverzeichnis XVII

Quellenverzeichnis XIX

1. Einleitung: Warum wir einen Emissionshandel brauchen 1

1.1. Der Treibhauseffekt 2
1.2. Die Treibhausgase 3
1.3. Vergleich der Schädlichkeit: Das Global Warming Potential (GWP) 5
1.4. Von der Tonne CO_2 zur Tonne CO_2-Äquivalent (CO_2e) 7
1.5. Die Verbrennung von fossilen Brennstoffen führt zu CO_2-Emissionen 7
1.6. Die CO_2-Konzentration in der Atmosphäre steigt 9
1.7. CO_2-Emissionen und Temperatur haben einen Zusammenhang 11
1.8. Die Temperaturen beginnen zu steigen 13
1.9. Exkurs: Die IPCC (Intergovernmental Panel on Climate Change) wird zum Weltklimarat 18
1.10. Auch die Konzentration anderer Treibhausgase steigt rasch an 20
1.11. Der Klimawandel wird zur Klimakrise 22
1.12. Eine Lösung: Der Emissionshandel 25

2. Emissionshandel auf zwischenstaatlicher Ebene: Der verpflichtende Handel für Nationalstaaten (UNFCCC-Markt) 27

2.1. UNFCCC: Beginn zwischenstaatlicher Bemühungen zur Begrenzung des Klimawandels 27
2.2. Das Kyoto-Protokoll und die Ursprünge des zwischenstaatlichen Emissionshandels 29
2.2.1. Clean Development Mechanism (CDM) 30
2.2.2. Joint Implementation (JI) 30
2.2.3. Doha-Adaptation: die zweite Verpflichtungsphase und das Ende des Kyoto Protokolls 31
2.3. Pariser Klimaabkommen: Ziele, NDCs und internationale Kooperation gemäß Artikel 6 32
2.3.1. Artikel 6.2: Kooperative Ansätze 33
2.3.2. Artikel 6.4: Paris Agreement Crediting Mechanism (PACM) 33
2.3.3. Artikel 6.8: Nicht-marktbasierte Ansätze 33
2.3.4. Operationalisierung von Artikel 6 34
2.3.5. Zwischen Fortschritt und Blockaden: Vom Regelwerk auf der COP26 in Glasgow zur stockenden Umsetzung auf der COP27 in Sharm el-Sheikh und der COP28 in Dubai 34

2.3.6. Von der Verhandlung zum Mechanismus: Durchbruch bei der Operationalisierung von Artikel 6 auf der COP29 in Baku 35
2.3.7. Erstes Projekt unter PACM (Artikel 6.4) genehmigt 36
2.3.8. Die Auswirkungen von Artikel 6 auf den Privatsektor 37

3. Der verpflichtende Handel für Unternehmen in der EU 39
3.1. EU-Emissionshandelsrichtlinie (EU-ETS): Der größte Markt weltweit entsteht 39
3.1.1. Entstehungsgeschichte des Europäischen Emissionshandelssystems 39
3.1.2. Allgemeines zum EU-Emissionshandel 40
3.1.3. EU-ETS-Phase 1 (2005–2007) 42
3.1.4. EU-ETS-Phase 2 (2008–2012, Kyoto-Periode) 50
3.1.5. EU-ETS-Phase 3 (2013–2020) 55
3.1.6. EU-ETS-Phase 4 (2021–2030) 66
3.1.7. Das neue EU-ETS 2 – Bepreisung von Emissionen in Gebäuden und im Straßenverkehr 73
3.2. Der Carbon Border Adjustment Mechanism – CBAM 77
3.2.1. Hintergrund und Grundlagen von CBAM 78
3.2.2. Funktionsweise des CBAM 79
3.2.3. Auswirkungen, Herausforderungen und Reaktionen zum CBAM ... 85
3.2.4. Praktische Umsetzung und erste Erfahrungen 88
3.2.5. Zukünftige Entwicklungen und Perspektiven 91

4. Internationale Märkte außerhalb der EU 92
4.1. Fortschritte in der weltweiten CO_2-Bepreisung 92
4.2. Fallbeispiele weltweiter CO_2-Märkte 95
4.2.1. Asien-Pazifik 95
4.2.2. Lateinamerika 99
4.2.3. Naher Osten, Nordafrika und Europa 100
4.2.4. Subnationale Initiativen 101

5. Freiwilliger Klimaschutz 103
5.1. Was bedeutet freiwilliger Klimaschutz? 103
5.2. Mitigation Hierarchy 104
5.3. Motivation: Warum freiwilliger Klimaschutz? 106
5.4. Normen und Standards im freiwilligen Markt 107
5.4.1. Ohne Normen fehlt die Vergleichbarkeit 108
5.4.2. Normen und Standards im Bereich Carbon Accounting (CO_2-Fußabdruckberechnung) 109
5.4.2.1. Company-Carbon-Footprint (CCF)-Berechnung 111
5.4.2.2. Product-Carbon-Footprint (PCF)-Berechnung 116
5.4.2.3. Datenbanken für Emissionsfaktoren (EF) 122
5.4.2.4. Freiwilliger Klimaschutz für Personen 123
5.4.2.5. Sicherheitsaufschlag für CO_2-Fußabdruckberechnungen 124

5.4.3. Klimaschutzprojekte ... 125
5.4.4. Klimaneutralität ... 128
5.4.5. Contribution Claims ... 129
5.4.6. ISO-Normen im freiwilligen Klimaschutz ... 130
5.5. Greenwashing ... 133
5.6. Preisentwicklung und Prognosen ... 136
5.7. Aktueller und historischer Überblick über den freiwilligen Markt ... 138

6. Unternehmensinterner Emissionshandel ... 144
6.1. CO_2-Bepreisung als Instrument des Klimaschutzes ... 144
6.2. Carbon Controlling und der interne CO_2-Preis (ICP) ... 145
6.2.1. Carbon Controlling ... 146
6.2.1.1. Festlegung der CO_2-Ziele ... 146
6.2.1.2. Ableitung von Reduktionsmaßnahmen ... 147
6.2.1.3. CO_2-Planung ... 148
6.2.1.4. Monitoring ... 148
6.2.2. Management-Kontrollrahmen für Internal Carbon Pricing ... 149
6.2.2.1. Grundlegende Prinzipien der Bepreisung des internen CO_2-Preises ... 151
6.2.2.2. Instrumente zur Bestimmung des internen CO_2-Preises ... 153
6.2.2.3. Fallstudien und Leading-Practice Ansatz ... 156
6.2.2.4. Implementierungsleitfaden ... 157
6.2.2.5. Zukunftsausblick für den internen CO_2-Preis ... 162

7. Zusammenhang zwischen Emissionshandelsmärkten und Regulatorik ... 163
7.1. Überblick ... 163
7.2. Corporate Sustainability Reporting Directive – CSRD ... 165
7.3. Corporate Sustainability Due Diligence Directive (CSDDD) ... 167
7.4. Empowering Consumers for the Green Transition Directive (ECGT) ... 168
7.5. Carbon Removal Certification Framework (CRCF) ... 170
7.5.1. Implikationen für Unternehmen ... 170

8. Nachwort ... 172

Abbildungsverzeichnis

Abb 1: Weltweiter Anstieg der energiebedingten CO_2-Emissionen von 1900–2023 9
Abb 2: Anstieg des CO_2-Gehalts in der Atmosphäre seit dem Jahr 1800 10
Abb 3: Zusammenhang zwischen CO_2 und Temperatur über einen Zeitraum von 400.000 Jahren 12
Abb 4: Verlauf der täglichen globalen Oberflächentemperatur 16
Abb 5: Erwärmung der weltweiten Durchschnittstemperatur seit dem Jahr 1950 17
Abb 6: Veränderung der Konzentration der wichtigsten Treibhausgase in der Atmosphäre 21
Abb 7: Änderung verschiedener Naturkatastrophen seit 1980 23
Abb 8: Auswirkung der Erhöhung der globalen Temperatur 25
Abb 9: Zeitleiste zur Entwicklung des UNFCCC Emissionshandels 28
Abb 10: Beispiel Handel mit Berechtigungen Anlage A und Anlage B 41
Abb 11: Phasen im Europäischen Emissionshandel, eigene Darstellung 42
Abb 12: Preisentwicklung im EU-ETS der Jahre 2005–2007 49
Abb 13: EU-ETS Preise in der Phase 2 54
Abb 14: Darstellung Benchmark Zuteilung der EU-ETS Berechtigungen 57
Abb 15: Schematische Darstellung der Marktstabilitätsreserve 64
Abb 16: EU-ETS-Preise der Phasen 2 und 3 65
Abb 17: Preise von EUAs in der vierten Handelsperiode 71
Abb 18: Zeitplan der Einführung des EU-ETS 2 74
Abb 19: Szenario für das Angebot an ausgegeben Zertifikaten im EU-ETS 2 75
Abb 20: Prognostizierte Zertifikatspreise im EU-ETS 2 im Jahr 2030 76
Abb 21: Anrechnung von CO_2-Bepreisung in Drittländern bei Import von CBAM-Waren 80
Abb 22: Zeitplan der CBAM-Implementierung, Stand September 2025 80
Abb 23: Vorgehen bei Nichtabgabe oder falschen CBAM-Berichten 81
Abb 24: Systemgrenzen der Emissionserhebung bei CBAM im Vergleich zu anderen Methodiken der Treibhausgasbilanzierung 83
Abb 25: Entwicklung der CBAM-Zertifikatskosten für den Import von 1.500 Tonnen Schrauben (KN-Nummer 7813 1100) mit direkten grauen Emissionen in Höhe von 2.700 Tonnen bei konservativer Annahme zum CBAM-Benchmark. Balken entsprechen der Unsicherheit aufgrund unterschiedlicher Preisszenarien für Emissionsberechtigungen im EU-ETS 1 85

Abb 26: Erwartete Zeiträume der Veröffentlichung von weiteren Durchführungsrechtsakten und delegierten Rechtsakten zu CBAM durch die EU-Kommission (Stand März 2025) 91
Abb 27: Emissionshandelssysteme weltweit 93
Abb 28: Preise in den größten ETS weltweit seit 2017 in USD/tCO_2-eq 94
Abb 29: CO_2-Emissionen der Volksrepublik China seit Gründung im Jahr 1949 bis 2022 96
Abb 30: Mitigation Hierarchy, eigene Darstellung 105
Abb 31: Darstellung von Scope-1-, 2- und 3-Emissionen 112
Abb 32: Darstellung der vor- und nachgelagerten Scope-3-Emissionen 116
Abb 33: Produktlebenszyklus nach dem Cradle-to-grave-Ansatz 118
Abb 34: CO_2-Fußabdruckberechnung nach der CEPI-Methode 121
Abb 35: Aktivitätsbasierte Berechnung von CO_2-Emissionen 123
Abb 36: Begriffsdefinition von CO_2-neutral, Net Zero und klimaneutral 129
Abb 37: Vorgehen bei der Erarbeitung von ISO-Normen 132
Abb 38: Mengen von CO_2-Ausgleichsprojekten der wichtigsten Standards im freiwilligen Markt 139
Abb 39: Überblick über die geographische Verteilung von Projekten im freiwilligen Klimaschutz 141
Abb 40: Darstellung der wichtigsten Projektkategorien im freiwilligem Klimaschutz 142
Abb 41: Rahmenwerk für Internal Carbon Pricing 149
Abb 42: Vier Dimensionen der Bepreisung (Hannen, 2021) 151
Abb 43: Überblick über mögliche ICP-Methoden 153
Abb 44: Übersicht eingesetzter ICP-Instrumente bei ausgewählten Unternehmen 157
Abb 45: Vierstufiger Leitfaden 157
Abb 46: Überblick zu Emissionshandelsmarktmechanismen und Regulatorik 165
Abb 47: Übersicht zu den ESRS 166

Tabellenverzeichnis

Tab 1: Eigene Darstellung basierend auf den Daten von Greenhouse Gas Protocoll Initiative ... 6
Tab 2: Fact Box EU-ETS Phase ... 50
Tab 3: Fact Box EU-ETS Phase 2 ... 55
Tab 4: Fact Box EU-ETS Phase 3 ... 66
Tab 5: Schrittweise Reduktion der freien Zuteilungen im EU-ETS und gleichzeitige Einführung der CBAM-Bepreisung für Importe ab 2026 (ab 2034 werden alle grauen Emissionen der importieren CBAM-Waren bepreist) ... 79
Tab 6: Tabellarische Darstellung der wichtigsten Handelsmärkte im freiwilligem Klimaschutz ... 141
Tab 7: Praxisbeispiele für die Integration eines internen CO_2-Preises ... 158
Tab 8: Beispiele für einen praxisnahen internen CO_2-Preis ... 159
Tab 9: Beispiele für das Ausrollen des internen CO_2-Preises ... 160
Tab 10: Beispiele für Monitoring und Evaluation des internen CO_2-Preises ... 161

Quellenverzeichnis

Quellen sind grundsätzlich direkt bei den Textstellen angegeben. Sollten keine Verweise angegeben sein, so wurden die Informationen aus folgenden Quellen bezogen:

Eigene Recherchen, eigene Erfahrungen der Autoren

Fischlin, Andreas: persönliche Gespräche, Vortragsunterlagen.
Hojesky, Helmut: persönliche Gespräche und schriftliche Anmerkungen.
Informationen aus der Datenbank von ClimatePartner.
IPCC: Intergovernmental Panel on Climate Change: verschiedene assessment reports.
Kromp-Kolb, Helga: persönliche Gespräche, Vortragsunterlagen.
Steurer, Reinhard, BOKU: persönliche Gespräche, Vorlesungsunterlagen.
Schleicher, Stefan: persönliche Gespräche, Vortragsunterlagen.
Schneider, Jürgen: persönliche Gespräche.
Vortragsvorlagen der Firmen ClimatePartner, ALLPLAN, ENGIE, KPMG, carboneer und iC.
Wiesenberger, Herbert ua, Umweltbundesamt: persönliche Gespräche, Vortragsunterlagen.
Wollansky, Traude, „Umweltministerium": persönliche Gespräche, Vortragsunterlagen.

Detailliertere Quellenangaben

Ahluwalia. (September 2017). Center for Climate and Energy Solutions, https://www.c2es.org/document/the-business-of-pricing-carbon-how-companies-are-pricing-carbon-to-mitigate-risks-and-prepare-for-a-low-carbon-future/ (15.10.2025).

American Journal of Science and Arts, 2ndSeries, v. XXII/no. LXVI, November 1856, 382–383. 1. November 1856, https://archive.org/details/mobot31753002152491/page/381/mode/2up?view=theater (15.10.2025).

Bartlett, N./Coleman, T./Schmidt, S. (N.d. 2021). CDP Worldwide, https://cdn.cdp.net/cdp-production/cms/reports/documents/000/005/651/original/CDP_Global_Carbon_Price_report_2021.pdf (15.10.2025).

BDI, Implementierung des CO_2-Grenzausgleichsmechanismus, 29.5.2024, https://bdi.eu/publikation/news/implementierung-des-co2-grenzausgleichsmechanismus (27.3.2025).

Berger, A. (1978). Long-term variations of daily insolation and Quaternary climatic changes. Journal of the Atmospheric Sciences, 35(12), 2362–2367.

Beschaffung Aktuell, CBAM: Dr. Volker Lederer im Interview, 4.4.2024, https://beschaffung-aktuell.industrie.de/c-teile-management/enormer-administrativer-aufwand-bei-uns-und-den-lieferanten/ (28.3.2025).

Bundesgesetz gegen den unlauteren Wettbewerb (UWG).

Causes of Climate Change Climate Change Science US EPA.

Centre for European Policy (2020, August 11). cepMonitor: Marktstabilitätsreserve für den Emissionshandel. https://www.cep.eu/monitor/cep/marktstabilitaetsreserve-fuer-den-emissionshandel-beschluss.html (15.10.2025).

CSIS, Crafting robust US carbon border adjustment mechanism, 8.4.2024, https://www.csis.org/analysis/crafting-robust-us-carbon-border-adjustment-mechanism (27.3.2025).

De Châtel, Francesca, (2014), The Role of Drought and Climate Change in the Syrian Uprising: Untangling the Triggers of the Revolution, Middle Eastern Studies, 50:4, 521-535, DOI: 10.1080/00263206.2013.850076.

Definition Klimaschutz: https://www.dwds.de/wb/Klimaschutz (15.10.2025).

Department of Finance Kanada, Border carbon adjustments, 1.14.2025, https://www.canada.ca/en/department-finance/programs/consultations/2021/border-carbon-adjustments/exploring-border-carbon-adjustments-canada.html (27.3.2025).

Deutsche Emissionshandelsstelle, Novelliertes TEHG tritt in Kraft, 10.3.2025, https://www.dehst.de/SharedDocs/Newsletter/DE/2025/10-03-25-tehg.html?view=renderNewsletterHtml (27.3.2025).

Deutsche Emissionshandelsstelle (2020a), Überschüssige Zertifikate und Weiterentwicklung der Marktstabilitätsreserve.

Deutsches Global Compact Netzwerk, (September 2018), UN Global Compact Netzwerk, https://www.globalcompact.de/migrated_files/wAssets/docs/Umweltschutz/Publikationen/Diskussionspapier-Interner-Co2-Preis_screen.pdf (15.10.2025).

DiCaprio, T., (Dezember 2013), Microsoft, https://download.microsoft.com/documents/en-us/csr/environment/microsoft_carbon_fee_guide.pdf (15.10.2025).

Einbindung des Seeverkehrs, https://data.consilium.europa.eu/doc/document/PE-10-2023-INIT/de/pdf (20.4.2023).

Ellerman, A. D./Marcantonini, C./Zaklan, A., (2014), The EU ETS: Eight Years and Counting (SSRN Scholarly Paper ID 2383870), Social Science Research Network. https://doi.org/10.2139/ssrn.2383870.

EU-Kommission, CBAM Expert Group Meeting, 13.11.2024, https://ec.europa.eu/transparency/expert-groups-register/screen/meetings/consult?lang=en&meetingId=58024&fromExpertGroups=3927 (27.3.2025).

EU-Kommission, Carbon Border Adjustment Mechanism, 26.2.2025, https://taxation-customs.ec.europa.eu/carbon-border-adjustment-mechanism_en (27.3.2025).

EU-Kommission, Omnibus I, 26.2.2025, https://commission.europa.eu/publications/omnibus-i_en (27.3.2025).

EU-Kommission, ETS2: buildings, road transport and additional sectors, 28.3.2025, https://climate.ec.europa.eu/eu-action/eu-emissions-trading-system-eu-ets/ets2-buildings-road-transport-and-additional-sectors_en (28.3.2025).

Foer, Jonathan Safran ua, Wir sind das Klima!: Wie wir unseren Planeten schon beim Frühstück retten können (2019).

GHG Protocol, A Corporate Accounting and Reporting Standard, https://ghgprotocol.org/sites/default/files/standards/ghg-protocol-revised.pdf (15.10.2025).

GHG Protocol, Procuct Life Cycle: Accounting and Reporting Standard, https://ghgprotocol.org/sites/default/files/standards/Product-Life-Cycle-Accounting-Reporting-Standard_041613.pdf (15.10.2025).

GMK Center, How different countries around the world reacted to CBAM introduction in the EU, 4.12.2024, https://gmk.center/en/infographic/how-different-countries-around-the-world-reacted-to-cbam-introduction-in-the-eu (27.3.2025).

Görg in *Görg* (Hrsg), Kommentar zum UWG (2020) § 2 UWG Rz 450.

Graichen/Ludig, Supply and Demand in the ETS 2, Umweltbundesamt (2024).

Graichen, P./Steigenberger, M./Litz, P. (2015). Die Rolle des Emissionshandels in der Energiewende. https://www.agora-energiewende.de/veroeffentlichungen/die-rolle-des-emissions handels-in-der-energiewende/ (15.10.2025).

Guidance-Papers, „Zuteilung von Emissionen in der Phase 2".

ICAP, Emission Trading Worldwide, Status Report 2024 (2024).

ICAP, China to expand national ETS to cement, steel and aluminum in 2024, 12.9.2024, https://icapcarbonaction.com/en/news/china-expand-national-ets-cement-steel-and-aluminum-2024 (28.3.2025).

IEA, Weltweite CO_2-Emissionen: https://www.iea.org/data-and-statistics/charts/total-increase-in-energy-related-co2-emissions-1900-2023 (15.10.2025).

IPCC AR6 (Intergovernmental Panel on Climate Change Assessment Report 6).

ISO 14083: Greenhouse gases — Quantification and reporting of greenhouse gas emissions arising from transport chain operations.

Hannen, C. (N.d. 2021). Transformationsstrategien zum CO_2-neutralen Unternehmen. Dissertation, Universitätsbibliothek Kassel, https://kobra.uni-kassel.de/items/aea5c5 a0-7fd6-493a-b3c1-b1a9fd041a39 (15.10.2025).

Harpankar (2019), Internal carbon pricing: rationale, promise and limitations. Carbon Management , 219–225.

Kelley, Colin P. et al, „Climate Change in the Fertile Crescent and Implications of the Recent Syrian Drought.", Proceedings of the National Academy of Sciences – PNAS, vol. 112, no 11, 2015, pp 3241–46, https://doi.org/10.1073/pnas.1421533112 (15.10.2025).

Kromp-Kolb, Helga: Für Pessimismus ist es zu spät. Wir sind Teil der Lösung. (2023).

KWI, WIFO, EU-Emissionshandel – Auswirkungen auf den österreichischen Wirtschaftsstandort, Studie im Auftrag der Bundesministerien für Land- und Forstwirtschaft, Umwelt und Wasserwirtschaft sowie für Wirtschaft und Arbeit (2004).

LG Linz 27.3.2023, 3 Cg 69/22k.

KPMG LLP (N.d. 2023), KPMG Unternehmenswebseite, https://kpmg.com/kpmg-us/content/dam/kpmg/pdf/2023/how-to-get-internal-carbon-pricing-right.pdf (15.10.2025).

Lam, L. e., (Dezember 2017), CDP Worldwide, https://cdn.cdp.net/cdp-production/cms/reports/documents/000/002/740/original/cpu-2017-how-to-guide-to-internal-carbon-pricing.pdf?1521554897 (15.10.2025).

Meadows, Dennis L ua, Die Grenzen des Wachstums: Bericht des Club of Rome zur Lage der Menschheit. Deutsche Verlags-Anstalt (1972).

Merchant, Christopher J et al, 2025 Environ. Res. Lett.20 024037.

Minister for Climate Change and Energy, Speech to Australian Business Economists (15.8.2023), unter: https://minister.dcceew.gov.au/bowen/speeches/speech-australian-business-economists (27.3.2025).

Moidl, S./Wahlmüller, J. (2012, November). Österreichs Unternehmen im Emissionshandel (EmissionTrading Scheme – ETS). GLOBAL 2000, https://www.global2000.at/2 (15.10.2025).

Möller, P. D./Schatzmann, J. L./Schmid, J. (N.d. 2022), Internationaler Controller Verein eV, https://www.icv-controlling.com/fileadmin/Wissen/Frei_f%C3%BCr_alle__Controller_Magazin_Statement__White_Paper__Schriftenreihe__Dream_Car_Bericht/2022_UNISG_Internal_Carbon_Pricing.pdf.

Munich Re (2017): Topics Geo 2016: Naturkatastrophen – Analysen, Bewertungen, Positionen. Munich Re.

Nationaler Zuteilungsplan für Österreich gemäß § 11 EZG, Stand 31. März 2004, Hrsg: Bundesministerium für Land- und Forstwirtschaft, Umwelt und Wasserwirtschaft.

Nationaler Zuteilungsplan für Österreich gemäß § 11 Emissionszertifikategesetz für die Periode 2008-2012, Stand 10. Jänner 2007, Hrsg: Bundesministerium für Land- und Forstwirtschaft, Umwelt und Wasserwirtschaft.

Our World in Data, China: CO_2 Country Profile, 28.3.2025, https://ourworldindata.org/co2/country/china?country (28.3.2025).

Potsdam Institut: Schwindende Widerstandskraft unseres Planeten: Planetare Belastungsgrenzen erstmals vollständig beschrieben, sechs von neun bereits überschritten – Potsdam-Institut für Klimafolgenforschung.

Rainfurth, C. (2020). Emissionshandel: Marktstabilitätsreserve wird erstmals 265 Millionen Emissionszertifikate vom Markt nehmen. IHK Karlsruhe. https://www.karlsruhe.ihk.de/innovation/umwelt/klimaschutzemissionshandel/emissionshandel-aktuell/aktuelle-meldungen/emissionshandel-marktstabilitaetsreserve-wird-4079242 (6.4.2025).

Revision der Einbindung des Luftverkehrs, https://data.consilium.europa.eu/doc/document/PE-8-2023-INIT/de/pdf (20.4.2023).

Revision der EU-ETS, https://data.consilium.europa.eu/doc/document/PE-9-2023-INIT/de/pdf (20.4.2023).

Richtlinie 2003/87/EG des Europäischen Parlaments und des Rates vom 13. Oktober 2003 über ein System für den Handel mit Treibhausgasemissionszertifikaten in der Gemeinschaft und zur Änderung der Richtlinie 96/61/EG des Rates.

Rothschild, F. d. (2023, Dezember 20), https://time.com/6549163/why-world-needs-a-carbon-price/ (15.10.2025).

Sandalow/Meidan/Andrews-Speed/Hove/Qiu/Downie, Guide to Chinese Climate Policy 2022, Oxford Institute of Energy Studies (2022).

Schmitt, A., Kurz zum Klima: Der EU-Emissionshandel – bekannte Probleme, neue Lösungen? ifo Schnelldienst (2017) 48–50.

Sinclair-Desgagne, B./Desjardins, M./Gianfrate, G./Ghitti, M. (19. November 2024). Internal Carbon Pricing: A Literature Assessment and Research Agenda. Von Social Science Research Network.

Steffen, Will/Crutzen, Paul J./McNeill, John R. „The Anthropocene: Are Humans Now Overwhelming the Great Forces of Nature," AMBIO: A Journal of the Human Environment 36(8), 614-621, (1 December 2007).

Steffen, W./Rockström, J./ Richardson, K./Lenton, T.M./Folke, C./Liverman, D./Summerhayes, C.P./Barnosky, A.D./Cornell, S.E./Crucifix, M./Donges, J.F./IFetzer, I./Lade, S.J./Scheffer, M./Winkelmann, R./Schellnhuber, H.J., Trajectories of the Earth System in the Anthropocene, Proc. Natl. Acad. Sci. U.S.A.115 (33) 8252-8259, https://doi.org/10.1073/pnas.1810141115 (4.10.2025).

Swiss Re. (N.d. 2023). Swiss Re Unternehmenswebsite, https://www.swissre.com/dam/jcr:52d75760-2c43-4d96-be2f-0514382ac51a/2023-sustainability-report-en.pdf (4.10.2025).

Twidale, S. (21.5.2024), Reuters, https://www.reuters.com/sustainability/climate-energy/global-carbon-emissions-pricing-raised-record-104-bln-2023-2024-05-21/ (4.10.2025).

UK Government, Addressing carbon leakage risk to support decarbonisation, 18.12.2023, https://www.gov.uk/government/consultations/addressing-carbon-leakage-risk-to-support-decarbonisation/outcome/factsheet-uk-carbon-border-adjustment-mechanism (27.3.2025).

U.S. National Climate Assessment (2014).

Verordnung zum CO_2-Grenzausgleich (CBAM), https://data.consilium.europa.eu/doc/document/PE-7-2023-INIT/de/pdf (20.4.2023).

VCI, Hürdenlauf für CBAM Berichte, 6.3.2024, https://www.vci.de/themen/aussen wirtschaft/huerdenlauf-fuer-cbam-berichte.jsp (27.3.2025).

Velikkakath, Reshma, Bachelorarbeit „Die Klimaziele und die Rolle des Europäischen Emissionshandelssystems" (2020).

Wang, Qing-Yu et al, Untangling the environmental and tectonic drivers of the Noto earthquake swarm in Japan.Sci. Adv.10,eado1469(2024).DOI:10.1126/sciadv.ado1469.

Weltbank (Mai 2023), The World Bank Group, https://openknowledge.worldbank.org/entities/publication/58f2a409-9bb7-4ee6-899d-be47835c838f (4.10.2025).

Wikiinger 13:38, 27. Jan. 2008 (CET) mit OpenOffice.org – EEX: 2005,2006,2007, CC BY-SA 2.0 de, https://commons.wikimedia.org/w/index.php?curid=34964672 (4.10.2025).

World Bank, State and Trends of Carbon Pricing 2024 (2024).

World Economic Forum, (Dezember 2023), The World Economic Forum Unternehmenswebsite, https://www3.weforum.org/docs/WEF_No-Excuse%E2%80%9D_Opportu nities_to_Tackle_Scope_3_Emissions_in_Manufacturing_and_Value_Chains_2023.pdf (4.10.2025).

Wikipedia

Wikipedia wurde an manchen Stellen bewusst eingesetzt, um zu zeigen, dass bestimmte Informationen bereits „allgemeines Wissen" und nicht nur Experten und Wissenschaftlern zugänglich sind.

Dennis Meadows: https://de.wikipedia.org/wiki/Dennis_L._Meadows (15.10.2025).

Die Grenzen des Wachstums: https://de.wikipedia.org/wiki/Die_Grenzen_des_Wachstums (15.10.2025).

Freier Wille: https://de.wikipedia.org/wiki/Freier_Wille (15.10.2025).

Voluntary Market: https://de.wikipedia.org/wiki/Voluntary_Market#cite_note-uba2020-1 (15.10.2025).

1. Einleitung: Warum wir einen Emissionshandel brauchen

Spätestens seit dem Club-of-Rome-Bericht im Jahr 1972 zur Lage der Menschheit mit dem Titel „Die Grenzen des Wachstums" ist sich eine zunächst elitäre Gruppe von Wissenschaftlern einig: *„Individuelles lokales Handeln aller Menschen hat globale Auswirkungen, die weit über den Zeithorizont und Handlungsraum der Einzelnen hinausgehen."*[1]

Die zentrale Aussage des Berichts war folgende:

> Wenn die gegenwärtige Zunahme der Weltbevölkerung, der Industrialisierung, der Umweltverschmutzung, der Nahrungsmittelproduktion und der Ausbeutung von natürlichen Rohstoffen unverändert anhält, werden die absoluten Wachstumsgrenzen auf der Erde im Laufe der nächsten hundert Jahre erreicht.

Der Bericht wurde zunächst nur in einem kleinen Kreis von Wissenschaftlern vorgestellt und diskutiert, da er sehr akademisch geschrieben war und im Bericht auch komplizierte Computermodelle vorgestellt wurden.

Eine große Breitenwirkung hatte aber die etwas verständlicher formulierte Botschaft, *„dass unbegrenztes Wachstum auf einem begrenzten Lebensraum mit begrenzten Ressourcen auf lange Sicht unmöglich ist."* In dieser Form wird der führende Autor *Dennis Meadows* und sein Werk[2] auch heute noch häufig zitiert. Die in dem Zitat angesprochenen Limits werden als planetare Grenzen bezeichnet, wobei aktuelle Studien davon ausgehen, dass sechs von neun planetaren Grenzen bereits überschritten sind.[3]

Eine solche Grenze stellt der Klimawandel dar. Dieser wird durch von Menschen verursachte Emissionen von Treibhausgasen ausgelöst und setzt dem weiteren Wachstum unserer Zivilisation buchstäblich Grenzen. Im vorliegenden Buch geht es darum, den Emissionshandel als ein Instrument zur Bekämpfung des vom Menschen verursachten Klimawandels umfassend und detailliert darzustellen. Nach einer Einleitung, die sich mit dem Phänomen des Treibhauseffektes beschäftigt, werden in den folgenden Kapiteln Klimaschutz-Lösungsansätze beschrieben. Dabei wird auf verpflichtende und freiwillige Klimaschutzmärkte eingegangen. Ihre Geschichte und Funktionsweise wird dabei nicht nur sachlich beschrieben und mit vielen Fallbeispielen untermauert, sondern auch kritisch diskutiert. Darüber hinaus ist der in den letzten Jahren zunehmend entstandenen Regulatorik (hauptsächlich innerhalb der EU) in diesem Bereich ein eigenes Kapitel gewidmet.

Die Autoren verstehen das vorliegende Buch als (hoffentlich gelungene) Symbiose von einem Fachbuch und einer leicht lesbaren Lektüre zu einem der wichtigsten Themen unserer Zeit: dem Klimawandel. Ein Fachbuch deshalb, weil die Autoren wie bei einer

1 *Meadows* et al, Die Grenzen des Wachstums (1972).
2 *Gerten/Schellnhuber*, Planetare Grenzen, globale Entwicklung (2015).
3 Potsdam Institut für Klimafolgenforschung, Schwindende Widerstandskraft unseres Planeten, unter: https://www.pik-potsdam.de/de/aktuelles/nachrichten/schwindende-widerstandskraft-unseres-planeten-planetare-belastungsgrenzen-erstmals-vollstaendig-beschrieben-sechs-von-neun-bereits-ueberschritten-1 (abgerufen am 28.3.2025).

wissenschaftlichen Veröffentlichung Fakten verständlich recherchiert und aufbereitet haben und das Buch ein umfangreiches Quellenverzeichnis beinhaltet. Andererseits wurde im Buch versucht, den Charme einer lesbaren Lektüre zu erhalten, die an geeigneten Stellen auch Kommentare und kritische Aussagen beinhaltet. In diesem Sinne wünschen die Autoren viel Freude und Spannung beim Lesen!

1.1. Der Treibhauseffekt

Um den Emissionshandel zu beschreiben, muss man zunächst definieren, um welche Art von Emissionen es sich handelt. Im vorliegenden Buch geht es um von Menschen verursachte Emissionen, die zum Treibhauseffekt beitragen. Der Treibhauseffekt ist ein Phänomen, das die Temperatur auf der Erdoberfläche maßgeblich beeinflusst. Die kurzwelligen Sonnenstrahlen erwärmen die Erdoberfläche. Diese gibt langwellige Infrarotstrahlung ab, die von den Treibhausgasen aufgenommen und zurück zur Erdoberfläche gesendet wird. Dadurch gelangt weniger Energie ins Weltall und die Temperatur auf der Erdoberfläche steigt.

Man unterscheidet zwischen dem natürlichen Treibhauseffekt, der seit Entwicklung der Erdatmosphäre immer stattfindet und das Leben auf der Erde erst ermöglicht hat, und dem zusätzlichen anthropogenen Treibhauseffekt, der von Menschen verursacht wurde und seit mehr als 150 Jahren in wissenschaftlichen Kreisen bekannt ist.[4] Ohne Treibhauseffekt läge die globale Mitteltemperatur momentan bei etwa –15°C. Ein gewisses Ausmaß an Treibhausgasen ist also für ein Leben auf der Erde, wie wir es heute kennen, eine Grundvoraussetzung, denn ohne Treibhauseffekt wäre die Erde vereist.

Etwas genauer erklärt, handelt es sich um folgendes Phänomen: Die Erdatmosphäre enthält Gase, die kurzwellige Sonnenstrahlung zum großen Teil passieren lassen, langwellige Wärmestrahlung jedoch absorbieren und damit das System erwärmen. In Analogie zu einem Treibhaus – das Sonnenstrahlung durchlässt und Wärmestrahlung „festhält" – werden diese Gase auch als Treibhausgase bezeichnet. Vor allem Wasserdampf und Kohlendioxid absorbieren einen Teil der von der Erdoberfläche abgegebenen Wärmestrahlung und verringern deshalb den Anteil der in den Weltraum abgegebenen Wärmestrahlung.

Seit der Industrialisierung verursachen die auf der Erde lebenden Menschen eine ständige Zunahme der atmosphärischen Konzentrationen von Treibhausgasen. Durch diesen anthropogenen (durch den Menschen verursachten) Treibhauseffekt verringert sich die in den Weltraum abgegebene Wärmestrahlung und das System Erdoberfläche/Atmosphäre erwärmt sich. Daher sprechen einige Wissenschaftler inzwischen auch vom Anthropozän, unter dem ein neues „Zeitalter des Menschen" zu verstehen ist.[5]

---

4 The American Journal of Science and Arts, 2ndSeries, v. XXII/no. LXVI, November 1856, 382–383. 1. November 1856, unter: https://archive.org/details/mobot31753002152491/page/381/mode/2up?view=theater (abgerufen am 28.3.2025); Umweltbundesamt, https://www.umweltbundesamt.de/service/uba-fragen/wie-funktioniert-der-treibhauseffekt (abgerufen am 23.3.2025) bzw https://archive.ipcc.ch/publications_and_data/ar4/wg1/en/faq-1-3.html (abgerufen am 23.3.2025).

5 *Steffen/Crutzen/McNeill*, The Anthropocene: Are Humans Now Overwhelming the Great Forces of Nature (2007), unter https://bioone.org/journals/ambio-a-journal-of-the-human-environment/volume-36/issue-8/0044-7447(2007)36%5b614%3aTAAHNO%5d2.0.CO%3b2/The-Anthropocene--Are-Humans-Now-Overwhelming-the-Great-Forces/10.1579/0044-7447(2007)36%5b614:TAAHNO%5d2.0.CO;2.short (abgerufen am 23.3.2025).

Durch die Erwärmung nimmt aber auch die in den Weltraum abgehende Wärmestrahlung wiederum zu. Das System erwärmt sich nun so lange, bis die abgehende Wärmestrahlung wieder die ankommende Sonnenstrahlung ausgleicht und sich ein neuer Gleichgewichtszustand einstellt. Dieser neue Gleichgewichtszustand setzt eine konstante Konzentration von Treibhausgasen in der Atmosphäre voraus.

1.2. Die Treibhausgase

In der Literatur sind viele Treibhausgase bekannt, ihre Auswirkung auf die Erderwärmung ist aber sehr unterschiedlich. Dies liegt hauptsächlich an der Konzentration der Treibhausgase in der Atmosphäre, welche in den meisten Fällen so gering ist, dass keine Auswirkung auf das Weltklima gegeben ist. Daher werden an dieser Stelle nur jene Gase betrachtet, welche für das Weltklima relevant sind. Die Diskussion darüber, welche Gase relevant sind, war zentraler Verhandlungsgegenstand bei der Klimaschutzkonferenz in Kyoto (Conference of the Parties (COP), „Vertragsstaaten") und endete dort mit dem Ergebnis, dass zunächst sechs Gase definiert wurden, welche den Großteil der Erderwärmung verursachen. Diese Gase wurden daher im Greenhaus Gas Protokoll berücksichtigt.[6]

Die dort als klimaschädlich definierten Gase sind die folgenden: Kohlendioxid (CO_2), Methan (CH_4), Distickstoffoxid (N_2O), Halogenierte Fluorkohlenwasserstoffe (H-FKW), Fluorkohlenwasserstoffe (FKW) und Schwefelhexafluorid (SF_6). In weiterer Folge wurden vom Intergovernmental Panel on Climate Change (IPCC) immer wieder Listen von Treibhausgasen veröffentlicht, welche die Schädlichkeit der Gase miteinander vergleichen. Diese Listen sind anerkannt und werden von den nationalen Behörden übernommen, in Deutschland beispielsweise vom Umweltbundesamt.[7] Nachstehend sind diese Gase und deren Wirksamkeit auf das Weltklima auf Basis der oben genannten Literatur (hauptsächlich Greenhaus Gas Protokoll) beschrieben.

Kohlendioxid CO_2: CO_2 stellt die höchste Oxidationsstufe von Kohlenstoff dar. Kohlenstoff kommt auf der Erde in reiner Form als Kohle, Graphit oder Diamant vor. Kohlenstoff ist zusätzlich dazu in verschiedenen Verbindungen in jeder menschlichen und tierischen Lebensform enthalten, sämtliche Stoffwechselvorgänge sind im Wesentlichen Umwandlung von Kohlenstoffverbindungen, ohne Kohlenstoff ist also irdisches Leben nicht vorstellbar. Kohlenstoffverbindungen haben eine hohe Affinität zu Sauerstoff und verbrennen daher nach Anregung unter Energieabgabe. Das bei der Verbrennung entstehende CO_2 ist ein sehr stabiles gasförmiges Molekül, das in der Atmosphäre fast unzerstörbar ist und durchschnittlich mehrere hundert Jahre in der Atmosphäre verweilt. Global gesehen ist CO_2 für etwa 80 % des vom Menschen verursachten Klimawandels verantwortlich.[8]

Methan CH_4: Methan ist der leichteste Kohlenwasserstoff. Methan ist ein geruch- und farbloses, hochentzündliches Gas (auch als Hauptbestandteil von Erdgas bekannt) und

6 *Greenhouse Gas Protocol Initiative*, Greenhouse Gas Protocol, unter: https://ghgprotocol.org/ (abgerufen am 28.3.2025).

7 *Umweltbundesamt*. Die Treibhausgase, unter https://www.umweltbundesamt.de/themen/klima-energie/klimaschutz-energiepolitik-in-deutschland/treibhausgas-emissionen/die-treibhausgase?utm_source=chatgpt.com (abgerufen am 28.3.2025).

8 *Foer*, Wir sind das Klima!: Wie wir unseren Planeten schon beim Frühstück retten können (2019).

entsteht überall dort, wo organisches Material unter Luftabschluss über eine lange Zeit verweilen kann, also beispielsweise in eingeschlossenen geologischen Lagerstätten. Die durchschnittliche Lebenszeit in der Atmosphäre beträgt etwas mehr als zehn Jahre, also wesentlich kürzer als die von CO_2. Methan entsteht heute vor allem in der Land- und Forstwirtschaft, insbesondere bei der Massentierhaltung. Methan hat einen sehr großen Energieinhalt und wird daher häufig als Energiequelle genutzt und verbrannt, wodurch CO_2 und Wasser als Verbrennungsprodukte entstehen. Methan ist durch seine Molekularstruktur viel besser geeignet als CO_2, Wärmestrahlung aufzunehmen, und ist daher bezogen auf CO_2 deutlich klimaschädlicher. Global gesehen ist Methan ist für etwa 15–20 % des vom Menschen verursachten Klimawandels verantwortlich.[9]

Distickstoffoxid (N_2O): Distickstoffoxid, häufig auch als Lachgas bezeichnet, kommt überall dort vor, wo Stickstoff unvollständig oxidiert wird. Lachgas ist ein farbloses, süßlich riechendes Gas. Die durchschnittliche Lebenszeit in der Atmosphäre beträgt etwa 121 Jahre. Es gelangt vor allem über stickstoffhaltigen Dünger und die Massentierhaltung in die Atmosphäre, denn es entsteht immer dann, wenn Mikroorganismen stickstoffhaltige Verbindungen im Boden abbauen. In der Industrie entsteht es vor allem bei chemischen Prozessen (ua der Düngemittelproduktion und der Kunststoffindustrie). Das Gas kommt in der Atmosphäre zwar nur in Spuren vor, ist aber viel wirksamer als CO_2 und macht daher einen auf die Menge bezogen überproportionalen Teil des anthropogenen Treibhauseffektes aus. Global gesehen ist Lachgas ist für etwa 5–6 % des vom Menschen verursachten Klimawandels verantwortlich.[10]

Schwefelhexafluorid (SF_6): SF_6 kommt in der Natur nicht vor, daher handelt es sich bei SF_6 um ein synthetisches Gas. Viele fluorierte Kohlenwasserstoffverbindungen (F-Gase) sind selbst im Vergleich zu Methan und Lachgas extrem treibhauswirksam. Auch ihre Verweildauer in der Atmosphäre ist sehr lang. F-Gase werden produziert, um als Treibgas, Kühl- und Löschmittel oder Bestandteil von Schallschutzscheiben (insbesondere SF_6) eingesetzt zu werden. Emissionen können im Wesentlichen durch Vermeidung, sachgerechte Entsorgung und durch Wiederverwendung gemindert werden.

Halogenierte Fluorkohlenwasserstoffe (H-FKW) und Fluorkohlenwasserstoffe (FKW): Bei H-FKW und FWW handelt es sich um synthetische Gase, welche keinen natürlichen Ursprung haben. Fluorierte Gase haben zwar eine sehr hohe Fähigkeit, Wärmestrahlung zu absorbieren, machen aber aufgrund ihrer geringen Konzentration nur einen kleinen Teil des anthropogenen Treibhauseffekts aus.

SF_6 und H-FKW und FKW werden häufig unter dem Sammelbegriff F-Gase zusammengefasst. Global gesehen sind die F-Gase in Summe für etwa 1 % des vom Menschen verursachten Klimawandels verantwortlich.

Wasserdampf: An dieser Stelle sei erwähnt, dass auch Wasserdampf ein Treibhausgas ist, welches die Fähigkeit besitzt, Wärmestrahlung zu absorbieren. Dennoch wird Wasser nicht als „Kyoto-Treibhausgas" geführt und auch weitere IPCC-Berichte haben Wasser nicht berücksichtigt. Der Hauptgrund lag in den 90er Jahren vorwiegend darin, dass

9 Ebd.
10 Ebd.

man die Auswirkungen von Wasser auf den anthropogenen Treibhauseffekt nur unzureichend modellieren konnte. Hauptsächlich aufgrund der sehr großen Mengen und auch deshalb, da Wasser häufig den Aggregatzustand wechselt (gasförmig, flüssig, fest).

Weitere Gründe, dass Wasser nicht in den IPCC-Listen geführt wird, sind, dass im Gegensatz zu den anderen Treibhausgasen der menschliche Anteil im Vergleich zu den natürlichen Quellen verschwindend gering ist. Der Wasserdampfgehalt in der Atmosphäre wird vorwiegend durch die Temperatur und nicht direkt durch menschliche Aktivitäten reguliert. Höhere Temperaturen führen zu mehr Verdunstung, was den Wasserdampfanteil erhöht, es entsteht ein Rückkopplungseffekt und daher ist Wasser ein „sekundäres" Treibhausgas, welches von der Konzentration der anderen Gase verstärkt wird. Der oben erwähnte Rückkopplungseffekt beschleunigt die Erderwärmung weiter. Ein weiterer Unterschied zu den Gasen, welche von der IPCC als Treibhausgase angegeben sind, ist die geringe Verweildauer, da Wasserdampf nur eine sehr kurze Verweildauer von wenigen Tagen bis Wochen hat. Es kondensiert und fällt als Niederschlag wieder auf die Erdoberfläche. Daher wurde die ursprüngliche Vorgangsweise, Wasser nicht als IPCC-Treibhausgas einzustufen, beibehalten, obwohl man den Einfluss von Wasserdampf auf die Erderwärmung inzwischen sehr gut simulieren kann.

1.3. Vergleich der Schädlichkeit: Das Global Warming Potential (GWP)

Die Beiträge verschiedener Treibhausgase zum Klimawandel direkt zu vergleichen, ist keine einfache Angelegenheit: Einige Treibhausgase wie Kohlendioxid verweilen mitunter hunderte Jahre in der Atmosphäre , während andere schon nach wenigen Jahren wieder aus der Atmosphäre verschwunden sind. Jede Substanz wirkt zudem in der Atmosphäre unterschiedlich stark, je nachdem wie viel Wärmestrahlung sie absorbiert bzw reflektiert.[11]

Ein Weg, um die Auswirkung der Treibhausgase zu vergleichen, ist das Konzept der Treibhausgaspotenziale (engl Global Warming Potentials, kurz GWP): Dabei wird die Klimawirkung innerhalb eines festgelegten Zeithorizonts (20, 100, 500 Jahre) auf Kohlendioxid bezogen, so dass alle Emissionen in sogenannten Kohlendioxid-Äquivalenten vorliegen. Dies ermöglicht die Angabe von Gesamtemissionen an Treibhausgasen, auf denen dann zB Reduktionsziele und -verpflichtungen beruhen, und dient dazu die Angaben unterschiedlicher Länder vergleichbar machen.

Für die internationale Treibhausgas-Emissionsberichterstattung wurde verbindlich festgelegt, die GWP-Werte mit 100 Jahren Zeithorizont zu verwenden (GWP100). Nachstehende Tabelle zeigt den aktuellen Vergleich der Schädlichkeit der Treibhausgase in Bezug auf 100 Jahre (Hinweis: Die GWP-Werte für HFCs und PFCs variieren je nach spezifischer Verbindung).[12]

11 *Umweltbundesamt.* Die Treibhausgase, unter: https://www.umweltbundesamt.de/themen/klima-energie/klimaschutz-energiepolitik-in-deutschland/treibhausgas-emissionen/die-treibhausgase?utm_source=chatgpt.com (abgerufen am 28.3.2025).

12 *Intergovernmental Panel on Climate Change (IPCC).* Climate change 2021: The physical science basis. Contribution of Working Group I to the Sixth Assessment Report of the Intergovernmental Panel on Climate Change (2021).

Gas	chemische Formel	GWP (100 Jahre)
Kohlendioxid	CO_2	1
Methan	CH_4	ca 30
Lachgas	N_2O	ca 300
Schwefelhexfluorid	SF_6	ca 25.000
Fluorkohlenwasserstoffe (HFCs)	verschiedene	ca 10.000
Perfluorkohlenstoffe (PFCs)	verschiedene	ca 10.000

Tab 1: Eigene Darstellung basierend auf den Daten von Greenhouse Gas Protocoll Initiative[13]

Die GWP-100-Werte wurden von IPCC immer wieder geringfügig verändert und je nach Forschungsstand nach oben oder unten angepasst. Die Größenordnungen sind aber dieselben geblieben. Auch die Tatsache, dass die Emissionen über einen Zeitraum von 100 Jahren miteinander verglichen werden, hat sich nach und nach durchgesetzt. Die 100 Jahre sind einerseits durch die menschliche Lebensdauer und die durchschnittliche Verweildauer von CO_2 begründbar und andererseits sind Vorhersagen, welche über diesen Zeitraum hinausgehen, mit zu großen Unsicherheiten behaftet. Die GWP-Werte sind entscheidend für die Berechnung der Klimawirkung verschiedener Treibhausgase und werden in Klimamodellen sowie bei der Entwicklung von Klimaschutzstrategien verwendet.

Der Vollständigkeit halber sei an dieser Stelle angemerkt, dass es zwei unterschiedliche Betrachtungsweisen gibt, um die Schädlichkeit von Gasen und Partikeln in der Atmosphäre zu vergleichen, diese sind „Radiative Forcing" und eben „Global Warming Potential". Beide werden in der Klimaforschung verwendet werden, um die Auswirkungen von verschiedenen Treibhausgasen auf das Klima zu beschreiben.

Radiative Forcing bezieht sich auf die Veränderung im Energiehaushalt der Erde aufgrund von externen Faktoren wie Treibhausgasen, Aerosolen oder Änderungen in der Sonneneinstrahlung. Es misst die Kraft, mit der diese Faktoren die Energiebilanz der Erde beeinflussen, indem sie entweder mehr Energie zurückhalten (was zu Erwärmung führt) oder mehr Energie reflektieren (was zu Abkühlung führen kann).

Global Warming Potential hingegen ist, wie oben beschrieben, eine Kennzahl, die angibt, wie stark ein Treibhausgas im Vergleich zu CO_2 die Erderwärmung über einen bestimmten Zeitraum verstärken kann.

Der Unterschied der beiden liegt darin, dass Radiative Forcing die direkte Änderung im Energiehaushalt der Erde betrifft, welche sich durch verschiedene Faktoren zeigt, während das Global Warming Potential die relative Fähigkeit eines Treibhausgases beschreibt, die Erderwärmung im Vergleich zu CO_2 über einen bestimmten Zeitraum zu verstärken.

13 *Greenhouse Gas Protocol Initiative*, Global Warming Potential Values (2024).

1.4. Von der Tonne CO_2 zur Tonne CO_2-Äquivalent (CO_{2e})

Wie im obigen Kapitel beschrieben, ist CO_2 für etwa 80 % des menschgemachten Klimawandels verantwortlich. Daher kommt diesem Treibhausgas besondere Bedeutung zu, was die Autoren auch dazu veranlasst hat, CO_2 den Hauptteil dieses Buches zu widmen. Die anderen Treibhausgase sind aber keinesfalls zu vernachlässigen und werden üblicherweise mit dem in Tabelle 1 angegebenen Umrechnungsfaktor auf die Schädlichkeit von CO_2 umgerechnet. Durch diese Umrechnung kann die Schädlichkeit wieder auf CO_2 bezogen werden und dafür wird der Begriff CO_2-Äquivalent verwendet. Dieser Begriff erlaubt eine einfache Vergleichbarkeit von Emissionen verschiedener Treibhausgase, unabhängig von ihrer Verweildauer und ihrer Fähigkeit, Wärmestrahlung zu absorbieren.

Wenn im weiteren Verlauf des Buches oft von einer Tonne CO_2 oder von einem CO_2-Zertifikat (also der Berechtigung, eine Tonne CO_2 emittieren zu dürfen) die Rede ist, dann sollte immer bewusst sein, dass eigentlich eine Tonne CO_2-Äquivalent (CO_{2e}) gemeint ist. Die großen gegenwärtig existierenden Kohlenstoffmärkte handeln vorwiegend mit CO_2-Äquivalenten, da es nicht nur um CO_2, sondern immer auch um andere Treibhausgase geht. Trotzdem wird aus Gründen der Vereinfachung in weiterem Verlauf des Buches lediglich CO_2 zu lesen sein. Dies stellt aber lediglich eine Vereinfachung dar, um nicht immer CO_2-Äquivalent schreiben zu müssen, es ist immer CO_{2e} gemeint, um die Vergleichbarkeit sicherzustellen.

1.5. Die Verbrennung von fossilen Brennstoffen führt zu CO_2-Emissionen

Wie oben erwähnt, stellt CO_2 die höchste Oxidationsstufe des chemischen Elements Kohlenstoff dar, das im Periodensystem die Ordnungszahl 6 und ein Atomgewicht von etwa 12 hat. Da eine Oxidation auf der Erde nichts anderes als eine Verbrennung ist, entsteht CO_2 also durch die Verbrennung von Kohlenstoff oder von chemischen Verbindungen, die Kohlenstoff enthalten. Vorwiegend sind dies die Brennstoffe Kohle, Öl, Gas und Holz (oder anderer Biomasse), wobei die Verbrennung von Biomasse in Bezug auf die Emission von Treibhausgasen eine Sonderstellung einnimmt.

Das bei der Verbrennung von Biomasse entstehende CO_2 wird in der Wissenschaft nicht als Treibhausgas gezählt. Der Grund dafür ist, dass bei der Verbrennung von Holz nur jenes CO_2 freigesetzt wird, das zuvor durch Photosynthese aufgenommen wurde, da der Baum durch Wachstum erst vor wenigen Jahren Kohlenstoff aus der Atomsphäre entzogen hat. Setzt man als Vergleichszeitraum wieder die üblichen 100 Jahre an, die für die Klimamodelle häufig verwendet werden, dann muss man zum Schluss kommen, dass bei der Verbrennung von Holz (oder anderer Biomasse) nur jenes CO_2 entsteht, das zuvor aus der Atmosphäre entfernt wurde. Dadurch durchläuft das CO_2 einen Kreislauf und führt zu keiner zusätzlichen Erhöhung der CO_2-Konzentration in der Atmosphäre. Die Verbrennung von Biomasse ist dadurch sozusagen „neutral".

Dies ist bei der Verbrennung von fossilen Brennstoffen wie Kohle, Öl und Erdgas anders. Fossile Lagerstätten sind im Laufe von vielen Millionen Jahren entstanden und befänden sich ohne menschlichen Eingriff nicht mehr im Austausch mit der Atmosphäre und der Biosphäre. Diese Kohlenstoffverbindungen wurden bereits vor sehr langer Zeit aus dem Kreislauf entfernt und lagern isoliert unter der Erdoberfläche. Über sehr lange Zeiträume wurden geologische Lagerstätten geschaffen und in diesen wurden die Vorkommen von Kohle, Öl und Erdgas aufkonzentriert und stellen heute riesige Vorkommen dar, die relativ leicht zu fördern und zu verbrennen sind und eine sehr hohe Energiedichte besitzen.

Durch den steigenden Energiehunger der Menschheit seit Beginn des 20. Jahrhunderts wurde die Förderung von fossilen geologischen Lagerstätten systematisch verbessert. Zunächst wurde Kohle gefördert. Kohle ist ein Feststoff, welcher in vielen Ländern der Erde vorkommt, relativ leicht zu fördern ist und vielerorts bergmännisch abgebaut werden kann. Etwas später wurde auch begonnen, oberflächennahes Öl zu fördern. Öl ist bei Raumtemperatur flüssig, hier ist der Prozess der Nutzung etwas aufwändiger, man benötigt Förderanlagen, Raffinerien und etwas aufwändigere Verbrennungsanlagen als bei Kohle. Schließlich wurde auch Erdgas industriell genutzt. Erdgas hat einen sehr hohen Energieinhalt, da es aber eben gasförmig ist, entweicht es sehr leicht und die Speicherung und Verteilung von Gas stellten zu Beginn des 20. Jahrhunderts noch eine große Herausforderung dar.

Seit vielen Jahren sind sämtliche technische Barrieren bei der Gewinnung, Verarbeitung, Verteilung und Verbrennung von fossilen Brennstoffen vollständig überwunden und es hat sich weltweit eine riesige Industrie entwickelt, welche fossile Energie zu günstigen Preisen in allen Regionen der Welt zur Verfügung stellen kann. Es muss auch festgestellt werden, dass eine ausreichende Menge von günstiger Energie die Basis für den Wohlstand vieler Länder darstellt. Nachdem die geologischen Lagerstätten aber nicht gleichmäßig auf der Erde verteilt sind, gibt es Länder, welche mehr von diesem Wohlstand profitieren als andere, bei welchen zufälligerweise weniger geologische Lagerstätten zu finden waren. Dies hat in den vergangenen Jahrzehnten immer wieder zu politischen Spannungen und Kriegen geführt.

Die Verbrennung von fossiler Energie setzt CO_2 frei, die Verbrennung erfolgt exotherm, also unter Energiefreisetzung und die Energie kann vielfältig genutzt werden. Verbrennt man mehr fossile Brennstoffe, entsteht mehr CO_2. In den letzten Jahrzehnten hat es eine mehr oder weniger ständige Zunahme der Nutzung von fossilen Brennstoffen gegeben, dadurch sind auch die weltweiten CO_2-Emissionen mit sehr wenigen Ausnahmen jährlich angestiegen. Nachstehende Grafik stellt den Verlauf der weltweiten CO_2-Emissionen seit dem Jahr 1900 dar.

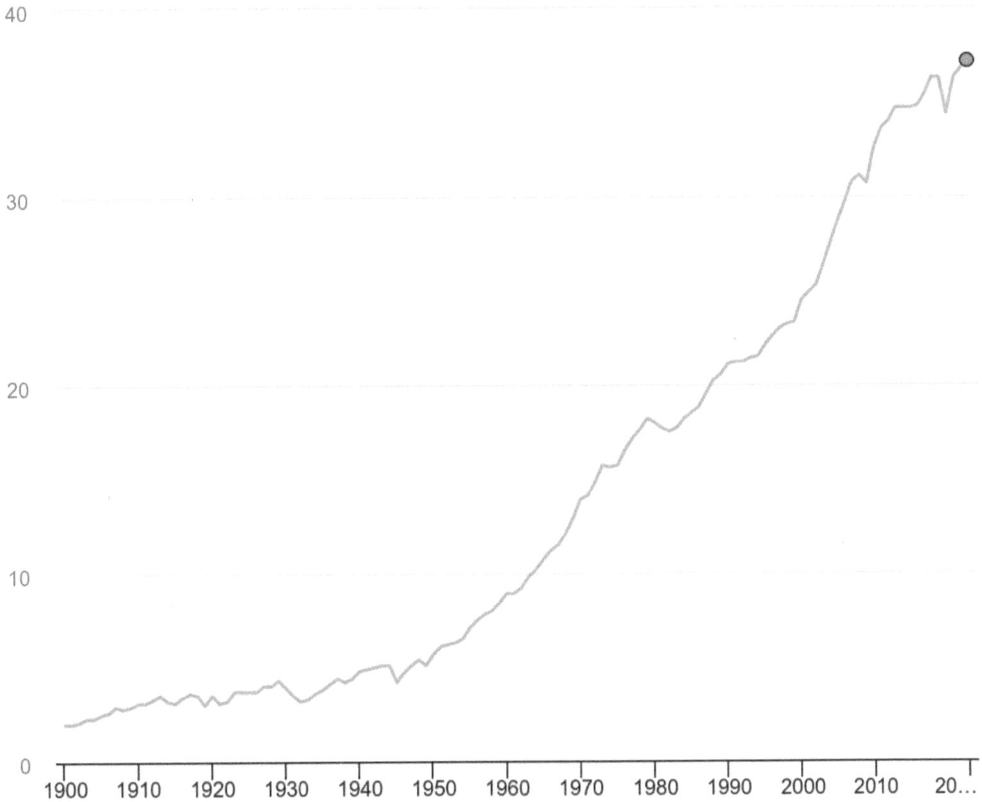

Abb 1: Weltweiter Anstieg der energiebedingten CO_2-Emissionen von 1900–2023[14]

Es ist leicht zu erkennen, dass besonders seit dem Ende des zweiten Weltkriegs im Jahr 1945 die Emissionen von CO_2 sehr stark angestiegen sind. Der heutige Wert von fast 40 Milliarden Tonnen CO_2 an jährlichen Emissionen ist etwa das Zehnfache des Wertes von vor hundert Jahren, das Vierfache des Wertes von 1960 und das Doppelte des Wertes von 1990, also jenem Jahr, an welchem die erste UN-Klimaschutzkonferenz in Berlin stattgefunden hat.

1.6. Die CO_2-Konzentration in der Atmosphäre steigt

Das bei der Verbrennung entstehende CO_2 ist gasförmig, geruchlos, nicht toxisch und inert, was bedeutet, dass kaum Interaktionen mit anderen Gasen stattfinden. CO_2 wird also in die Atmosphäre abgegeben und verweilt dort für sehr lange Zeit, gegenwärtig beträgt die durchschnittliche Verweildauer mehrere 100 Jahre. Und genau hier beginnt das Problem des Klimawandels: CO_2 ist wie oben beschrieben ein Treibhausgas, es ist

14 International Energy Agency (IEA), Total increase in energy-related CO2 emissions, 1900–2023 (2024), unter: https://www.iea.org/data-and-statistics/charts/total-increase-in-energy-related-co2-emissions-1900-2023 (abgerufen am 28.3.2025).

fast unzerstörbar und wird durch die ständige Verbrennung von fossilen Brennstoffen in der Atmosphäre kontinuierlich abgelagert.

Durch die kontinuierliche Ablagerung und die lange Verweildauer von CO_2 ist es nicht verwunderlich, dass die CO_2-Konzentration in der Atmosphäre nach und nach steigt. Die nachstehende Abbildung stellt den Verlauf der CO_2-Konzentration seit dem Jahr 1800 dar.

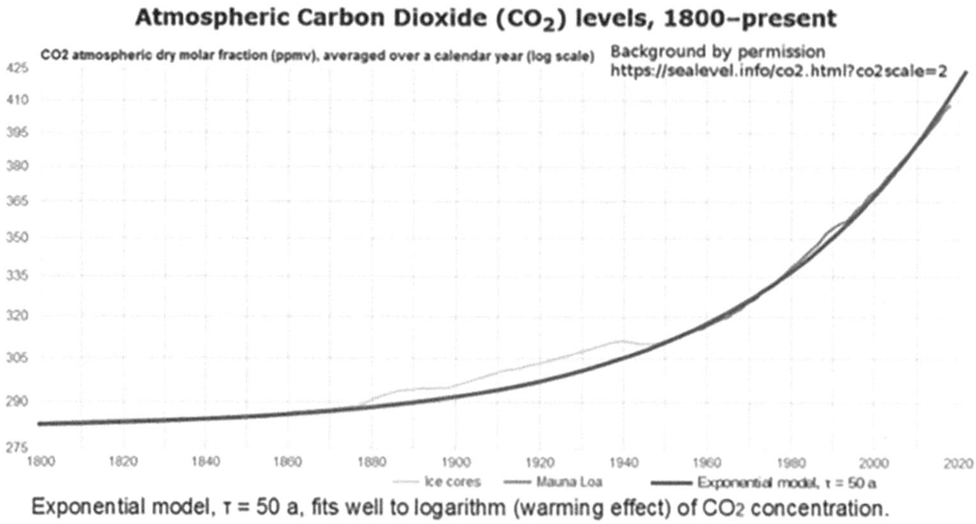

Abb 2: Anstieg des CO_2-Gehalts in der Atmosphäre seit dem Jahr 1800[15]

In der obigen Grafik wurden die Jahre seit 1800 als Darstellungszeitraum gewählt, da in diesem Zeitraum der Hauptteil der von Menschen verursachten CO_2-Emissionen stattgefunden hat. Vor Beginn der industriellen Revolution (welche etwa vor 250 Jahren begann) wurden fossile Brennstoffe nur in seltenen Fällen und daher auch nur in kleinen Mengen verwendet. Die großen fossilen Lagerstätten waren noch gar nicht gefunden und der große Bedarf an (fossiler) Energie war noch nicht gegeben. Es gab keine fossil betriebenen Schiffe, Autos oder gar Flugzeuge und auch keine Industrie, welche Kohle, Öl oder Gas in großen Mengen benötigte.

Durch die immer leichtere Verfügbarkeit und daher auch die gestiegene Nutzung von fossilen Energieträgern wurden in den letzten 200 Jahren gewaltige Mengen davon verbrannt, welche zu einer Zunahme der CO_2-Konzentration von etwa 280 ppm (parts per million) auf den aktuellen Wert von mehr als 430 ppm (Stand Sommer 2025)[16] führten.

15 *Okkonen*, Atmospheric Carbon Dioxide (CO_2) levels in logarithmic scale, 1800–present, overlaid, unter: https://www.researchgate.net/profile/Ari-Okkonen/publication/339274895/figure/fig1/AS:858622485622784@1581722961694/Atmospheric-Carbon-Dioxide-CO-2-levels-in-logarithmic-scale-1800-present-overlaid.ppm (abgerufen am 28.3.2025).

16 *Copernicus Climate Change Service*, Copernicus Climate Change Service (2025), unter: https://climate.copernicus.eu/ (abgerufen am 17.6.2025).

Dieser Wert liegt damit etwa 50 % über dem vorindustriellen Wert und stellt den höchsten Wert dar, seit Menschen den Planeten Erde bevölkern.

Eisiger Klimakalender: Lufteinschlüsse in Eisbohrkernen geben auf relativ einfache Art und Weise Auskunft über Alter und CO_2-Konzentration der Vergangenheit. Solche Lufteinschlüsse finden sich überall dort, wo Luft in Eis eingeschlossen wird. Die Klimakalender im Eis der inneren Antarktis reichen teilweise über eine Million Jahre zurück, mehr als 100.000 Jahre im Inlandeis Grönlands und auch in den Gletschern der Hochgebirge der Erde kann sich alte Klimainformation erhalten – sogar in hochgelegenen tropischen und subtropischen Gletschern Afrikas und Südamerikas. Klimainformation ist in den stabilen Isotopen des Eises selbst. Die Zusammensetzung der Luft früherer Jahrtausende und Jahrhunderttausende kann in den im Eis eingeschlossenen „fossilen" Luftbläschen analysiert werden.[17]

Doch der eisige Klimakalender hat noch weitere Informationen gespeichert: Er gibt auch mit hinreichender Genauigkeit Daten über die Temperatur zum jeweiligen Zeitpunkt preis, wobei diese naturgemäß nur indirekt festgestellt und nicht direkt gemessen werden kann. Die Bestimmung der Temperatur erfolgt über das Verhältnis von schweren und leichten Isotopen des Sauerstoffs (O16/O18). Entscheidend ist dabei, dass beim Vorgang der Verdunstung des Ozeanwassers, also beim Phasenübergang von flüssig zu gasförmig, die Isotopen der Bestandteile des Moleküls Wasser (H_2O), also O18 gegenüber den „normalen" Atomen O16 je nach der Temperatur des Ozeanwassers unterschiedlich schnell in die gasförmige Phase übergehen können. Isotopenphysiker sprechen von temperaturabhängiger Defraktionierung.

Der Wasserdampf in der Atmosphäre hat also ein isotopisches Temperatursignal aufgeprägt, das man durch weltumspannende Messungen unter heutigen Verhältnissen kennt. Die Isotope sind stabil und zeigen keinen radioaktiven Zerfall. Dadurch ist es möglich, nicht nur die CO_2-Konzentration, sondern auch die damals herrschende Temperatur über einen Zeitraum von mehr als einer halben Million von Jahren mit einer hinreichenden Genauigkeit bestimmen zu können.[18]

1.7. CO_2-Emissionen und Temperatur haben einen Zusammenhang

Stellt man die über die Jahrzehnte gewonnenen historischen Daten von CO_2 in der Atmosphäre und Lufttemperatur in einer gemeinsamen Grafik dar, so erhält man nachstehende Darstellung, die auch als „VOSTOK-Darstellung" bekannt ist.[19]

17 *Der Standard,* Bohrkern mit 1,2 Millionen Jahre altem Eis aus der Antarktis geborgen (2023), unter: https://www.derstandard.at/story/3000000252183/bohrkern-mit-12-millionen-jahre-altem-eis-aus-der-antarktis-geborgen (abgerufen am 28.3.2025).

18 Zentralanstalt für Meteorologie und Geodynamik (ZAMG), Eisbohrkerne (2024), unter: https://www.zamg.ac.at/cms/de/klima/informationsportal-klimawandel/klimaforschung/klimarekonstruktion/eisbohrkerne (abgerufen am 28.3.2025).

19 EPICA Community Members, Eight glacial cycles from an Antarctic ice core. Nature, 429, 623–628, https://doi.org/10.1038/nature02599 (2004).

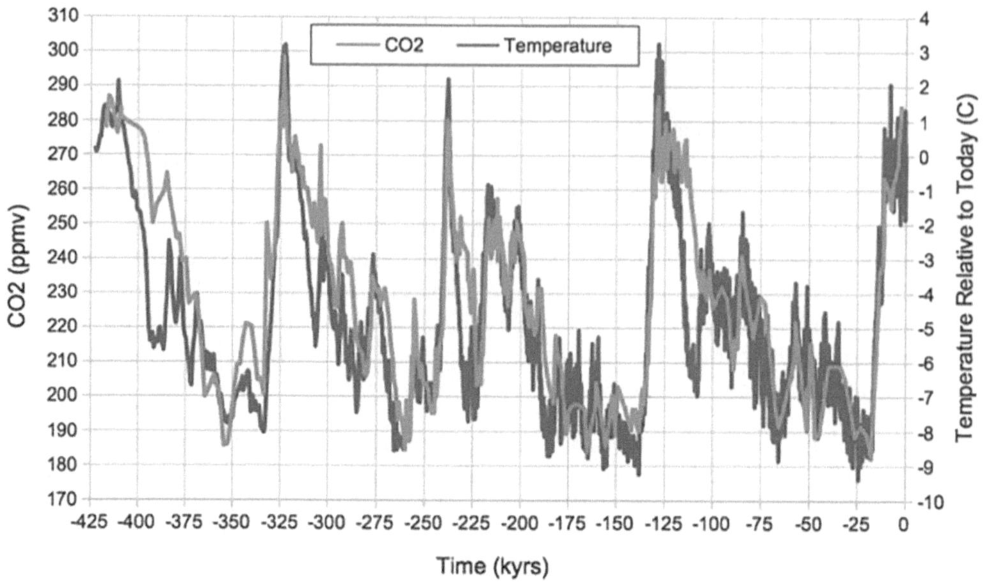

Abb 3: Zusammenhang zwischen CO_2 und Temperatur über einen Zeitraum von 400.000 Jahren[20]

Die Grafik stellt die CO_2-Konzentration und die Temperatur während der letzten 400.000 Jahre dar, umfasst also den kompletten Zeitraum menschlichen Lebens auf der Erde. Es zeigt sich, dass während dieser Zeit die CO_2-Konzentration mit einer auffallenden Regelmäßigkeit zwischen 175ppm und 300ppm „pendelte", die Abstände zwischen den jeweiligen Höhepunkten und Tiefpunkten betrugen jeweils etwa 100.000 Jahre oder mehr.

Parallel dazu änderte sich jeweils auch die Temperatur, die – wie in der Grafik deutlich zu sehen ist – dem CO_2-Verlauf mit einer geringen Zeitverzögerung folgt. Auch bei der Temperatur sind daher Zyklen von jeweils etwa 100.000 Jahren oder mehr zu beobachten. Es kann ohne Zweifel festgestellt werden, dass immer dann, wenn die CO_2-Konzentration einen Höhepunkt erreicht, auch die Temperatur ein lokales Maximum erreicht. Dasselbe gilt in die andere Richtung: Immer dann, wenn CO_2 einen Tiefpunkt erreicht, folgt mit einer sehr guten Korrelation die Temperatur und erreicht zur jeweils selben Zeit ebenfalls ein lokales Minimum. Der Temperaturunterschied der jeweiligen maximalen und minimalen Werte beträgt etwa 10 °C.

Diese 10 °C-Unterschiede haben weitreichende Auswirkungen auf die Biosphäre und die Bewohnbarkeit des Planeten, denn Temperaturen, die sich bei CO_2-Konzentrationen von etwa 200ppm oder darunter einstellten, führten zu Eiszeiten. In diesen waren weite Teile der Erde mit Gletschern bedeckt und damit für die Vegetation nur schwer zugänglich. Scheinbar waren höhere Temperaturen für die menschliche Zivilisation besser

20 EPICA Community Members, Eight glacial cycles from an Antarctic ice core. Nature, 429, 623–628, https://doi.org/10.1038/nature02599 (2004).

geeignet, denn diese entwickelte sich rasant erst in den letzten 10.000 Jahren, offenbar auch durch milde Temperaturen begünstigt.

Für die Ursachen der natürlichen Schwankungen von CO_2 und Temperatur während der letzten 400.000 Jahre, die auch als Milankovitch-Cycle bezeichnet werden, gibt es eine Reihe von wissenschaftlichen Begründungen.[21] Die wichtigsten Auslöser dieser Schwankungen sind demnach Änderungen der Konzentration an klimarelevanten Gasen (CO_2, Methan und andere) und Aerosolen (Schwebeteilchen, die zB aus Vulkanausbrüchen stammen), die schwankende Eisbedeckung, die Änderungen der Leuchtkraft der Sonne, Schwankungen der Erdumlaufbahn um die Sonne sowie die Bewölkung und Verteilung der Kontinente.

In den letzten beiden Kapiteln wurden zwei Fakten beschrieben: Einerseits, dass der CO_2-Gehalt in der Atmosphäre seit Beginn der industriellen Revolution durch die Verbrennung von fossilen Brennstoffen stark gestiegen ist, und andererseits, dass zwischen CO_2 und Temperatur einen Zusammenhang besteht. Mathematiker sprechen von einem hohen Korrelationskoeffizienten zwischen CO_2 und Temperatur. Daraus folgt, dass immer dann, wenn das CO_2 zu steigen beginnt, wenig später auch die Temperatur steigt. Aufgrund dieser beiden Fakten war es nur eine Frage der Zeit, bis die von der Wissenschaft vorhergesagte Temperaturerhöhung in den letzten Jahren auch festgestellt werden konnte.

1.8. Die Temperaturen beginnen zu steigen

Über viele Jahre hinweg wurden die von der Wissenschaft vorhergesagten Temperaturerhöhungen angezweifelt, ganz einfach auch deshalb, weil diese zu Beginn in nur sehr geringem Ausmaß spürbar waren. So dauerte es fast ein ganzes Jahrhundert (von 1900 bis 2000) bis eine durchschnittliche Erhöhung um etwa 1 °C festgestellt werden konnte. Da es sich bei diesem Wert aber eben um eine durchschnittliche Erhöhung handelte, welche von Jahr zu Jahr starken Schwankungen unterworfen war, wurden die beginnenden Auswirkungen des Klimawandels anfangs nicht deutlich wahrgenommen.

Dies führte zum Umstand, dass den wissenschaftlichen Warnungen, welche seit dem Jahr 1988 hauptsächlich von der IPCC (Intergovernmental Panel on Climate Change, welcher oft auch als Weltklimarat bezeichnet wird) publiziert wurden, keine Relevanz zugesprochen wurde, ganz einfach, weil die Erhöhungen gegen Ende des vergangenen Jahrhunderts nicht deutlich genug beobachtet werden konnten. Mit Aussagen wie „es hat immer schon warme Winter und warme Sommer gegeben" oder „Menschen können das Klima gar nicht beeinflussen, denn unser Einfluss darauf ist zu gering" wurden wissenschaftliche Bedenken beiseitegeschoben und in der Öffentlichkeit entstand noch bis in das gegenwärtige Jahrhundert der Eindruck, dass sich die Wissenschaft in Punkto Klimawandel uneinig ist.

Klima und Wetter sind eng miteinander verbunden und häufig beginnt man zwanglose Gespräche mit Bekannten, um sich über das gegenwärtige Wetter zu unterhalten. Daher

21 *Berger*, Long-term variations of daily insolation and Quaternary climatic changes. Journal of the Atmospheric Sciences, 35 (12), 2362–2367 (1978).

ist auch Klima in vielen Gesprächsrunden Teil der Diskussion und es gibt unzählige Meinungen zu diesem Themenkreis. Im vorliegenden Buch geben die Autoren an dieser Stelle bewusst keine eigene Meinung oder Stellungnahme zu diesem kontrovers diskutierten Thema ab, sondern berufen sich ausschließlich auf die aktuellen Veröffentlichungen des bereits oben zitierten Weltklimarates IPCC. In einem der nachfolgenden Kapitel wird auf die Organisation und Glaubwürdigkeit dieser Organisation eingegangen.

In der offiziellen deutschen Übersetzung des IPCC AR6 finden sich zum Thema Temperaturanstieg folgende Feststellungen: Jedes der vergangenen vier Jahrzehnte war jeweils wärmer als alle Jahrzehnte davor seit 1850. Die globale Oberflächentemperatur war in den ersten beiden Jahrzehnten des 21. Jahrhunderts (2001–2020) um 0,99 °C höher als 1850–1900. Die globale Oberflächentemperatur war im Zeitraum 2011–2020 um 1,09 °C höher als 1850–1900, wobei der Anstieg über Land (1,59 °C) größer war als über dem Ozean (0,88 °C). Die wahrscheinliche Bandbreite des gesamten vom Menschen verursachten Anstiegs der globalen Oberflächentemperatur der Jahre 2010–2019 verglichen mit den Jahren 1850–1900 beträgt laut IPCC 1,07 °C.

Weitere Aussagen aus diesem Bericht sind folgende: Der Einfluss des Menschen ist sehr wahrscheinlich der Hauptantriebsfaktor für den weltweiten Rückgang von Gletschern seit den 1990er Jahren und für den Flächenrückgang des arktischen Meereises zwischen 1979–1988 und 2010–2019. Der Einfluss des Menschen hat sehr wahrscheinlich zum Rückgang der Frühjahresschneedecke auf der Nordhalbkugel seit 1950 beigetragen.

Es ist sehr wahrscheinlich, dass der Einfluss des Menschen zur beobachteten Oberflächenschmelze des grönländischen Eisschildes in den letzten zwei Jahrzehnten beigetragen hat. Es ist praktisch sicher, dass sich der globale obere Ozean (0–700 m) seit den 1970er Jahren erwärmt hat, und es ist äußerst wahrscheinlich, dass der Einfluss des Menschen der Hauptantriebsfaktor dafür ist. IPCC kommt zur Schlussfolgerung, dass der Einfluss des Menschen das Klima in einem Maße erwärmt hat, wie es seit mindestens 2000 Jahren, wahrscheinlich aber seit mehreren 100.000 Jahren nicht mehr der Fall war.[22]

Wie in den vorangegangenen Kapiteln dargestellt wurde, hängen CO_2 und Temperatur zusammen. Dieser über tausende von Jahren nachweisbare Zusammenhang wurde noch im zwanzigsten Jahrhundert in Frage gestellt, da CO_2 zwar sehr rasch anstieg, die Temperatur aber zunächst relativ konstant blieb. Ursache dafür war die Tatsache, dass unser Heimatplanet eine riesige Speichermasse darstellt, welche sich erst nach und nach aufwärmt. Dies war der Grund dafür, dass sich CO_2 und Temperatur eine Zeit lang entkoppelten und die Temperatur dem CO_2-Anstieg nur in sehr geringem Ausmaß folgte.

Mit anderen Worten: Die Menschheit hat zwar den Klimawandel ausgelöst, der Planet reagiert darauf aber träge genug, um eben dieser Menschheit eine Verschnaufpause zu verschaffen, bevor die Temperaturerhöhung und die daraus resultierenden Auswirkungen deutlich spürbar werden. Diese Verschnaufpause ist mittlerweile zu Ende, denn inzwischen lässt sich der vorhergesagte Temperaturanstieg ohne jeden Zweifel bestätigen,

22 Intergovernmental Panel on Climate Change (IPCC), Climate Change 2023: The Physical Science Basis. Contribution of Working Group I to the Sixth Assessment Report of the Intergovernmental Panel on Climate Change. unter: https://www.ipcc.ch/report/ar6/wg1/ (abgerufen am 28.3.2025).

seit 2010 ist sogar ein exponentieller Anstieg der Temperatur zu erkennen. Es sei auch erwähnt, dass die gemessene und gegenwärtig noch relativ moderate Temperaturerhöhung auch darauf zurückzuführen ist, dass gegenwärtig noch kein Kipppunkt überschritten wurde. Als Kipppunkte werden Mechanismen angesehen, welche durch die Temperaturerhöhung ausgelöst werden und wo vermutet wird, dass durch ihr Kippen eine zusätzliche Erhöhung ausgelöst wird.

Eine der anerkanntesten Datenbanken zur Berechnung und Darstellung der durchschnittlichen Erdoberflächentemperatur ist Climate Pulse. Climate Pulse ist eine interaktive Webanwendung, die vom Copernicus Climate Change Service entwickelt und gepflegt wird, um die Klimaüberwachung einem breiten Publikum zugänglicher zu machen.[23] Die Seite bietet täglich nahezu in Echtzeit aktualisierte Diagramme und Karten der globalen Oberflächenlufttemperatur und der Meeresoberflächentemperatur und darüber hinaus ein Archiv vergangener Tages-, Monats- und Jahreskarten.[24]

Das Copernicus Climate Change Service, verwendet eine umfassende Methodik zur Berechnung der weltweiten Durchschnittstemperatur, welche angewandt wird, bevor die Daten veröffentlicht werden. Die zum Einsatz kommende Methodik durchläuft sechs Schritte, welche nachstehend kurz beschrieben sind:

- **Datenquellen:** Es wird eine Vielzahl von Datenquellen genutzt, einschließlich Satellitenbeobachtungen, Bodenmessungen und andere Beobachtungen wie von Bojen im Ozean.
- **Datenverarbeitung:** Die Rohdaten werden gesammelt und verarbeitet, um konsistente Zeitreihen der Temperatur zu erstellen. Dies beinhaltet die Korrektur von Messfehlern und die Zusammenführung von Daten aus verschiedenen Quellen.
- **Qualitätskontrolle:** Dieser Schritt erfolgt, um Ausreißer und Fehler zu identifizieren und zu bereinigen.
- **Räumliche Abdeckung:** Die Methodik berücksichtigt die räumliche Verteilung der Messstationen und Datenquellen, um eine repräsentative globale Durchschnittstemperatur zu berechnen.
- **Gewichtung:** In einigen Fällen kann eine Gewichtung der Daten verwendet werden, um sicherzustellen, dass Regionen mit weniger Messstationen angemessen vertreten sind und unterschiedliche Messmethoden berücksichtigt werden.
- **Zeitreihenanalyse:** Durch die Analyse von Zeitreihen können langfristige Trends sowie saisonale und jährliche Variationen in der globalen Durchschnittstemperatur identifiziert werden.

Diese Methodik ermöglicht es Climate Pulse und dem Copernicus Climate Change Service, genaue und verlässliche Informationen über die globale Temperatur bereitzustellen. Diese Methodik und auch die gute und verständliche grafische Darstellung der Messergebnisse haben dazu beigetragen, dass Climate Puls gegenwärtig als eine verlässliche und sehr häufig benutze Quelle verwendet wird. Die dort veröffentlichten Daten gelten als äußerst glaubwürdig und hoch angesehen in der wissenschaftlichen Gemeinschaft.

23 Copernicus Climate Change Service, Copernicus Climate Change Service (2025), unter: https://climate.copernicus.eu/ (abgerufen am 28.3.2025).

24 *Copernicus Climate Change Service* (2025), unter: https://pulse.climate.copernicus.eu/ (abgerufen am 28.3.2025).

Es gibt auch andere bedeutende Datenbanken und Organisationen, die globale Temperaturdaten veröffentlichen, wie beispielsweise die NOAA (National Oceanic and Atmospheric Administration) in den USA die NASA (National Aeronautics and Space Administration), sowie internationale Forschungseinrichtungen. Alle diese Datenbanken nutzen ähnliche Methoden und Datenquellen, um die globale Durchschnittstemperatur zu bestimmen und kommen auch zu sehr vergleichbaren Ergebnissen.[25, 26]

Wenn man die Messergebnisse genauer ansieht, dann zeigt sich, dass die Meerestemperatur inzwischen exponentiell anzusteigen scheint und deutlich schneller steigt als die Temperatur an Land. Betrug der Anstieg von 1985 bis 1989 noch 0,06 °C pro Jahrzehnt, so waren es von 2019 bis 2023 bereits 0,27 °C – mehr als viermal so viel.[27]

Nachstehend ist der Verlauf der weltweiten Durchschnittstemperatur laut Climate Pulse mit dem 14.4.2025 als letztem gemessenen Tag dargestellt.[28] Die grauen Linien stellen jeweils Jahre zwischen 1940 und 2000 dar, die gestrichelte Linie ist der Durchschnitt der Jahre 1991–2020 und die Jahre 2024 und 2025 sind deutlich hervorgehoben. Es ist zu erkennen, dass die Temperatur im Jahr 2024 deutlich über den Vergleichsjahren und über dem Durchschnitt gelegen ist. Mehrheitlich lag die Temperatur über allen jemals zuvor gemessenen Werten:

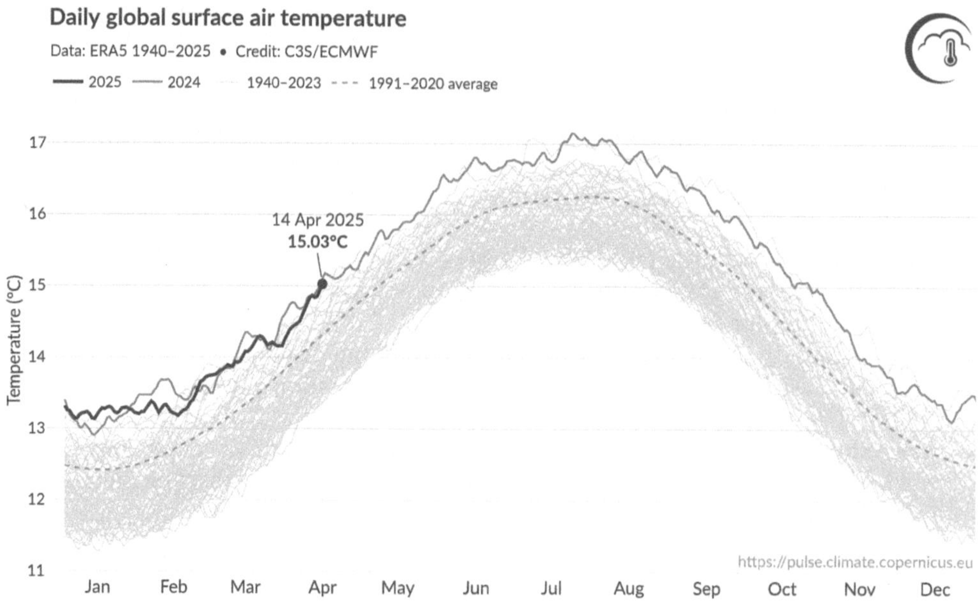

Abb 4: Verlauf der täglichen globalen Oberflächentemperatur[29]

25 National Oceanic and Atmospheric Administration (NOAA), unter: https://www.noaa.gov/ (abgerufen am 28.3.2025).
26 National Aeronautics and Space Administration (NASA), unter: https://www.nasa.gov/ (abgerufen am 28.3.2025).
27 *Merchant*, Quantifying the acceleration of multidecadal global sea surface warming driven by Earth's energy imbalance (2025).
28 Copernicus Climate Change Service (2025), unter: https://pulse.climate.copernicus.eu/ (abgerufen am 16.4.2025).
29 Copernicus Climate Change Service (2025), unter: https://pulse.climate.copernicus.eu/ (abgerufen am 16.4.2025).

Im Jahr 2024 wurde auch ein neuer Temperaturrekord aufgestellt, denn am 22. Juli 2024 wurde der heißeste Tag auf der Erde seit vielen Jahrzehnten, wahrscheinlich sogar seit Jahrtausenden gemessen. Die globale Tagesdurchschnittstemperatur erreichte an diesem Tag mit 17,15 °C einen neuen Höchstwert und übertraf damit den am Vortag aufgestellten Rekord von 17,09 °C. Davor lag der Rekord für die globale Tagesdurchschnittstemperatur bei 17,08 °C, welche am 6. Juli 2023 gemessen wurde.[30]

Das Copernicus Climate Change Service hat kurz nach Beginn des Jahres 2025 bereits veröffentlicht, dass das Jahr 2024 das erste Jahr war, bei welchem die weltweite Durchschnittstemperatur mehr als 1,5 °C über den gemittelten Werten der Jahre 1850–1900 betrug und damit erstmals über der politischen Zielsetzung von 1,5 °C Erderwärmung lag. Es sei nochmals angemerkt, dass es sich beim 1,5-Grad-Ziel nicht nur um ein politisches Ziel handelt, da dieses Ziel auf Basis einer physikalischen Grenze definiert wurde. Nachstehend sind die Temperaturwerte der letzten 75 Jahre dargestellt.

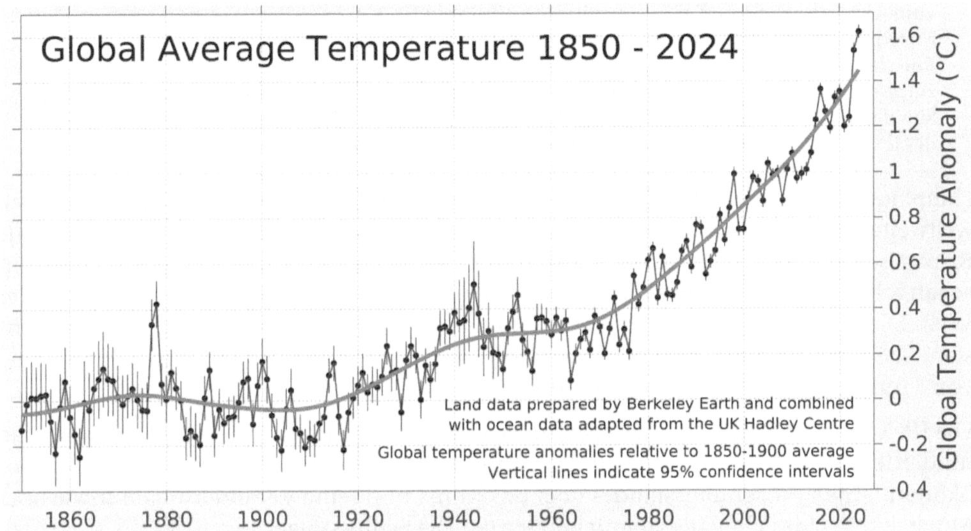

Abb 5: Erwärmung der weltweiten Durchschnittstemperatur seit dem Jahr 1950[31]

Durch die Vielzahl der weltweiten Messungen über einen langen Zeitraum von mehreren Jahrzehnten kann daher mit ausreichender Sicherheit behauptet werden, dass nach dem gemessenen Anstieg der CO_2-Konzentration inzwischen auch ein Anstieg der globalen Durchschnittstemperatur festgestellt werden kann. Der Temperaturanstieg erfolgt aber gegenwärtig deutlich langsamer als der Anstieg der CO_2-Konzentration, daher ist zu erwarten, dass die Temperaturen künftig rascher steigen werden. Genaue Antworten zu diesem Thema gibt der Weltklimarat, welchem der nachfolgende Exkurs gewidmet ist.

30 Ebd.
31 Rohde, R., Global Temperature Report for 2024. Berkeley Earth. (2025) unter https://berkeleyearth.org/global-temperature-report-for-2024/ (abgerufen am 17.4.2025).

1.9. Exkurs: Die IPCC (Intergovernmental Panel on Climate Change) wird zum Weltklimarat

Im vorigen Kapitel wurde dargelegt, dass Klima und Wetter eng miteinander verbunden sind, wobei unter Klima ein Zeitraum von vielen Jahren (30 Jahre) und beim Wetter wenige Tage zu verstehen sind. Daher sind Wetter und Klima und auch Gegenstand von vielen zwischenmenschlichen Gesprächen mit unzähligen Meinungen zu diesem Themenkreis. Wie angekündigt publizieren die Autoren hier zu diesem Thema bewusst keine eigene Meinung, sondern berufen sich ausschließlich auf die aktuellen Veröffentlichungen des bereits zitierten Weltklimarates IPCC. Im folgenden Exkurs wird auf die Zusammensetzung und Glaubwürdigkeit dieser Organisation eingegangen.

Wikipedia beschreibt IPCC folgendermaßen:

> Der Intergovernmental Panel on Climate Change (IPCC), auf Deutsch „Zwischenstaatlicher Ausschuss für Klimaänderungen" (oft als Weltklimarat bezeichnet), wurde im November 1988 vom Umweltprogramm den Vereinten Nationen (UNEP) und der Weltorganisation der Meteorologie (WMO) als zwischenstaatliche Institution ins Leben gerufen, um für politische Entscheidungsträger den Stand der wissenschaftlichen Forschung zum Klimawandel zusammenzufassen.[32] Das Ziel war, Grundlagen für wissenschaftsbasierte Entscheidungen zu bieten. Der Sitz des IPCC-Sekretariats befindet sich in Genf (Schweiz), 195 Regierungen sind Mitglieder des IPCC, darüber hinaus sind mehr als 190 Organisationen als Beobachter des IPCC registriert.

Hauptaufgabe des Ausschusses ist es, die naturwissenschaftlichen Grundlagen und den weltweiten Forschungsstand über die Auswirkungen der globalen Erwärmung und seine Risiken sowie Minderungs- und Anpassungsstrategien zusammenzutragen und aus wissenschaftlicher Sicht zu bewerten. Dazu beruft der IPCC tausende Wissenschaftler aus aller Welt. Diese erstellen die Sachstandsberichte des IPCC. Bisher hat der IPCC sechs Sachstandsberichte und mehr als zehn Sonderberichte sowie Richtlinien für die Erstellung von Treibhausgasinventaren veröffentlicht.

Die IPCC-Sachstandsberichte werden innerhalb der Wissenschaft als glaubwürdigste und fundierteste Darstellung bezüglich des naturwissenschaftlichen, technischen und sozioökonomischen Forschungsstandes über das Klima und seine Veränderungen sowie über Möglichkeiten des Umgangs damit betrachtet. Die Schlussfolgerungen des IPCC werden von der überwiegenden Mehrheit der weltweiten wissenschaftlichen Gesellschaften mit einschlägiger fachlicher Kompetenz bestätigt. Der IPCC wurde 2007 mit dem Friedensnobelpreis ausgezeichnet.[33]

Der IPCC betreibt selbst keine Forschung, sondern in seinem Auftrag tragen Experten die Ergebnisse der Forschungen aus verschiedenen Disziplinen zusammen. Er bildet eine kohärente Darstellung dieses Materials in sogenannten Sachstandsberichten ab, den IPCC Assessment Reports, welche sich als Zusammenfassung der wichtigsten, aktuellen und glaubwürdigsten wissenschaftlichen Erkenntnisse verstehen. Diese Sachstandsberichte des IPCC bestehen aus drei Bänden, die jeweils von einer Arbeitsgruppe erstellt werden.

32 Wikipedia, Intergovernmental Panel on Climate Change (2025) unter: https://de.wikipedia.org/wiki/Intergovernmental_Panel_on_Climate_Change (abgerufen am 28.3.2025).

33 Ebd.

Arbeitsgruppe 1 behandelt die naturwissenschaftlichen Grundlagen des Klimawandels, Arbeitsgruppe 2 beschäftigt sich mit der Verwundbarkeit von sozioökonomischen und natürlichen Systemen gegenüber dem Klimawandel und dessen Auswirkungen. Zudem beschreibt sie Wege, wie sich die Menschen an eine globale Erwärmung anpassen können. Arbeitsgruppe 3 zeigt politische und technologische Maßnahmen zur Minderung des Klimawandels auf. In jeder Arbeitsgruppe arbeiten mehrere hundert Experten aus aller Welt etwa drei Jahre an einem Bericht von jeweils mehr als tausend Seiten. Die Sachstandsberichte durchlaufen ein mehrstufiges Begutachtungsverfahren (Peer-Review). In drei aufeinanderfolgenden Begutachtungsrunden werden Kommentare, Kritik und Vorschläge von den Autoren bearbeitet. Zusätzlich dazu werden auch öffentliche Begutachtungsverfahren organisiert, wo zusätzliche Wissenschaftler kommentieren können. Auch deren Kommentare werden untersucht.

Schließlich werden nach Abschluss aller Begutachtungsverfahren zwei unterschiedliche Dokumente produziert. Zum einen die Sachstandsberichte selbst, bei welchen die Wissenschaftler unter sich bleiben, bei diesen Berichten haben Politiker kein Mitspracherecht. Zusätzlich dazu publiziert der IPCC aber auch eine Zusammenfassung (Summary for policy makers), in welcher Politiker Veränderungen vornehmen können und ihnen nicht passende Wörter, Sätze und Formulierungen ändern können.

Die Zusammenfassungen für politische Entscheidungsträger (Summary for policy makers), die in allen Sachstandsberichten und Sonderberichten enthalten sind, werden Satz für Satz von den Regierungen in einer Vollversammlung unter dem Vorsitz der Wissenschaftler verabschiedet. Das Plenum stimmt dem Gesamtbericht einschließlich der Zusammenfassung zu. Durch dieses Verfahren erkennen die Regierungen die wissenschaftlichen Aussagen der IPCC-Berichte an.[34] Dadurch haben die Wissenschaftler bei den Sachstandberichten und die Politiker bei der „Summary for policy makers“ jeweils das letzte Wort.

Ein besonders wichtiger Meilenstein war der vierte Sachstandsbericht, der im Jahr 2007 veröffentlich wurde und in diesem Jahr auch den Friedensnobelpreis erhalten hat. Eine der Aufgabenstellungen für diesen Bericht war, folgende drei Fragen zu beantworten:

- Frage 1: Wird es wärmer?
- Frage 2: Wenn die erste Frage mit ja beantwortet wird, dann lautet die Zusatzfrage, ob menschlicher Einfluss dafür verantwortlich ist?
- Frage 3: Wenn die obigen Fragen beide mit ja beantwortet wurden, dann stellt sich eine weitere Frage, nämlich jene nach Handlungsempfehlungen, die zum Schutz der Menschen und der Biosphäre notwendig sind.

Der vierte Sachstandsbericht beantwortet aus wissenschaftlicher Sicht die bis dahin vieldiskutierten Fragen mit für die IPCC ungewöhnlicher Deutlichkeit:

- Antwort 1: Die Erwärmung des Klimasystems ist eindeutig.
- Antwort 2: Der Einfluss des Menschen auf das Klima ist klar.
- Antwort 3: Die Beschränkung des Klimawandels erfordert beträchtliche und dauerhafte Reduktionen der Treibhausgasemissionen.

34 *Intergovernmental Panel on Climate Change (IPCC)*, Intergovernmental Panel on Climate Change, unter: https://www.ipcc.ch/ (abgerufen am 28.3.2025).

Die obigen klaren Aussagen beantworten eine der wesentlichsten Fragen der gegenwärtigen Zeit klar und deutlich und beendeten aus wissenschaftlicher Sicht die langjährige Debatte des menschlichen Einflusses auf das Weltklima. Die vielzitierte Kurzfassung: *„Es wird wärmer, der Mensch ist schuld und nichts dagegen zu tun, ist die teuerste Option.“* ist eine verständliche Botschaft. Für die Leistung, diese für unsere Zukunft sehr wesentlichen Fragen trotz eines komplizierten Prozesses einfach und verständlich zu beantworten, wurde IPCC im Jahr 2007 mit dem Friedensnobelpreis ausgezeichnet.

Seit dem Jahr 2007 sind zwei weitere Sachstandsberichte veröffentlich worden, der fünfte Sachstandbericht wurde 2014 fertiggestellt und der sechste Sachstandbericht im Jahr 2023. Es ist zu beobachten, dass die Warnungen des IPCC zunehmend deutlicher werden. Beispielsweise wird die Frage nach dem menschlichen Einfluss auf das Klima im vierten Sachstandsbericht als wahrscheinlich („likely“), im fünften Bericht als sehr wahrscheinlich („extremely likely“) und im sechsten Bericht als zweifelsfrei („unequivocally“) bezeichnet.[35] Es ist bemerkenswert, dass einerseits die Warnungen der IPCC von Bericht zu Bericht deutlicher werden, diese Warnungen aber zunehmend weniger Aufmerksamkeit der Weltöffentlichkeit erhalten. Nobelpreise wurden seit 2007 jedenfalls keine mehr an IPCC vergeben.

In seinen aktuellen Sachstandsberichten nimmt der IPCC auch Bezug auf zukünftige Klimaänderungen. Die Aussagen darüber sind in unterschiedliche Szenarien unterteilt und bilden seit Jahren die Grundlage der wissenschaftlichen und vor allem der politischen und ökonomischen Diskussionen über das zu erwartende Ausmaß der globalen Erwärmung und tragen wesentlich zur Entscheidungsfindung bei. IPCC gibt bei der Einschätzung des Ausmaßes der künftigen Erwärmung bis zum Jahr 2100 eine sehr große Bandbreite an, die von knapp unter 2 °C bis zu 5 °C reicht, wobei ein Wert von etwa 3 °C als derzeit wahrscheinlichstes Szenario angesehen wird. Dieses Szenario berücksichtigt bereits, dass sämtliche Länder der Welt ihre gemeldeten Reduktionsverpflichtungen einhalten und dass die Kipppunkte nicht fallen oder keine zusätzlichen Erhöhungen verursachen. In einem der folgenden Kapitel wird versucht abzuschätzen, welche Auswirkungen künftige Temperaturerhöhung auf unseren Planeten haben wird.

1.10. Auch die Konzentration anderer Treibhausgase steigt rasch an

In Kapitel 1.2. wurde beschrieben, dass CO_2 mit einem Anteil von etwa 80 % für den vom Menschen verursachten Treibhauseffekt hauptverantwortlich ist, daher war der Inhalt dieser Einleitung hauptsächlich dem CO_2 gewidmet. Die anderen wichtigen Gase sind CH_4 und N_2O. Daher wird auch die Konzentration dieser Gase in der Atmosphäre von den Klimawissenschaftlern genau beobachtet. Nachstehende Abbildung stellt die Konzentration der drei wichtigsten Treibhausgase CO_2, CH_4 und N_2O gemeinsam dar, wobei das häufigere CO_2 in ppm (parts per million) und die anderen Gase in ppb (parts per billion) angegeben sind.

35 Intergovernmental Panel on Climate Change (IPCC), Intergovernmental Panel on Climate Change, unter: https://www.ipcc.ch/ (abgerufen am 28.3.2025).

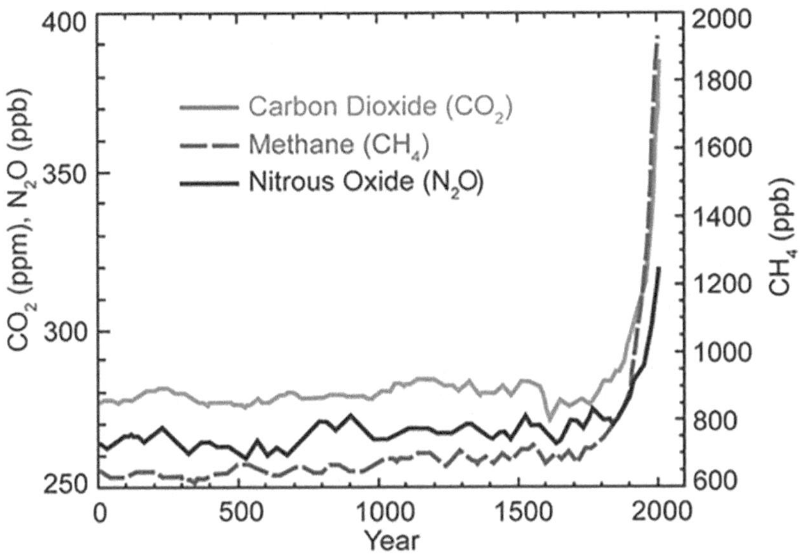

Abb 6: Veränderung der Konzentration der wichtigsten Treibhausgase in der Atmosphäre[36]

Es zeigt sich, dass die Konzentration aller drei Gase seit einigen Jahrzehnten stark steigt. Während CO_2 auf etwa 150 % des vorindustriellen Wertes gestiegen ist, beträgt dieser Wert bei N_2O etwa 130 % und bei CH_4 sogar 300 %. Vergleicht man die gegenwärtigen Messwerte mit historischen Werten, so zeigt sich, dass die derzeitigen CO_2-Konzentrationen höher sind als zu jedem anderen Zeitpunkt der letzten 2 Millionen Jahre. Die Konzentrationen von CH_4 (+156 %) und N_2O (+23 %) sind auf einem Niveau, das seit mindestens 800.000 Jahren nicht mehr erreicht wurde.[37] Nachdem sich also jene drei Gase, die mit überwiegender Mehrheit hauptverantwortlich für den Treibhauseffekt sind, nahezu synchron verhalten, wird auch im weiteren Verlauf des Buches der Einfachheit halber hauptsächlich von CO_2 die Rede sein. Gemeint ist aber immer die Summe aller Treibhausgase, die, wie zuvor beschrieben, einfach in CO_{2e} umgerechnet werden können.

Seit vielen Jahren erfolgt also ein stetiger Anstieg der Emissionen von Treibhausgasen, der (auch bedingt durch ihre lange Verweildauer in der Atmosphäre) zu einem Anstieg der Konzentration dieser Gase und letztlich auch zu einer deutlich messbaren Zunahme der mittleren Erdoberflächentemperatur geführt hat. Daher stellt sich die Frage nach der künftigen Entwicklung der Temperatur. Nachdem dieser Ausblick auch sehr ernst zu nehmende Risiken für die Einhaltung der planetaren Grenzen enthält, ist im nächsten Kapitel nicht mehr von Klimawandel, sondern von der Klimakrise die Rede. Dieser Begriff scheint für den leider sehr düsteren Ausblick geeigneter zu sein.

36 U.S. National Climate Assessment, Climate Change Impacts in the United States: The Third National Climate Assessment (2014) unter: https://nca2014.globalchange.gov/ (abgerufen am 28.3.2025).

37 Intergovernmental Panel on Climate Change (IPCC), Climate Change 2023: The Physical Science Basis. Contribution of Working Group I to the Sixth Assessment Report of the Intergovernmental Panel on Climate Change. unter: https://www.ipcc.ch/report/ar6/wg1/ (abgerufen am 28.3.2025).

1.11. Der Klimawandel wird zur Klimakrise

Zur Zeit der Fertigstellung dieses Buches betrug die Erhöhung der durchschnittlichen Erdoberflächentemperatur etwa 1,5 °C im Vergleich zur vorindustriellen Zeit. Dieser Wert gilt für viele Wissenschaftler als das gerade noch verkraftbare Maximum, um die Mehrheit der Menschen auf diesem Planeten mit Lebensmitteln, Wasser und Energie zu versorgen. Trotzdem sind bereits jetzt viele Auswirkungen der Klimakrise deutlich zu erkennen. Einige dieser Auswirkungen sind nachstehend aufgelistet.

Klimatologische Ereignisse: Durch die Erhöhung der Durchschnittstemperatur steigen folglich auch die Extremtemperaturen, durch Änderungen der Niederschlagszonen treten häufiger Hitze und Dürre auf und durch die trockenere Biosphäre, die höheren Temperaturen ausgesetzt ist, kommt es vermehrt zu Waldbränden. Gletscher ziehen sich zurück, an den Polkappen schmilzt das „ewige Eis" und die Schneearmut im Gebirge führt zur Schließung von Skigebieten.

Hydrologische Ereignisse: Die Thermodynamik lehrt uns, dass warme Luft pro Grad um etwa 7 % mehr Wasserdampf durch Verdunstung aufnimmt als kalte Luft. Der Wasseranteil in der Luft fällt dann, wenn die Sättigungsgrenze erreicht ist, wieder als Regen auf die Erde. Höhere Temperaturen führen also zu mehr Wasser in der Atmosphäre. Diese Tatsache lässt die Wahrscheinlichkeit von Starkregen und dadurch ausgelöste Überschwemmungen steigen. Die Menschheit musste sich in einem stabilen Klimasystem keine Gedanken machen, wo Städte gebaut werden. Jetzt verändert sich das Klimasystem und die Städte sind teilweise in Hochwassergebieten oder in Küstenregionen gebaut und daher für die gegenwärtigen Bedrohungen nicht ausreichend geschützt.

Meteorologische Ereignisse: Durch die aufgeheizte Atmosphäre kann es zu großen Temperaturunterschieden zwischen warmen und kalten Zonen kommen, die große Druckunterschiede zwischen Tiefdruck und Hochdruckzonen auslösen. Die Thermodynamik der Atmosphäre ist bestrebt diese Druckunterschiede auszugleichen, wobei große Differenzen Stürme auslösen können.

Geophysikalische Ereignisse: Diese Ereignisse werden durch tektonische Verschiebungen in der Erdkruste und Vulkanausbrüche ausgelöst. Im Gegensatz zu den anderen oben erwähnten Ereignissen ist es weniger augenscheinlich, dass die Klimakrise für geophysikalische Vorgänge verantwortlich zu machen ist. Trotzdem zeigen aktuelle Studien, dass der Klimawandel in verstärktem Ausmaß Erdbeben auslöst und daher auch für geophysikalische Ereignisse mitverantwortlich gemacht werden kann.[38]

Die obigen Ereignisse führen zu Schäden, die mit großer Genauigkeit dokumentiert werden, da diese Schäden oft Versicherungsleistungen auslösen. Die Entwicklung der weltweiten Schadenereignisse ist in nachstehender Abbildung dargestellt.

38 *Wang, Q.-Y. et al.* Untangling the environmental and tectonic drivers of the Noto earthquake swarm in Japan (2024). Science Advances, 10, eado1469 unter: https://doi.org/10.1126/sciadv.ado1469 (abgerufen am 28.3.2025).

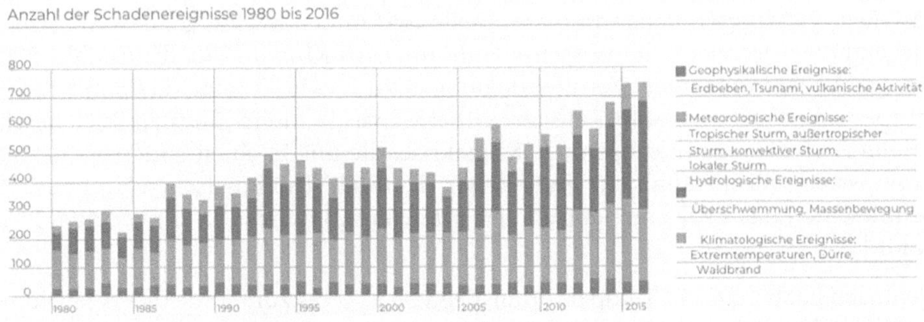

Abb 7: Änderung verschiedener Naturkatastrophen seit 1980[39]

Es ist erkennbar, dass jene Ereignisse, für die die Klimakrise als Ursache in Frage kommt, deutlich angestiegen sind. Besonders betroffen sind hydrologische und meteorologische Ereignisse. Im Gegensatz dazu zeigen geophysikalische Ereignisse (Vulkanausbrüche etc) keine Steigerung, da diese eben nur zum Teil vom Klimawandel verursacht werden. In Summe sind die Schadensfälle von etwa 250 pro Jahr auf etwa 750 pro Jahr gestiegen, der Wert hat sich also innerhalb von 45 Jahren verdreifacht.[40]

An dieser Stelle sei ausdrücklich hinzugefügt, dass Versicherungsleistungen nur den monetären Wert der Schäden erfassen. Zusätzlich dazu führen Überschwemmungen, Brände, Extremtemperaturen und Stürme zu humanitären Katastrophen, die nicht beziffert werden können. In einigen Fällen lösen Klimaveränderungen auch menschliche Massenbewegungen aus. So gilt beispielsweise eine mehrjährige Dürre in Syrien als Auslöser einer gewaltigen Flüchtlingsbewegung nach Europa.[41, 42]

Die gegenwärtige Temperaturerhöhung um 1,5 °C kann also bereits heute ohne Übertreibung als Klimakrise bezeichnet werden. Doch welche Erhöhung kommt noch auf uns zu und vor allem, welche Auswirkungen hat diese auf unsere Biosphäre und die menschliche Zivilisation?

Was kommt auf uns zu? *„Prognosen sind schwierig, besonders wenn sie die Zukunft betreffen."* Dieses Zitat, das oft dem dänischen Naturwissenschaftler Niels Bohr zugeschrieben wird, passt zur Frage, welche Auswirkungen die Klimakrise auf den Planeten haben wird. Unzählige Veröffentlichungen zu diesem Thema wurden publiziert. In einigen wurden Szenarien gezeichnet, in denen nur ein Bruchteil der heutigen Bevölkerung überlebt, in anderen Szenarien wiederum werden weniger schlimme Ausblicke gegeben.

39 Munich Re, Topics Geo 2016: Naturkatastrophen – Analysen, Bewertungen, Positionen. Munich Re.

40 Ebd.

41 *De Châtel, F.* The role of drought and climate change in the Syrian uprising: Untangling the triggers of the revolution. Middle Eastern Studies (2014), 50(4), 521–535 unter: https://doi.org/10.1080/00263206.2013.850076 (abgerufen am 28.3.2025).

42 *Kelley, C. P. et al.* Climate change in the Fertile Crescent and implications of the recent Syrian drought (2015). Proceedings of the National Academy of Sciences – PNAS, 112(11), 3241–3246 unter: https://doi.org/10.1073/pnas.1421533112 (abgerufen am 28.3.2025).

Die Autoren dieses Buches wollen auch hier bewusst keine eigenen Mutmaßungen anstellen und zitieren daher an dieser Stelle und in den nachfolgenden Absätzen vorwiegend die österreichische Wissenschaftlerin *Helga Kromp-Kolb*, die im Jahr 2005 für ihre publikumswirksamen Veröffentlichungen zu diesem Themenkreis mit dem Titel „Wissenschaftlerin des Jahres" ausgezeichnet wurde. In ihrem jüngsten Buch beschreibt *Kromp-Kolb* die Auswirkungen der Klimakrise, die uns in einen anderen Zustand des Klimasystems führen könnten. Unter dieser „Heißzeit" (im Englischen Hothouse Earth) befindet sich das Erdklima jenseits der planetaren Grenzen und über dem 2-Grad-Limit.[43]

Demnach hat bereits ein Temperaturanstieg von 2 °C bis zum Ende dieses Jahrhunderts verheerende Folgen, da besonders exponiert gelegene Städte durch die Hitze zeitweise nahezu unbewohnbar würden. Ein Anstieg von 2 °C bedeutet auch eine deutliche Zunahme der Gefahr durch Hurrikane und Taifune. Es sind zwar nicht unbedingt mehr Ereignisse zu erwarten, aber besonders heftige treten besonders häufig auf und es fällt mehr Niederschlag bei den einzelnen Ereignissen. Auch das Artensterben verstärkt sich: Die Korallenbleiche erfasst praktisch alle Korallen in den Ozeanen und wesentliche Teile der Urwälder gehen als Habitat für Pflanzen- und Tierarten verloren (zusätzlich zur oben genannten Quelle von *Kromp-Kolb* wird das „Hothouse Earth" auch an anderer Stelle gut beschrieben[44]).

Bei einem durchschnittlichen Temperaturanstieg von 3 °C sind in Deutschland und Österreich etwa +6 °C zu erwarten. Damit wäre es in Berlin wärmer als in Madrid heute. Die Anzahl von extremen Wetterereignissen, ob Hitzewellen, Überschwemmungen oder Stürme, würde deutlich zunehmen. In den meisten Regionen der Welt brächte dies einen erheblichen Rückgang der Nahrungsmittelproduktion mit sich. Ein Großteil der gegenwärtig lebenden Pflanzen und Tiere sind an derartige Bedingungen nicht angepasst und ihre Anpassungsfähigkeit wird möglicherweise überschritten. Fast alle Korallen wären tot und würden von Algen überwachsen. Etwa 20 bis 50 % aller Arten weltweit wären vom Aussterben bedroht und die Hälfte der Tundra ginge verloren.

Ein Temperaturanstieg von 4 °C bedeutet, dass Zustände wie im Hitzesommer 2003 in Europa normal würden, die Spitzenwerte während Hitzeepisoden lägen um 8 °C höher als 2003. Spitzenwerte in China lägen um 6–8 °C höher als die höchsten in den letzten Hitzeperioden dort gemessenen Werte und in New York würden bei Hitzewellen die Maxima um 10–12 °C in die Höhe klettern. Fast 75 % der Weltbevölkerung wäre tödlicher Hitze ausgesetzt. Bei den wärmeren Bedingungen der niedrigen Breiten würde ein Temperaturanstieg um 4 °C einen Rückgang von 30 bis 40 % in der Produktion wichtiger Basislebensmittel wie Mais und Reis verursachen. Der Temperaturanstieg wäre für die meisten Ökosysteme verheerend, es würde Lebensmittelknappheit herrschen, sodass die Weltbevölkerung um mehr als die Hälfte reduziert werden könnte.

43 *Kromp-Kolb, H.* Für Pessimismus ist es zu spät. Wir sind Teil der Lösung (2023).

44 *Steffen, W., Rockström, J., Richardson, K., Lenton, T. M., Folke, C., Liverman, D., Summerhayes, C. P., Barnosky, A. D., Cornell, S. E., Crucifix, M., Donges, J. F., Fetzer, I., Lade, S. J., Scheffer, M., Winkelmann, R., Schellnhuber, H. J.* Trajectories of the Earth System in the Anthropocene. Proceedings of the National Academy of Sciences of the United States of America (PNAS) (2018), 115(33), 8252–8259 unter: https://doi.org/10.1073/pnas.1810141115 (abgerufen am 28.3.2025).

Es gibt keine Gewissheit, dass eine Anpassung an eine 4 °C-Welt überhaupt möglich ist, oder anders formuliert: Eine 4 °C-Zukunft „ist unvereinbar mit einer organisierten globalen Gemeinschaft". Insofern ist es irrelevant, die Auswirkungen noch größerer Temperaturanstiege zu beschreiben.[45] In Ergänzung zu den obigen Ausführungen wäre noch zu erwähnen, dass das Überschreiten der bereits zuvor erwähnten Kipppunkte nicht berücksichtigt ist, da dies noch viel schwerer vorauszusagen ist als die Konsequenzen einer Temperaturerhöhung. Nachstehende Abbildung veranschaulicht den obigen Text in übersichtlicher Form.

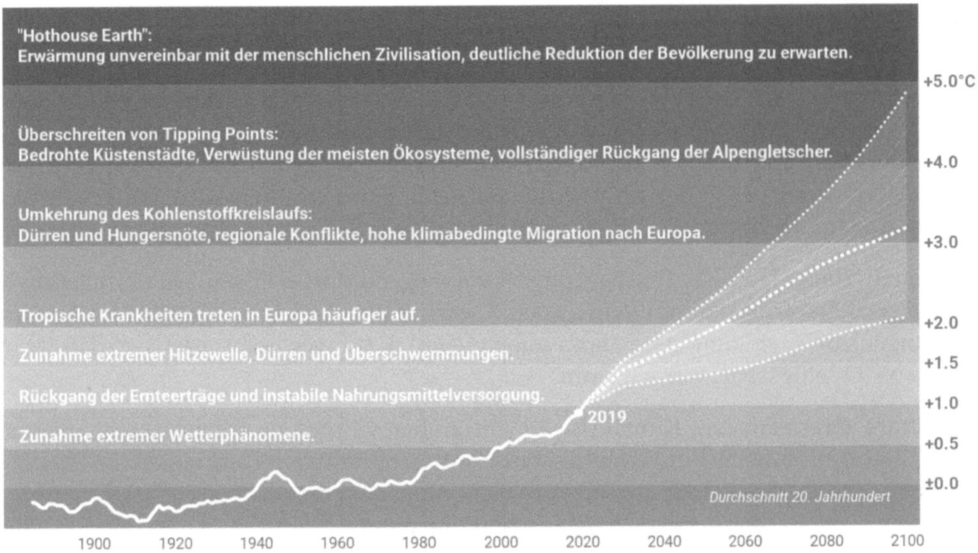

Abb 8: Auswirkung der Erhöhung der globalen Temperatur[46] [Quelle: science GmbH, inspiriert von Gregor Aisch; erstellt mit Datawrapper]

Wie oben erwähnt, sind Prognosen dann schwer, wenn sie die Zukunft betreffen. Daher sind die obigen Szenarien keinesfalls abgesichert, sondern im Gegenteil mit großen Unsicherheiten behaftet. Das Risiko ist aber zu groß, um es auf einen Versuch ankommen zu lassen, daher muss unverzüglich und konsequent an Lösungen gearbeitet werden, um der Klimakrise Einhalt zu gebieten. Der Emissionshandel, der in diesem Buch beschrieben wird, kann Teil einer solchen Lösung sein.

1.12. Eine Lösung: Der Emissionshandel

Der Emissionshandel wird als ökonomisches Instrument des Umweltschutzes definiert, das dazu dient, den Ausstoß von klimaschädlichen Treibhausgasen zu verringern.[47] Der

45 *Kromp-Kolb, H.* Für Pessimismus ist es zu spät. Wir sind Teil der Lösung (2023).

46 Eigene Darstellung basierend auf der Grafik von Salm-Salm, Folgen der globalen Erderwärmung unter: https://www.salm-salm.de/fileadmin/_processed_/c/7/csm_Folgen_der_globalen_Erderwaermung_305b7f4cb4.png (abgerufen am 28.3.2025).

47 Gabler Wirtschaftslexikon, Emissionshandel unter: https://wirtschaftslexikon.gabler.de/definition/emissionshandel-35440 (abgerufen am 28.3.2025).

Emissionshandel ist ein Mechanismus, der es unter bestimmten Spielregeln erlaubt, CO_2-(oder CO_{2e}-)Zertifikate (die oft auch als Verschmutzungsrechte bezeichnet werden) zu handeln.

CO_2-Zertifikate sind handelbare, digitale Zertifikate, die der Reduktion, Vermeidung oder Entfernung von einer Tonne CO_2 entsprechen. Unternehmen, Regierungen oder andere Organisationen erwerben CO_2-Zertifikate, um sich außerhalb ihres eigenen Verantwortungsbereichs für den globalen Klimaschutz einzusetzen. Damit finanzieren sie Klimaschutzprojekte an anderer Stelle, die Emissionen reduzieren, vermeiden oder aus der Atmosphäre entfernen. Es gibt kaum ein Thema, das sich für ein globales Handelssystem besser eignet als der Emissionshandel. Die Gründe dafür sind folgende:

Verweildauer: Die mittlere Verweildauer von CO_2 beträgt wie bereits zuvor beschrieben deutlich mehr als 100 Jahre. Dies ist der Grund dafür, dass die CO_2-Konzentration überall auf der Welt ähnlich ist, Winde sorgen rasch für den Ausgleich von regionalen Unterschieden. Daher ist es in der Klimakrise unerheblich, wo emittiert wird. Umgekehrt ist es genau so unerheblich, wo CO_2 eingespart wird, es ist jede Tonne CO_2 gleich viel wert.

Kosteneffizienz: Die CO_2-Einsparung soll vorwiegend dort erfolgen, wo der maximale Nutzen erzielt werden kann. Wenn nur eine beschränkte Summe an Geld für solche Einsparungen zur Verfügung steht, dann soll das Geld dort investiert werden, wo damit am meisten CO_2 eingespart werden kann.

Planetare Grenzen: Die Klimakrise ist ein globales Problem mit unterschiedlichen Ausprägungen je nach Entwicklungsstand und geografischer Lage einzelner Staaten. Sollte die Klimakrise jedoch so weit voranschreiten, dass die planetaren Grenzen überschritten werden, dann sind alle Menschen auf diesem Planeten in Gefahr. Ein globales Problem erfordert daher auch eine globale Lösung, der Emissionshandel ist eine davon.

Die nachfolgenden Kapitel beschreiben die Ziele und Funktionen von verschiedenen bereits existierenden Emissionshandelssystemen. Gegenwärtig ist noch kein verbindliches und weltumfassendes Emissionshandelssystem zustande gekommen, es gibt aber die Hoffnung, dass bald ein solches System geschaffen wird, das dann auch erstmals sämtliche CO_2-Emissionen der Erde umfassen und kontrollieren kann. Es gibt aber in verschiedenen Regionen der Welt heute schon bestehende und gut funktionierende Handelssysteme, die teilweise bereits seit mehr als 20 Jahren existieren.

Im vorliegenden Buch sind alle wesentlichen gegenwärtig existierenden Emissionsmärkte beschrieben, die entweder verpflichtenden oder freiwilligen Charakter haben. Das Buch gibt nicht nur einen Überblick über diese Märkte, sondern beschäftigt sich mit deren Historie und deren Ausbreitung, erklärt die zur Anwendung kommenden Mechanismen und beschreibt deren aktuelle Entwicklungen. In diesem Sinne versteht sich das Buch als Beitrag zur Bewusstseinsbildung. Denn nur, wenn uns das Problem der Klimakrise mit all seinen Konsequenzen so richtig bewusst wird, sind wir im Stande, die vor uns liegenden drastischen Schritte nicht als Einschränkung, sondern als Befreiung zu sehen.

2. Emissionshandel auf zwischenstaatlicher Ebene: Der verpflichtende Handel für Nationalstaaten (UNFCCC-Markt)

2.1. UNFCCC: Beginn zwischenstaatlicher Bemühungen zur Begrenzung des Klimawandels

Das United Nations Framework Convention on Climate Change (UNFCCC) bildet den bis dato wichtigsten rechtlichen Rahmen zwischenstaatlicher Bemühungen zur Begrenzung des Klimawandels. Es handelt sich dabei um ein internationales Abkommen, das zum Ziel hat, den globalen Temperaturanstieg so weit zu begrenzen, dass die Menschheit und das Leben auf der Erde allgemein nicht gefährdet werden. Um dieses Ziel zu erreichen, müssen die Auswirkungen anthropogener Eingriffe in das Klimasystem und der Anstieg der Treibhausgaskonzentration in der Atmosphäre signifikant gebremst und kurz-, mittel-, und langfristig eingeschränkt werden. Dabei sind wirtschaftliche Entwicklung, Sicherstellung der Nahrungsmittelproduktion und Klimaschutz zu vereinbaren. Der Vertrag wurde 1992 von 154 Ländern auf der Konferenz der Vereinten Nationen über Umwelt und Entwicklung (UNCED), auch bekannt „Earth Summit" (zu Deutsch „Erdgipfel"), in Rio de Janeiro unterzeichnet, und ist am 21. März 1994 in Kraft getreten.

Das UNFCCC betont ausdrücklich, dass Industrieländer in besonderem Maße zur Entstehung der Klimakrise beigetragen haben. Aus diesem Grund sieht das Abkommen vor, dass diese Staaten eine Vorreiterrolle beim Klimaschutz übernehmen sollen. Um festzulegen, welche Länder in welchem Umfang Verantwortung übernehmen, unterteilt die UNFCCC die Mitgliedstaaten in drei Kategorien: Anhang I, Anhang II und Nicht-Anhang-Staaten. Anhang I umfasst sowohl alle OECD-Mitglieder als auch zwölf mittel- und osteuropäische Länder mit Übergangswirtschaften (Economies in Transition, EITs). Diese Staaten sind verpflichtet, ihre Treibhausgasemissionen deutlich zu senken. Anhang II besteht ausschließlich aus OECD-Staaten, die zusätzlich dazu verpflichtet sind, finanzielle Unterstützung für Klimaschutzmaßnahmen in Entwicklungsländern bereitzustellen. Länder, die nicht unter Anhang I oder II fallen, werden als Nicht-Anhang-Staaten bezeichnet – hierbei handelt es sich überwiegend um Entwicklungsländer.

Seit 1995 kommen die Vertragsparteien jährlich zu den Konferenzen der Vertragsparteien (Conference of the Parties, kurz COP) zusammen, um die erzielten Fortschritte im Kampf gegen den Klimawandel zu überprüfen. Artikel 3 Absatz 1 der „Rio Convention" fordert, dass die Staaten Maßnahmen zum Schutz des Klimasystems unter Berücksichtigung des Prinzips der „gemeinsamen, aber unterschiedlichen Verantwortlichkeiten und jeweiligen Fähigkeiten" ergreifen. Dabei wird insbesondere von den Industrieländern erwartet, eine führende Rolle im Klimaschutz zu übernehmen. Gemäß Artikel 4 sind alle Vertragsparteien verpflichtet, grundlegende Maßnahmen zur Bekämpfung des Klimawandels zu ergreifen. Dazu zählen sowohl Strategien zur Minderung der Treibhausgasemissionen als auch Maßnahmen zur Anpassung an die möglichen Folgen des Klimawandels. In den Anfängen zwischenstaatlicher Bestrebungen zum verbindlichen Kampf gegen den Klimawandel wurde jedoch offengelassen, welche konkreten Maßnahmen ergriffen werden können oder gar sollen. Erst 1997 auf der COP3 in Kyoto, fünf Jahre nach der Unterzeichnung des UNFCCC, wurde der Emissionshandel als zentrales Instrument internationaler Bemühungen explizit adressiert.

Das sogenannte Kyoto-Protokoll gilt somit als wesentlicher Meilenstein in der Geschichte des verpflichtenden zwischenstaatlichen Emissionshandels. Der Emissionshandel im Rahmen des UNFCCC gilt als verpflichtender bzw als Compliance-Kohlenstoffmarkt, da es sich um einen regulierten Markt, der von Regierungen und auf Grundlage internationaler Abkommen eingerichtet wurde, handelt. In diesem Markt sind bestimmte Länder verpflichtet, rechtlich bindende Emissionsminderungsziele zu erfüllen. Um diesen Verpflichtungen nachzukommen, können Emissionszertifikate oder Gutschriften gehandelt werden. In diesem Kapitel wird die Geschichte und die Entwicklung des verpflichtenden zwischenstaatlichen Emissionshandels entlang der wichtigsten Stationen – das sind insbesondere das Kyoto-Protokoll und das Pariser Klimaabkommen – skizziert. Dabei werden zentrale Mechanismen, Instrumente und Begrifflichkeiten, wie Clean Development Mechanism (CDM), Nationally Determined Contributions (NDCs) oder Internationally Transferred Mitigation Outcomes (ITMOs) erläutert. Dabei wird auch die aktuelle Entwicklung des Emisssionshandels im Lichte aktueller Entwicklungen nach der COP29 in Baku kritisch betrachtet.

Der Emissionshandel im Rahmen der UNFCCC steht aus strukturellen, ökologischen und ethischen Gründen in der Kritik. Obwohl das System ursprünglich eingeführt wurde, um flexible und kosteneffiziente Möglichkeiten zur Reduzierung von Emissionen zu schaffen, hat es sich in der Praxis oft als wenig glaubwürdig und nicht ausreichend wirksam erwiesen. Zu den zentralen Problemen zählen insbesondere fehlende Zusätzlichkeit (Reduktionen oder Speicherung sind nicht tatsächlich auf die Projekte zurückzuführen), ein Überangebot am Markt, das Verlagern von Bemühungen Emissionen zu reduzieren oder zu speichern außerhalb der eigenen Jurisdiktion (insbesondere im Kontext des Kyoto-Protokolls) und das Risiko des Double-Countings, das bedeutet, das Emissionsgutschriften sowohl im Ursprungs- als auch im Empfängerland angerechnet werden (insbesondere im Kontext von Artikel 6 des Pariser Klimaabkommens).

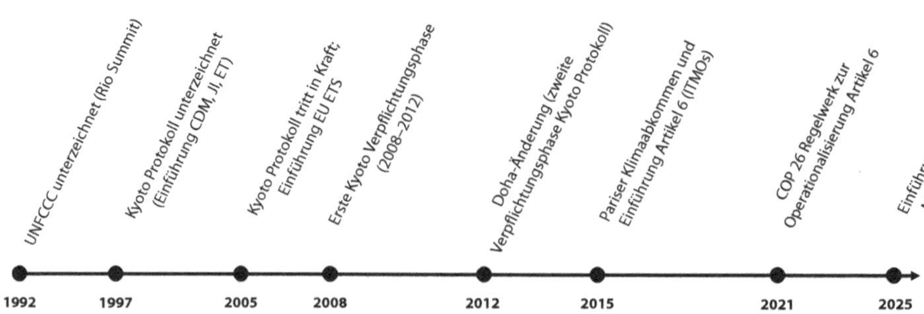

Abb 9: Zeitleiste zur Entwicklung des UNFCCC Emissionshandels [Quelle: KPMG]

2.2. Das Kyoto-Protokoll und die Ursprünge des zwischenstaatlichen Emissionshandels

Das Kyoto-Protokoll wurde am 11. Dezember 1997 angenommen und trat nach einem langwierigen Ratifizierungsprozess am 16. Februar 2005 in Kraft.[48] Es war das erste internationale Abkommen, das das UNFCCC in konkrete Maßnahmen überführte. Das Protokoll führte verbindliche Quantified Emission Limitation or Reduction Obligations (QELROs), das sind quantifizierte Verpflichtungen zur Begrenzung und Reduktion von Emissionen für 37 Industrieländer, EITs und die Europäische Union, ein.[49] Diese Länder werden im Anhang B des Kyoto Protokolls gelistet und erhielten für den ersten Verpflichtungszeitraum von 2008–2012 formell zugewiesene Emissionsziele. Im Durchschnitt bedeutete dies eine Reduktion der Treibhausgasemissionen um 5,2 % gegenüber dem Stand von 1990. Annex-I-Staaten umfassen entwickelte Länder, die im Jahr 1992 Mitglieder der OECD waren, sowie Volkswirtschaften im Übergang. Anhang B, der im Rahmen des Kyoto-Protokolls geschaffen wurde, stellt eine Teilmenge von Annex I dar und enthält alle Länder mit quantifizierten Emissionsverpflichtungen – mit Ausnahme der Türkei und Belarus, die keine solchen Zusagen machten.[50, 51] Entwicklungsländer waren hingegen in keinem der beiden Anhänge aufgeführt und hatten keine quantitativen Verpflichtungen.

Das Kyoto-Protokoll etablierte verbindliche Emissionsgrenzen für Industrieländer, was als ein Ausdruck des Prinzips der „gemeinsamen, aber differenzierten Verantwortlichkeiten" gewertet werden kann. Dieses Prinzip reflektiert die historische Verantwortung dieser Länder für den Anstieg der Treibhausgaskonzentrationen. Für den ersten Verpflichtungszeitraum (2008–2012) wurde jedem Annex-I-Staat eine verbindliche Emissionsobergrenze zugeteilt, die auf den im Anhang B festgelegten Zielen und den Emissionen im Basisjahr beruhte. Die zulässige Menge wurde als Assigned Amount bezeichnet und in Assigned Amount Units (AAUs) ausgedrückt, wobei jede Einheit einer Tonne CO_2-Äquivalent entsprach.[52]

Zur flexibleren und kosteneffizienteren Zielerreichung etablierte das Protokoll ein System marktwirtschaftlicher Mechanismen. Diese ermöglichten es den Vertragsparteien ihre Verpflichtungen teilweise durch Zusammenarbeit mit anderen Ländern zu erfüllen, statt ausschließlich auf nationale Maßnahmen zu setzen. Gemäß Artikel 17 des Kyoto-Protokolls ist es Ländern mit Verpflichtungen gemäß Anhang B gestattet, überschüssige AAUs an andere Annex-B-Staaten zu veräußern, die ihre Emissionsziele übertrafen. In der Folge etablierte sich ein zwischenstaatlicher Kohlenstoffmarkt, auf dem Emissionsrechte als handelbare Güter behandelt wurden.

---

48 United Nations Climate Change. n.d. What is the Kyoto Protocol? https://unfccc.int/kyoto_protocol (abgerufen am 6.4.2025).

49 *Kuyper, Jonathan/ Schroeder, Heike/ Linnér, Bjorn-Ola.* 2018. „The Evolution of the UNFCCC." Annual Review of Environment and Resources 343–368.

50 UN-REDD Programme. n.d. Annex-I, Annex-B Countries/Parties. https://www.un-redd.org/glossary/annex-i-annex-b-countriesparties (abgerufen am 5.10.2025).

51 Hristova, I. (2012). Annex i/b countries. In Encyclopedia of global warming & climate change (2 ed, Vol 3). SAGE Publications, Inc, https://doi.org/10.4135/9781452218564.n26 (abgerufen am 5.10.2025).

52 United Nations Framework Convention on Climate Change. 2008. „Kyoto Protocol Reference Manual on Accountng of Emissions and Assigned Amount". United Nations Framework Convention on Climate Change. 11. https://unfccc.int/resource/docs/publications/08_unfccc_kp_ref_manual.pdf (abgerufen am 6.4.2025).

Zwei zentrale markbasierte Mechanismen wurden etabliert:

1) Clean Development Mechanism (CDM) und
2) Joint Implementation (JI).

Diese werden im nachstehenden Abschnitt beschrieben. Neben AAUs konnten auch Emission Reduction Units (ERUs) aus Joint Implementation (JI), Certified Emission Reductions (CERs) aus dem Clean Development Mechanism (CDM) sowie Removal Units (RMUs) aus Landnutzungs- und Forstprojekten gehandelt werden. Die Dokumentation sämtlicher Transaktionen erfolgte über nationale Register, während die Verifizierung durch ein internationales Transaktionsprotokoll erfolgte. Um den übermäßigen Verkauf von Einheiten zu verhindern, war jedes Land verpflichtet, eine Reserve für den Verpflichtungszeitraum vorzuhalten, um die eigene Zielerreichung abzusichern.[53]

Obwohl anfänglich eine gewisse Skepsis, insbesondere seitens der EU, bestand, etablierte sich der Emissionshandel als ein zentrales Element des Protokolls.[54] Die politische Unterstützung, insbesondere seitens der Vereinigten Staaten, war von entscheidender Bedeutung für die Aufnahme von marktorientierter Flexibilität als Teilnahmebedingung.

2.2.1. Clean Development Mechanism (CDM)

Entsprechend Artikel 12 des Kyoto-Protokolls wurde der CDM eingerichtet, wodurch es Annex-B-Staaten ermöglicht wurde, Emissionsminderungsprojekte in Entwicklungsländern durchzuführen und dafür Certified Emission Reductions (CERs) zu erhalten. Dabei entspricht eine Tonne CO_2 (bzw CO_{2e}) einer Einheit. Die Anrechenbarkeit dieser Emissionsgutschriften auf die Kyoto-Ziele war an eine Bedingung geknüpft: Die Projekte mussten das Kriterium der Additivität („additionality") erfüllen, das heißt, es muss nachgewiesen werden können, dass die Emissionsreduktionen ohne das im CDM registrierte Projekt nicht realisiert worden wären. Die entsprechenden Projekte durchliefen einen formalen Registrierungs- und Emissionsgutschriftprozess, der vom CDM Executive Board überwacht und von nationalen Behörden genehmigt wurde. Gemäß den Förderrichtlinien wurden Maßnahmen unterstützt, die zB in ländlichen Regionen Solarstromprojekte oder den Einsatz effizienterer Industrietechnologien umfassten. Bis zum Ende des ersten Verpflichtungszeitraums (2008–2012) wurden über 1.650 Projekte registriert, mit einer prognostizierten Emissionsminderung von über 2,9 Milliarden Tonnen CO_2-Äquivalent.[55]

2.2.2. Joint Implementation (JI)

In Übereinstimmung mit Artikel 6 des Kyoto-Protokolls wurde Joint Implementation als Mechanismus etabliert, der es einem Annex-I-Land ermöglicht, Projekte zur Reduk-

53 United Nations Climate Change. n.d. Emissions Trading. https://unfccc.int/process/the-kyoto-protocol/mechanisms/emissions-trading (abgerufen am 6.4.2025).

54 *Skjærseth, Jon Birger/Wettestad, Jørgen.* 2010. „Making the EU Emissions Trading System: The European Commission as an entrepreneurial epistemic leader." Global Environmental Change 314–321.

55 United Nations Climate Change. n.d. The Clean Development Mechanism. https://unfccc.int/process-and-meetings/the-kyoto-protocol/mechanisms-under-the-kyoto-protocol/the-clean-development-mechanism (abgerufen am 6.4.2025).

tion oder Speicherung von Emissionen in einem anderen Annex-I-Land durchzuführen und dafür Emissionsreduktionseinheiten (ERUs) zu erhalten. Der Mechanismus umfasste zwei Verfahrenspfade: Unter Track 1 konnten die als Ursprungsländer („host countries) dienenden Vertragsparteien mit voller Berechtigung ERUs ohne externe Prüfung vergeben; unter Track 2 erfolgte die Verifizierung durch eine unabhängige Stelle unter Aufsicht des Joint Implementation Supervisory Committee.[56]

Diese Mechanismen unterlagen einem umfassenden Rahmen für Monitoring, Berichterstattung und Compliance. Nationale Register dokumentierten die Ausstellung und den Transfer der Einheiten, während das UNFCCC ein internationales Transaktionsprotokoll führte, um die Einhaltung der Bestimmungen zu gewährleisten. Die Vertragsstaaten waren verpflichtet, jährlich nationale Treibhausgasinventare sowie in regelmäßigen Abständen Berichte einzureichen. Ein Compliance-Mechanismus fungierte als Überwachungsinstanz und unterstützte die Staaten bei der Zielerreichung. Der Adaptation Fund wurde im Rahmen des Kyoto-Protokolls zur Unterstützung von Anpassungsmaßnahmen in Entwicklungsländern eingerichtet. Während der ersten Verpflichtungsperiode wurde die Finanzierung hauptsächlich durch einen prozentualen Erlösanteil von CDM-Projekten sichergestellt. Im Jahr 2012 wurde eine Übereinkunft erzielt, der zufolge zusätzlich 2 % der Erlöse aus dem internationalen Emissionshandel und der Joint Implementation dem Fonds zufließen sollen.

2.2.3. Doha-Adaptation: die zweite Verpflichtungsphase und das Ende des Kyoto-Protokolls

Im Jahr 2012 wurde die Doha-Änderung beschlossen, welche eine zweite Verpflichtungsperiode von 2013–2020 einführte. In dieser Periode wurden überarbeitete Ziele definiert, die eine mindestens 18%ige Reduktion gegenüber dem Jahr 1990 umfassten, sowie eine aktualisierte Liste der erfassten Treibhausgase. Die Zusammensetzung der teilnehmenden Länder hat sich in dieser Periode wesentlich geändert. Ein Rückzug wichtiger Emittenten wie Kanada, Russland und Japan aus dem Protokoll ist zu verzeichnen. Die Doha-Änderung ist erst am 31. Dezember 2020 in Kraft getreten, nachdem die erforderlichen Ratifizierungen erreicht worden waren.

Obwohl das Kyoto-Protokoll einen verbindlichen Reduktionsrahmen etablierte, konnte es keine signifikante Emissionsminderung bewirken. Für entwickelte Länder wurde im ersten Verpflichtungszeitraum (2008–2012) eine durchschnittliche Reduktion um 5 % gegenüber 1990 angestrebt. Obwohl diese Länder eine Reduktion um 20 % meldeten, ist diese Zahl irreführend. Die Wahl des Basisjahrs 1990 resultierte in einer Überzuteilung von Emissionsrechten, insbesondere an post-sowjetische Länder, deren Emissionen infolge eines wirtschaftlichen Zusammenbruchs sanken, ohne dass eine aktive Klimapolitik zu beobachten war. Das Überangebot an AAUs, das häufig als „hot air“ bezeichnet wird, hat die ökologische Integrität untergraben, da Ziele ohne nennenswerte nationale Maßnahmen erreicht werden konnten. Gleichzeitig erschwerte die mangelnde Transparenz

56 United Nations Climate Change. n.d. Joint implementation. https://unfccc.int/process/the-kyoto-protocol/mechanisms/joint-implementation (abgerufen am 6.4.2025).

in den Emissionsinventaren die Überprüfung der Einhaltung.[57] Zudem schwand die politische Unterstützung zunehmend. Die Vereinigten Staaten ratifizierten das Kyoto-Protokoll zu keinem Zeitpunkt, und bedeutende Wirtschaften wie Kanada, Japan und Russland beteiligten sich nicht an der zweiten Verpflichtungsperiode. Des Weiteren ist festzustellen, dass der CDM an Glaubwürdigkeit verloren hatte. Obwohl er ursprünglich als kosteneffizientes Instrument zum Schutz des Klimas in Entwicklungsländern konzipiert war, brach der Markt nach 2012 ein, als die EU die Anerkennung von CERs einstellte. Die Preise und Projektaktivitäten erfuhren einen signifikanten Rückgang. Diese Schwächen verdeutlichten die Grenzen eines Top-Down-Ansatzes mit differenzierten Verantwortlichkeiten und ohne universelle Beteiligung.

Erste Versuche, Alternativen zum Kyoto-Ansatz zu entwickeln, nahmen ab 2011 mit Vorschlägen wie Japans „Framework for Various Approaches" auf der COP17 in Durban Gestalt an. Das Ziel bestand in der Schaffung eines flexiblen, dezentralen Kooperationsrahmens. Die EU und weitere Akteure befürworteten einen „New Market-based Mechanism" mit sektoraler Ausrichtung, während sich Länder wie Bolivien für die Berücksichtigung nicht-marktbasierter Ansätze einsetzten. Die Verhandlungsstränge erzielten bis zur Klimakonferenz in Paris im Jahr 2015 kaum greifbare Fortschritte. In der Folge wurde Konsens darüber erzielt, dass ein universelles und flexibles Abkommen erforderlich ist, um der zunehmenden Diversität klimapolitischer Maßnahmen gerecht zu werden. Diese Erkenntnisse ebneten den Weg für einen grundlegenden Wandel im Hinblick auf den zwischenstaatlichen Emissionshandel, der sich im Pariser Klimaabkommen widerspiegelt.

2.3. Pariser Klimaabkommen: Ziele, NDCs und internationale Kooperation gemäß Artikel 6

Das im Rahmen der COP21 im Jahr 2015 verabschiedete Pariser Klimaabkommen ist 2016 in Kraft getreten, nachdem es von 195 Staaten ratifiziert worden ist. Zentrales Ziel des Pariser Klimaabkommens ist es, die globale Erwärmung deutlich unter 2 °C über dem vorindustriellen Niveau zu halten, möglichst auf 1,5 °C, wobei alle Vertragsstaaten durch verstärkte nationale Maßnahmen und internationale Zusammenarbeit zur Reduktion der Treibhausgasemissionen beitragen sollen.[58] Anstelle einer starren Klassifizierung in Industrie- und Entwicklungsländer verpflichtete es alle Vertragsparteien, eigene Nationally Determined Contributions (NDCs) zu erarbeiten. In den nationalen Klimastrategien werden Ziele hinsichtlich der Reduktion von Emissionen sowie der Anpassung an den Klimawandel dargelegt. Die zuvor bestehende, rigide Dichotomie zwischen Annex-I- und Nicht-Annex-I-Staaten wurde folglich aufgehoben. Die NDCs sind in fünfjährigen Intervallen vorzulegen und müssen im Zeitverlauf ambitionierter werden.[59] Obwohl die einzelnen Staaten ihre Ziele selbst definieren, gelten für die Berichterstattung und Transparenz einheitliche Regeln.

---

57 *Nylander, Johan.* 2024. Carbon Markets under the UNFCCC. 05 24. https://neyen.io/carbon-markets-under-the-unfccc/ (abgerufen am 6.4.2025).

58 United Nations Climate Change. n.d. The Paris Agreement. https://unfccc.int/process-and-meetings/the-paris-agreement (abgerufen am 8.6.2025).

59 United Nations Climate Change. n.d. Nationally Determined Contributions (NDCs). https://unfccc.int/process-and-meetings/the-paris-agreement/nationally-determined-contributions-ndcs (abgerufen am 4.6.2025).

Gemäß Artikel 6 des Abkommens werden neue Ansätze für die internationale Kooperation im Klimaschutz definiert. Artikel 6.2 gestattet es den Vertragsstaaten, Emissionsminderungen bilateral oder multilateral zu handeln und auf ihre NDCs anzurechnen. Gemäß Artikel 6.4 wird ein neuer Kreditierungsmechanismus implementiert, der unter der Aufsicht der UNFCCC steht und auf den Erfahrungen mit dem CDM basiert. Gemäß Artikel 6.8 werden nicht-marktbasierte Ansätze als ergänzende Form der Zusammenarbeit berücksichtigt.[60]

2.3.1. Artikel 6.2: Kooperative Ansätze

Mit der Einrichtung von Artikel 6.2 des Pariser Abkommens wurde den Vertragsstaaten die Möglichkeit eingeräumt, Emissionsminderungen unmittelbar über bilaterale Abkommen zu handeln. Die dabei übertragenen Einheiten, die als Internationally Transferred Mitigation Outcomes (ITMOs) bezeichnet werden, können zur Erfüllung nationaler Klimabeiträge (NDCs) genutzt werden. Gleichzeitig können sie Investitionen, Kapazitätsaufbau oder Technologietransfer im Partnerland fördern. Eine Centralized Accounting and Reporting Platform (CARP) gewährleistet Transparenz, indem Autorisierungen und Übermittlungen dokumentiert werden.[61]

2.3.2. Artikel 6.4: Paris Agreement Crediting Mechanism (PACM)

Artikel 6.4 des Pariser Abkommens etabliert den sogenannten Paris Agreement Crediting Mechanism (PACM), welcher als zentraler Mechanismus im Rahmen der UNFCCC dient. Die Funktion dieses Mechanismus besteht in der Generierung und Übertragung von verifizierten Emissionsminderungen. Die Verwaltung des PACM obliegt einem Aufsichtsgremium (Supervisory Body), das von der Konferenz der Vertragsparteien in ihrer Funktion als Tagung der Vertragsparteien des Pariser Abkommens (CMA) eingesetzt wird. Es unterliegt einheitlichen Regularien, die in Entscheidung 3/CMA.3 definiert sind. Gemäß den Bestimmungen können Emissionsminderungen, die durch genehmigte Aktivitäten erzielt werden, angerechnet und an andere Akteure veräußert werden, damit diese sie für ihre eigenen Minderungsziele nutzen können. Ein Teil der Erlöse wird für die Unterstützung von Anpassungsmaßnahmen in Entwicklungsländern verwendet.[62]

2.3.3. Artikel 6.8: Nicht-marktbasierte Ansätze

Artikel 6.8 des Pariser Abkommens sieht einen Rahmen für freiwillige nicht-marktbasierte Ansätze (Non-market Approaches, NMAs) vor, die die Umsetzung der national festgelegten Klimaziele (NDCs) unterstützen. Dazu zählen Kooperationen in den Bereichen Minderung, Anpassung, Finanzierung, Technologietransfer und Kapazitätsaufbau, insbesondere zur Förderung nachhaltiger Entwicklung und Armutsbekämpfung.

---

60 United Nations Climate Change. n.d. Article 6 of the Paris Agreement. Accessed 06 04, 2025. https://unfccc.int/process/the-paris-agreement/cooperative-implementation (abgerufen am 4.6.2025).

61 United Nations Climate Change. n.d. Article 6.2. https://unfccc.int/process-and-meetings/the-paris-agreement/the-paris-agreement/cooperative-implementation/article-62 (abgerufen am 4.6.2025).

62 United Nations Climate Change. n.d. Paris Agreement Crediting Mechanism. https://unfccc.int/process-and-meetings/the-paris-agreement/article-64-mechanism (abgerufen am 4.6.2025).

Das bei der COP 26 eingerichtete Glasgow-Komitee für nicht-marktbasierte Ansätze (Glasgow Committee on Non-market Approaches, GCNMA) ist für die Umsetzung zuständig. Ein zentrales Instrument ist die NMA-Plattform, über die Vertragsparteien und weitere Akteure Informationen austauschen, Unterstützung anbieten oder anfordern und Aktivitäten koordinieren können. Das Arbeitsprogramm zu Artikel 6.8 ist in zwei Phasen unterteilt: In der ersten Phase (2023–2024) wurden die inhaltlichen Grundlagen gelegt und Inputs gegeben. In der zweiten Phase (2025–2026) erfolgt nun die konkrete Umsetzung der Maßnahmen auf Basis der Ergebnisse der ersten Phase.[63]

2.3.4. Operationalisierung von Artikel 6

Im Rahmen der COP24 in Katowice im Jahr 2018 wurden große Teile des Regelwerks des Pariser Übereinkommens finalisiert, jedoch nicht die Regelungen zu Artikel 6. Die Hauptkonflikte konzentrierten sich auf die Vermeidung von Doppelanrechnung, die Überführung von Kyoto-Zertifikaten in das neue System sowie den Finanzierungsanteil für Anpassungsmaßnahmen unter Artikel 6.4. Obwohl die Vertragsparteien Entwürfe zu den Artikeln 6.2, 6.4 und 6.8 verhandelten, verhinderten grundlegende Differenzen eine Einigung. Auch die COP25 in Madrid im Jahr 2019 verfolgte das Ziel, die Regelwerke zu Artikel 6 abzuschließen, konnte jedoch die bestehenden Konfliktpunkte nicht lösen.

2.3.5. Zwischen Fortschritt und Blockaden: Vom Regelwerk auf der COP26 in Glasgow zur stockenden Umsetzung auf der COP27 in Sharm el-Sheikh und der COP28 in Dubai

Auf der COP26 in Glasgow im Jahr 2021 wurden Fortschritte erzielt. Die Erstellung des Regeltextes zu Artikel 6 wurde erfolgreich abgeschlossen. Es konnten Einigungen zu den drei zentralen Säulen erzielt werden. Gemäß Artikel 6.2 werden bilaterale ITMO-Kooperationen geregelt, Artikel 6.4 behandelt den zentralen UN-Mechanismus zur Minderung der Emissionen von Treibhausgasen und zur Unterstützung der nachhaltigen Entwicklung und Artikel 6.8 die nicht-marktbasierte Zusammenarbeit. Diese Entscheidungen markierten einen signifikanten Fortschritt, jedoch blieben zahlreiche Punkte ungeklärt, darunter die Thematik der Doppelanrechnung freiwilliger Beiträge privater Akteure.[64]

Auf der COP27 in Sharm el-Sheikh wurde die Umsetzung von Artikel 6 schrittweise vorangetrieben. Im Rahmen von Artikel 6.2 wurden mehrere bilaterale Abkommen initiiert, insbesondere zwischen der Schweiz und Ghana, die das Anfangsstadium der ITMOs markieren. Die Bestimmungen, die eine vertrauliche Berichterstattung zulassen, gaben jedoch Anlass zu Bedenken hinsichtlich der Transparenz, da sie die Marktaufsicht behindern könnten. Für Artikel 6.4 wurden zwar die grundlegenden Elemente festgelegt,

63 United Nations Climate Change. n.d. Article 6.8. https://unfccc.int/process-and-meetings/the-paris-agreement/the-paris-agreement/cooperative-implementation/article-68#NMA-Platform (abgerufen am 4.6.2025).

64 *Asadnabizadeh, Majid/Moe*. Espen. 2024. „A review of Global Carbon Markets from Kyoto to Paris and beyond: the persistent failure of implementation." Environmental Science 1–13.

aber kritische Entscheidungen über die Methoden und den Emissionsabbau wurden aufgeschoben, wodurch sich die vollständige Umsetzung des Mechanismus verzögerte.[65]

Bei der COP28 in Dubai stießen die Verhandlungen zu Artikel 6 auf erhebliche Herausforderungen. Trotz fortlaufender Gespräche gelang es den Vertragsparteien nicht, eine Einigung über zentrale Aspekte von Artikel 6.2 und 6.4 zu erzielen, darunter Berichtsanforderungen, Ausgestaltung der Register sowie Methodologien für Entnahmen (Removals). Dieser Stillstand hat die Verabschiedung der notwendigen Beschlüsse verzögert, so dass die Umsetzung dieser Mechanismen noch nicht abgeschlossen war.[66]

2.3.6. Von der Verhandlung zum Mechanismus: Durchbruch bei der Operationalisierung von Artikel 6 auf der COP29 in Baku

Die COP29 fand 2024 in Baku, Aserbaidschan, statt und brachte bedeutende Fortschritte bei der Steigerung der Ambition und der Ermöglichung von Klimaschutzmaßnahmen, die insbesondere in emissionsintensiven Sektoren erzielt werden sollen. Ein starker Fokus wurde auf Klimafinanzierung, Transparenz, Kohlenstoffmärkte und die Einbindung von Akteuren außerhalb der Vertragsparteien zur Operationalisierung des Pariser Abkommens gelegt.[67] Die COP29 markierte auch einen signifikanten Fortschritt in Bezug auf die vollständige Operationalisierung von Artikel 6. Die lang erwarteten Beschlüsse zu den Kernelementen wurden verkündet und mehrere bislang ungelöste Fragen, die den Fortschritt seit COP26 blockiert hatten, wurden geklärt. Obwohl die Verhandlungen in Baku vorrangig unter dem Aspekt der „Finance COP“ geführt wurden, stand die Finalisierung des Regelwerks für internationale Kohlenstoffmarkt-Kooperationen unter dem Pariser Abkommen im Vordergrund. Mit dem geplanten Beginn der Umsetzung im Jahr 2025 wurden in Artikel 6.2, 6.4 und 6.8 entscheidende Fortschritte erzielt, die das System von einem abstrakten Verhandlungsrahmen in einen funktionsfähigen Mechanismus überführen.[68]

In Übereinstimmung mit Artikel 6.2, welcher die Regelung dezentraler Kooperationen über ITMOs vornimmt, wurde seitens der Vertragsstaaten eine bewusst flexible Struktur vereinbart. Der Versuch, den Begriff „kooperativer Ansatz“ in der finalen Version des Textes zu definieren, wurde verworfen. Die Möglichkeit zur Initiierung von bilateralen, multilateralen oder sogar unilateralen Initiativen besteht demnach. Die Staaten haben die Autonomie, eigenständig zu bestimmen, zu welchem Zeitpunkt sie Autorisierungen, Transfers und Berichte vornehmen möchten. Die Autorisierung kann nur widerrufen werden, bevor der erste Transfer erfolgt ist. Die Verwendung standardisierter Vorlagen wurde abgelehnt; das UNFCCC-Sekretariat wird jedoch freiwillige Formate bereitstellen. Minderungsergebnisse, die als „inkonsistent“ klassifiziert werden, dürfen nicht für NDCs

65 *O'Muircheartaigh, Finn.* 2022. COP 27: Five takeaways on Article 6. 25. 11. https://bezerocarbon.com/insights/cop-27-five-takeaways-on-article-6 (abgerufen am 6.6.2025).

66 ClimateSeed. 2024. *COP28*: Carbon Market Takeaways. 03 08. https://climateseed.com/blog/cop28-carbon-market-takeaways (abgerufen am 6.6.2025).

67 UNFCCC. n.d. „Summary of Global Climate Action at COP 29.“ UNFCCC. https://unfccc.int/sites/default/files/resource/Summary_Global_Climate_Action_at_COP_29.pdf (abgerufen am 8.6.2025).

68 *Johnstone, Injy.* 2024. Article 6 in focus: Outcomes from COP29. 12 19. https://www.smithschool.ox.ac.uk/news/article-6-focus-outcomes-cop29 (abgerufen am 6.4.2025).

verwendet werden, wobei ihr Einsatz in anderen Kontexten weiterhin zulässig ist. Das internationale Register, dessen Mandat Gegenstand kontroverser Diskussionen war, wird Transaktionen durchführen können. Dies resultiert in einer Stärkung der operativen Kapazität von Artikel 6.2, obwohl weiterhin Bedenken hinsichtlich der Transparenz und der ökologischen Integrität bestehen.

Auch Artikel 6.4, der den zentralen PACM einführt, erreichte signifikante Meilensteine. Die seit Jahren in Fachkreisen diskutierte Leitlinie zu Kohlenstoffsenken und Baseline-Methoden wurde nun offiziell anerkannt. Gemäß den neuen Vorschriften sind sinkende Baselines, eine Investitionsanalyse zur Bewertung der Zusätzlichkeit sowie Sicherungsmaßnahmen wie ein Risikopuffer bei Reversals (diese treten ein, wenn die Speicherung oder Reduktion von Emissionen aufgehoben wird, zB durch das Fällen oder Verbrennen von Bäumen) und verpflichtende Versicherungen für vermeidbaren Reversals erforderlich. Das aktualisierte Arbeitsprogramm des Aufsichtsgremiums (Supervisory Body) wird sich auf methodische Robustheit konzentrieren. Parallel dazu wurde ein begrenzter Übergang vom Kyoto-CDM beschlossen: Gemäß der aktuellen Gesetzgebung dürfen Aufforstungs- und Wiederaufforstungsprojekte ohne Zusätzlichkeitsprüfung in das Artikel-6.4-Register überführt werden, sofern dies bis zum Ende des Jahres 2025 erfolgt.

Im Rahmen von Artikel 6.8 wurde seitens der COP29 der Übergang von der Konzeption zur Umsetzung bestätigt. Die initiale Phase des Arbeitsprogramms (2023–2024) wurde mit der Einrichtung der NMA Platform sowie der Festlegung von Prioritäten abgeschlossen. In der darauffolgenden Phase (2025–2026) erfolgt die praktische Umsetzung unter Anwendung des sogenannten Learning-by-Doing-Ansatzes. Die Vertragsstaaten werden nun aufgefordert, ihre nicht-marktbasierten Ansätze (NMAs) aktiv zu dokumentieren und zu teilen. Die begleitende Unterstützung erfolgt in Form von Workshops, technischen Arbeitsgruppen und einem erweiterten Kapazitätsaufbau.[69]

Trotz der Fortschritte in Baku bleiben in allen drei Bereichen ungelöste Fragen bestehen. Bei Artikel 6.2 bestehen weiter Transparenz- und Rechenschaftslücken – insbesondere wegen der freiwilligen Offenlegung beteiligter Akteure und der nicht verpflichtenden Korrektur bei Inkonsistenzen. In Artikel 6.4 sorgt die Übernahme alter CDM-Gutschriften – insbesondere ohne neue Zusätzlichkeitsbewertung bei Aufforstungsprojekten – für Kritik. Artikel 6.8 verfügt nun zwar über eine Struktur, doch hängt sein Erfolg von aktiver Beteiligung der Staaten und wirksamer Koordination über die NMA Platform ab. In allen Mechanismen wird die Glaubwürdigkeit nicht nur von den Regeln, sondern von ihrer praktischen Umsetzung, politischem Willen und dem Engagement der Staaten abhängen, über Mindestanforderungen hinauszugehen, um robuste und faire Klimaschutzmaßnahmen zu erreichen.

2.3.7. Erstes Projekt unter PACM (Artikel 6.4) genehmigt

Im März 2025 wurde das erste Projekt unter dem Paris Agreement Crediting Mechanism (PACM) genehmigt. Hierbei handelte es sich um ein Kochherdprogramm in Myanmar.

69 *Pfluger, Simon.* 2024. „COP29 Comprehensive Article 6 Debrief: Operationalizing the full set of Article 6." climate & company. 12 20. Accessed 06 05, 2025. https://climateandcompany.org/wp-content/uploads/2024/12/COP29-Comprehensive-Article-6-Debrief_ClimateCompany.pdf (abgerufen am 6.5.2025).

Damit begann offiziell die operative Phase von Artikel 6.4. Das Projekt stieß jedoch sofort auf Kritik, die sich auf fragwürdige Emissionsminderungsberechnungen und methodische Schwächen bezog. Im Fokus stehen Bedenken hinsichtlich einer potenziell übermäßigen Gutschriftvergabe sowie der Qualität übernommener CDM-Projekte, von denen eine Vielzahl bis Ende 2025 in den Mechanismus überführt werden soll. Die Glaubwürdigkeit des PACM ist an die Bedingung geknüpft, dass ab dem Jahr 2026 strengere Standards und eine effektive Aufsicht konsequent umgesetzt werden.[70]

2.3.8. Die Auswirkungen von Artikel 6 auf den Privatsektor

Obwohl Artikel 6 als zwischenstaatlicher Mechanismus strukturiert ist, schafft er durch die Projektentwicklung, die Generierung von Gutschriften und die Teilnahme an Kohlenstoffmärkten direkte Anknüpfungspunkte für private Akteure. Sowohl in Artikel 6.2 als auch in Artikel 6.4 werden Unternehmen nicht als periphere Teilnehmer, sondern als Hauptakteure von Minderungsaktivitäten positioniert.[71]

Im Rahmen von Artikel 6.2 können private Akteure Emissionsminderungen erzielen, die mit Genehmigung der als Gastland dienender Vertragspartei in ITMOs umgewandelt werden. Diese Einheiten können an erwerbende Vertragsparteien übertragen werden, um Verpflichtungen im Rahmen der NDCs zu erfüllen, oder für Other International Mitigation Purposes (OIMP) verwendet werden. Der Begriff OIMP bezeichnet ITMOs, die auf Ziele jenseits der Erfüllung von NDC-Verpflichtungen angerechnet werden. OIMP können beispielsweise als anrechenbare Einheiten im Rahmen internationaler Mechanismen wie dem Carbon Offsetting and Reduction Scheme for International Aviation (CORSIA) oder im freiwilligen Kohlenstoffmarkt (siehe Kapitel zum freiwilligen Klimaschutz) eingesetzt werden. CORSIA ist ein weltweit eingeführtes, marktbasiertes Instrument der Internationalen Zivilluftfahrtorganisation (ICAO), das darauf abzielt, die CO_2-Emissionen aus dem internationalen Flugverkehr zu begrenzen. Das Programm verpflichtet Fluggesellschaften dazu, die von ihnen verursachten Emissionen durch den Erwerb von Emissionszertifikaten auszugleichen. Damit soll ein emissionsarmes Wachstum der Luftfahrtbranche ermöglicht werden. CORSIA versteht sich als Ergänzung zu weiteren Klimaschutzmaßnahmen der Luftfahrt, etwa durch technische Innovationen oder effizientere Betriebsabläufe, um das angestrebte Ziel der ICAO – ein CO_2-neutrales Wachstum – zu unterstützen.

Im Rahmen von Artikel 6.4 können Projektträger Aktivitäten im Rahmen des Paris Agreement Crediting Mechanism (PACM) registrieren, der für verifizierte Emissionsminderungen Article 6.4 Emission Reductions (A6.4ERs) ausstellt. Diese Einheiten können entweder für die Erfüllung der NDC eines Landes oder für Other International Mitigation Purposes (OIMP) autorisiert werden, oder sie verbleiben als Mitigation Contribution Units (MCUs) zur Nutzung im freiwilligen Kohlenstoffmarkt oder für nationale Zwecke.

70 *L, Jennifer.* 2025. UN Carbon Credit System Makes History With First Project Approval But Raises Concerns. https://carboncredits.com/un-carbon-credit-system-makes-history-with-first-project-approval-paris-agreement-crediting-mechanism/- (abgerufen am 4.6.2025).

71 *Wit, Elisa de.* 2025. Article 6: Opportunities for the private sector. 02. https://www.nortonrosefulbright.com/en/knowledge/publications/59122fe9/article-6-a-guide-for-the-private-sector (abgerufen am 8.6.2025).

Die Einbindung des Privatsektors in Artikel-6-Märkte ist jedoch mit operativen Herausforderungen verbunden. Zahlreiche potenzielle Akteure verfügen nicht über die erforderliche technische Kapazität, um qualitativ hochwertige Minderungsprojekte zu entwickeln oder komplexe Genehmigungsverfahren zu durchlaufen – insbesondere in Ländern, in denen institutionelle Strukturen und nationale Verfahren für die Projektgenehmigung noch unklar sind. Der Zugang zu Finanzierung stellt eine weitere wesentliche Hürde dar: Kommerzielle Banken stufen Kohlenstoffprojekte häufig als risikobehaftet ein und akzeptieren künftige Erlöse aus dem Verkauf von Emissionsminderungen nicht als Kreditsicherheit, wodurch frühe Projektphasen oft unterfinanziert bleiben. Parallel dazu führen sich wandelnde nationale Politikrahmen teils Abgaben oder Verwaltungsgebühren ein, welche die Wirtschaftlichkeit von Projekten gefährden können, insbesondere wenn diese Kosten nicht mit der Projektökonomie in Einklang stehen. Schließlich untergraben politische Faktoren wie Instabilität, Korruption oder unvorhersehbare Änderungen der Regierungspolitik das Vertrauen der Investoren und erhöhen das wahrgenommene Risiko eines Engagements in entstehenden Kohlenstoffmärkten.[72]

Dennoch ergeben sich Möglichkeiten, da die Nachfrage nach hochwertigen Emissionsgutschriften steigt. Mehrere Länder sind bereits dabei, kooperative Ansätze zu formalisieren. Norwegen beispielsweise bereitet sich darauf vor, über 740 Millionen US-Dollar (USD) für ITMOs in Ländern wie Sambia, Benin, Senegal und Jordanien zu investieren. Trotz der Komplexität kann die Teilnahme an Artikel 6 strategische Vorteile mit sich bringen. Von den Vereinten Nationen genehmigte Kredite, insbesondere A6.4ER, können aufgrund ihrer wahrgenommenen höheren Integrität und Aufsicht einen Marktaufschlag erzielen. Zudem kann die Anpassung an Artikel 6 den Unternehmen helfen, Reputationsvorteile zu erzielen, ihren Beitrag zu den NDCs zu demonstrieren und die politische Konvergenz der Märkte für freiwillige Emissionen und für die Einhaltung von Vorschriften vorwegzunehmen. Da Staaten beginnen, kooperative Ansätze zu operationalisieren, nimmt die regulatorische und kommerzielle Landschaft für dieses Engagement gegenwärtig immer mehr Gestalt an.

72 Neyen Consulting. 2025. PRIVATE SECTOR ENGAGEMENT IN ARTICLE 6: OVERCOMING BARRIERS TO INVESTMENT Report, Bonn and Eschborn, Germany: Deutsche Gesellschaft für Internationale Zusammenarbeit (GIZ) GmbH.

3. Der verpflichtende Handel für Unternehmen in der EU

3.1. EU-Emissionshandelsrichtlinie (EU-ETS): Der größte Markt weltweit entsteht

3.1.1. Entstehungsgeschichte des Europäischen Emissionshandelssystems

Nach der Klimaschutzkonferenz in Kyoto im Jahr 1997 begann eine innereuropäische Diskussion darüber, wie die Verpflichtungen aus dem Kyoto-Protokoll für die EU-Mitgliedstaaten umgesetzt werden sollen. Bei dieser Diskussion bildeten sich rasch zwei Gruppen. Eine Gruppe wollte hauptsächlich Energieversorgungsunternehmen (EVU's) und Industriebetriebe einer Verpflichtung unterwerfen. Diese Gruppe wurde von Umweltorganisationen, Behörden und einigen Politikern unterstützt. Die andere Gruppe, welche von vielen Unternehmen, der Industriellenvereinigung und der Wirtschaftskammer unterstützt wurden, stand einem verpflichtenden System kritisch gegenüber. Diese Gruppe wollte entweder gar keine verpflichtenden Ziele, nur qualitative Ziele oder Ziele, welche sämtliche CO_2-Emissionen, also auch die nicht-industriellen Emissionen umfassen.

Die Gegner eines europäischen Emissionshandelssystems für Energieerzeugung und Industriebetriebe konnten unter anderem folgende Argumente aufzählen:

1) der europäischen Industrie droht ein Wettbewerbsnachteil, da in anderen Ländern der Welt CO_2 keinen Preis hat, daher können dortige Industriebetriebe ihre Produkte günstiger herstellen,
2) dieser Wettbewerbsnachteil könnte zur Folge haben, dass Produktionseinheiten in andere Länder verlagert werden und dort für Beschäftigung, Wertschöpfung und Wohlstand sorgen,
3) für Produkte, die in anderen Ländern hergestellt und dann nach Europa transportiert und verkauft werden, führt das weltweit zu höheren CO_2-Emissionen, da der Transport selbst Emissionen verursacht.

Daher wollten die Gegner des EU-Europäischen Systems nur dann zustimmen, wenn vergleichbare Weltregionen ein vergleichbares Emissionshandelssystem aufbauen. Nur unter dieser Voraussetzung würden die Industrielobbyisten einem Emissionshandelssystem, welches hauptsächlich von der Industrie getragen wird, zustimmen.

Die Befürworter einer starken Einbindung der Energieerzeugung und Industriebetriebe verwiesen im Wesentlichen auf folgende Argumente

1) Die Energieversorgungsunternehmen (EVU's) und die Industrie sind hauptverantwortlich für die CO_2-Emissionen.
2) Die EVU's und die Industrie haben die Fähigkeit die Kosten des Emissionshandels tragen zu können, beziehungsweise diese Kosten auf ihre Kunden überwälzen zu können.
3) Die EVU's und die Industrie sind gut organisiert, verfügen über eine gute Datengrundlage und können relativ gut mit bürokratischem Aufwand umgehen.

4) Das System kann schrittweise erweitert werden. Zunächst könnten nur die großen Industriebetriebe bestimmter Leitbranchen eingebunden sein und später sollten schrittweise weitere Industriebranchen und auch kleinere und mittlere Betriebe dazukommen.

Das Cap-and-Trade-Prinzip wurde bereits im Jahre 2000 im Grünbuch der Europäischen Kommission als wichtiger Bestandteil des Europäischen Klimaprogramms vorgeschlagen. Nach einer jahrelangen Diskussion zu Beginn dieses Jahrtausends setzen sich schließlich im Jahr 2003 jene Kräfte durch, welche die Industrie verstärkt in die Pflicht nehmen wollten. Dies ist insbesondere deshalb bemerkenswert, da in allen anderen Ländern der Welt die Industrie nicht verpflichtet wurde. Die Tatsache, dass die Richtlinie bereits im Jahr 2003 beschlossen wurde, ist durchaus als historisch zu bezeichnen, da zu diesem Zeitpunkt nicht klar war, ob das Kyoto-Protokoll überhaupt in Kraft treten wird. Es handelte sich daher um einen mutigen europäischen Alleingang, welcher sich zumindest aus zwei Gründen erklären lässt: Zum einen war sich Europa seiner historischen Verantwortung am Klimawandel bewusst, schließlich trägt Europa die Hauptlast der Emissionen bis zum Beginn dieses Jahrtausends. Zum anderen ist für die Europäische Union ein Ausstieg aus den fossilen Energieträgern ohne Alternative. Die Mitgliedstaaten verfügen einfach nicht über ausreichende Ressourcen an Kohle, Öl und Gas, um den Energiehunger der eigenen Bevölkerung stillen zu können.

Daher war der beschlossene Emissionshandel ein tauglicher Versuch den laufenden Devisenabfluss in den Nahen Osten (hauptsächlich für Öl) oder nach Russland (hauptsächlich für Gas) zu verringern und dabei gleichzeitig ein klares Bekenntnis für erneuerbare heimische Energieträger abzugeben.

Man wollte zu Beginn die Spielregeln möglichst einfach gestalten und den betroffenen Industriebetrieben die Möglichkeit geben, sich mit dem System anzufreunden, ohne dass große internationale Wettbewerbsnachteil entstehen. Daher sollte zu Beginn nicht die komplette Industrie von der Richtlinie betroffen sein, sondern nur ausgewählte Industriebranchen oder Betriebe, welche ein Kraftwerk mit einer thermischen Leistung von mehr als 20 Megawatt (MW) betreiben.

3.1.2. Allgemeines zum EU-Emissionshandel

Der naturwissenschaftliche Hintergrund des Emissionshandels liegt, wie in der Einleitung bereits beschrieben, in der langen Verweildauer von CO_2 und anderen Treibhausgasen in der Atmosphäre. CO_2 verweilt durchschnittlich mehr als 100 Jahre in der Atmosphäre, daher ist es unerheblich, an welcher Stelle auf der Erde CO_2 emittiert wird. Befindet sich das CO_2-Molekül erst einmal in der Atmosphäre wird es dort von Winden ziemlich gleichmäßig über den ganzen Globus verteilt. Dies hat zur Folge, dass die CO_2-Konzentration überall in der Welt einen ähnlichen Wert aufweist, lediglich geringe jahreszeitliche und geografische Unterschiede sind zu beobachten. Aufgrund dieser Tatsache kann festgestellt werden, das CO_2-Emissionen unabhängig von ihrem Ausgangspunkt den Klimawandel weiter beschleunigen.

Da es, wie oben beschrieben, egal ist, an welcher Stelle CO_2 emittiert wird, ist es im Umkehrschluss auch unerheblich, an welcher Stelle CO_2 eingespart wird. Daher ist eine vermiedene Tonne CO_2 in Griechenland genauso viel wert wie in Schweden oder in Österreich. Dies sind perfekte Voraussetzungen für einen Emissionshandel.

Der Aufbau des Systems war von Beginn an relativ klar: Die Politik setzt eine Obergrenze von CO_2-Emissionen fest. Diese Obergrenze leitet sich im Wesentlichen von der Verpflichtung ab, welche die EU selbst im Rahmen ihrer internationalen Vorgaben einzuhalten hat. Diese Obergrenze darf dann von den betroffenen Industrieunternehmen in Summe nicht überschritten werden. Innerhalb dieser Grenze soll jedoch eine größtmögliche Flexibilität angeboten werden, um die CO_2-Emissionen zuerst dort reduzieren zu können, wo die Vermeidungskosten am geringsten sind.

Dabei sollen geografische und andere Unterschiede bei der Zuteilung der CO_2-Emissionen keine Rolle spielen, um Wettbewerbsverzerrungen zu verhindern. Mit anderen Worten: Eine Papierfabrik in Portugal soll es gleich schwer haben wie eine vergleichbare Papierfabrik in Finnland oder in Rumänien. Jene Betriebe, welche energieeffizient und auf Basis von erneuerbarer Energie produzieren, sollen dafür belohnt werden und im Gegenzug dazu müssen andere Betriebe, welche ineffizient und auf Basis von fossiler Energie produzieren, CO_2-Emissionsberechtigungen zukaufen.

Daher einigte man sich auf ein anlagenbasiertes System. Bei einem solchen System bekommt jede Anlage eine bestimmte Menge an Emissionsberechtigungen zugeteilt, die zur Emission von einer Tonne CO_2 berechtigt. Stößt die Anlage mehr aus, müssen zusätzliche Berechtigungen zugekauft werden, stößt die Anlage weniger aus, können die übrig gebliebenen Zertifikate verkauft werden. Der Handel der rein elektronischen Emissionsberechtigungen erfolgt über Börsen, Makler oder „over the counter" also direkt zwischen den betroffenen Industriebetrieben. Nachstehend ist eine solche Transaktion von Berechtigungen grafisch dargestellt.

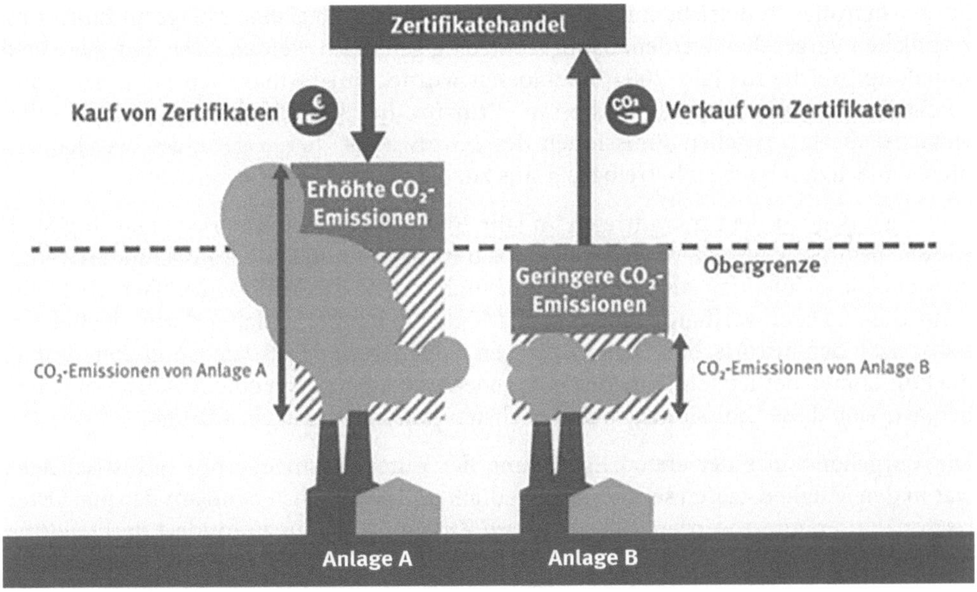

Abb 10: Beispiel Handel mit Berechtigungen Anlage A und Anlage B[73]

73 Deutsche Emissionshandelsstelle, Überschüssige Zertifikate und Weiterentwicklung der Marktstabilitätsreserve (2020a).

Es kann durchaus als historisch bezeichnet werden, dass von der EU bereits im Jahr 2003 das weltweit größte „Cap and Trade" Emissionshandelssystem beschlossen wurde. Bereits zu Beginn umfasste das System 30 Länder, da neben den EU-Mitgliedstaaten auch Island, Norwegen und Liechtenstein beitraten. In Summe waren daher bereits zu Beginn des Jahres 2005 mehr als 11.000 Industrieanlagen und Kraftwerke betroffen und die Emissionshandelsrichtlinie regulierte mehr als die Hälfte der CO_2-Emissionen der Europäischen Union.

Zum Zeitpunkt der Entstehung dieses Buches befindet sich das EU Emission Trading System (EU-ETS) bereits in seiner vierten Phase. Das System hat somit während der letzten 20 Jahre Verbesserungen und Optimierungen erfahren. In den folgenden Kapiteln werden die vier Phasen näher betrachtet und es wird auf die ständigen Änderungen eingegangen.

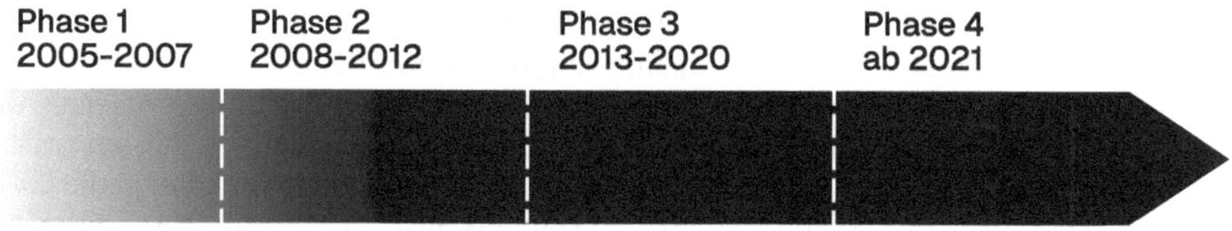

Abb 11: Phasen im Europäischen Emissionshandel, eigene Darstellung [Quelle: ClimatePartner]

3.1.3. EU-ETS-Phase 1 (2005–2007)

Für die betroffenen Betriebe musste bereits vor dem Jahr 2005 eine Menge an Emissionszertifikaten vorgesehen werden, damit rechtzeitig gehandelt werden kann. Für diese erste Zuteilung, welche im Jahr 2004 beschlossen wurde, einigte man sich auf eine Gratiszuteilung auf Basis des „Grandfathering"-Prinzips. Im „Grandfathering"-Prinzip sollen zunächst die historischen Emissionen des „Großvaters" herausgefunden werden und diese danach den Anlagenbetreibern gratis zur Verfügung gestellt werden.

Daher wurden vor dem Inkrafttreten im Jahr 2005 verschiedene Überlegungen angestellt, wie die historischen Emissionen der Betriebe transparent und fair herausgefunden werden können. Diese Zuteilung gestaltete sich sehr mühsam, da die Behörden einfach über keine historischen Daten verfügten. Die einzige Möglichkeit bestand daher darin, die Betriebe selbst nach den historischen Daten zu fragen. Die betroffenen Betriebe mussten deshalb die Emissionen der letzten Jahre bekannt geben und auch gleich eine Abschätzung angeben, wie sich diese Emissionen in den nächsten Jahren entwickeln würden.

Die Vorgehensweise der ersten Ermittlung der Zuteilungsmenge pro Industriebetrieb war in den Mitgliedstaaten sehr unterschiedlich und soll nachstehend am Beispiel Österreich näher erläutert werden. Bei der ersten Zuteilung sollten zumindest drei Faktoren berücksichtigt werden:

1) Herausfinden der historischen CO_2-Emissionen

Zunächst galt es herauszufinden, wie hoch die Emissionen in den Jahren 2002 bis 2004 gewesen waren. Zu diesem Zweck wurde bereits 2003 im Auftrag des Bundesministeriums für Land- und Forstwirtschaft, Umwelt und Wasserwirtschaft (BMLFUW), der Wirtschaftskammer Österreich sowie der Vereinigung der Elektrizitätsunternehmen Österreichs eine Grundlagenstudie zur historischen CO_2-Emissionssituation der vom Emissionshandel betroffenen Anlagen durchgeführt. Diese Grundlagenstudie wurde an ein Konsortium, bestehend aus dem Institut für industrielle Ökologie (IIÖ) und dem Umweltbundesamt (UBA), vergeben Diese Studie unterlag besonderen Vertraulichkeitsbestimmungen, wurde nur für den internen Gebrauch erstellt und nicht veröffentlicht.

Dieses Konsortium schickte einen vorgefertigten Fragebogen an die betroffenen Unternehmen, welche ihre historischen Emissionen eintragen mussten. Sollten die betroffenen Betriebe dieser Aufforderung nicht nachkommen, wurde angekündigt, deren CO_2-Emissionen zu schätzen, wobei dazu gesagt wurde, dass eine solche Schätzung sehr „konservativ" ausfallen würde. Daher waren die Betriebe motiviert, an der Fragebogenaktion zahlreich und umfassend teilzunehmen.

Es war zu befürchten, dass viele Betriebe ihre historischen Emissionen bewusst überschätzen würden, um bei der ersten Zuteilung großzügig bedacht zu werden. Um dies zu verhindern wurde der Fragebogen so aufgesetzt, dass die verantwortlichen Geschäftsführer und Vorstände für die Richtigkeit der gemeldeten Daten zur Verantwortung gezogen werden konnten. Daher wurde auf eine mögliche Geschäftsführerhaftung hingewiesen, für jenen Fall, dass falsche Daten gemeldet wurden. Diese Fragebogenaktion fand im Jahr 2004 statt und bildete eine gute Basis für die Erstzuteilung. Alle betroffenen österreichische Industrieunternehmen nahmen an dieser Fragebogenaktion teil.

2) Notwendige Beiträge zum Klimaschutz versus Wachstumsziele der Betriebe

Eine zweite Studie mit dem Titel „EU-Emissionshandel – Auswirkungen auf den österreichischen Wirtschaftsstandort" beschäftigte sich mit den notwendigen Beiträgen zu ernsthaften Klimaschutzmaßnahmen, welche der Industrie abverlangt wurden, sowie mit den durchaus unterschiedlichen Wachstumszielen einzelner Industriebranchen beziehungsweise einzelner Industriebetriebe. Dieses Thema übernahmen das Österreichische Institut für Wirtschaftsforschung WIFO sowie das Beratungsunternehmen KWI, welche die CO_2-Entwicklung der hauptbetroffenen Branchen für die Periode 2005–2007 abschätzen sollten.

Diese Studie versuchte einen Spagat zwischen den unterschiedlichen Interessensgruppen. Klimaschützer forderten rasche, große und dauerhafte Emissionseinsparungen von den Betrieben ein. Diese Forderung stand im Widerspruch zu den durchaus engagierten Wachstumszielen, welche viele Industriebetriebe hatten. Auch diese Studie wurde als vertraulich eingestuft und von den Auftraggebern nicht veröffentlicht.

Konkret kann als Beispiel an dieser Stelle die Firma voestalpine, ein stahlproduzierendes Unternehmen in Linz, Oberösterreich und Donawitz, Steiermark genannt werden. Dieses Unternehmen gehörte mit einem Ausstoß von mehr als 10 Millionen Tonnen CO_2 bereits im Jahr 2004 zu den größten Verbrauchern Österreichs und was damit für mehr als ein Drittel jener Emissionen verantwortlich, welche den österreichischen Industriebetrieben zugeteilt werden sollten.

Ausgerechnet dieses Unternehmen meldete aber besonders ehrgeizige Wachstumspläne an, welche bis zum Jahr 2010 umgesetzt werden sollten. Teil dieser Wachstumspläne waren Modernisierungen und Erweiterungen der bestehenden Produktionsstätten, insbesondere der Feuerverzinkungsanlagen, welche positive Wertschöpfungs- und Beschäftigungsauswirkungen auf den Großraum Linz nach sich ziehen sollten. Das Unternehmen gab an, dass dieses Investitionsprojekt nur dann umgesetzt würde, wenn eine ausreichende Zuteilung von Emissionszertifikaten sichergestellt wird.

Diese Wachstumspläne wurden von Klimaschützern kritisch gesehen. Bei allem Verständnis für positive Beschäftigungsentwicklungen wurde immer wieder daran erinnert, dass es eine deutliche Reduktion von klimaschädlichen Emissionen benötigt. Genau an diesem Beispiel kann der Interessenskonflikt zwischen wirtschaftlichen Interessen von Betrieben und Regionen auf der einen und notwendigen Klimaschutzmaßnahmen auf der anderen Seite festgemacht werden.

Somit konnten die Studienautoren lediglich Szenarien erarbeiten und Vorschläge formulieren, die Letztentscheidung lag aber bei den Behörden und bei der Politik, welche Wirtschafts- und Umweltinteressen gegeneinander abwiegen musste. An dieser Stelle muss kritisch angemerkt werden, dass bei solchen Interessenskonflikten in aller Regel den Interessen der Wirtschaft eine höhere Priorität eingeräumt wird als den Interessen der Umwelt, die Natur hat einfache eine schlechtere Lobby!

3) Künftige Energie- und Emissionseinsparungsmöglichkeiten

Als drittes Element wurde das Thema Energieeffizienz und eine damit verbundene CO_2-Einsparung ins Spiel gebracht. Der Hintergrund von diesem Element war, dass die Behörden große Einsparungspotenziale der Industrie vermuteten. Dies resultiert daraus, dass die Industrie üblicherweise nur dann Investitionen realisiert, wenn sich diese innerhalb sehr kurzer Zeit amortisieren. Konkret wurde von den Vertretern der Industrie ein Zeitraum von maximal drei Jahren Amortisationszeit genannt.

Die Behörden mussten daher davon ausgehen, dass viel mehr Investitionen in Energieeffizienzmaßnahmen freigegeben würden, wenn größere Amortisationszeiten in Betracht gezogen würden. Diese noch nicht realisierten Energieeffizienzprojekte wollte man fördern und weitere Studien, welche an die Allplan GmbH und an die Österreichische Energieagentur in Auftrag gegeben wurden, sollten untermauern, dass eine Vielzahl von solchen Projekten vorhanden ist, gegenwärtig aber noch nicht umgesetzt wurde. Weiters wurde von der Energieverwertungsagentur eine Studie betreffend Optionen zur Berücksichtigung der klimapolitischen Bedeutung von Kraft-Wärme-Koppelung und Fernwärme bei der Zuteilung erstellt.

Die Ergebnisse der Studien zum Thema Einsparungen durch Energieeffizienz zeigten Folgendes: Österreichs Industrie war im Jahr 2004 verglichen mit anderen Ländern der Europäischen Union bereits sehr effizient, dies konnte durch Benchmark-Vergleiche festgestellt werden. Trotzdem konnte parallel dazu festgestellt werden, dass aus verschiedensten Gründen eine Vielzahl von Energieeffizienzprojekten noch nicht umgesetzt wurde.

Die Veröffentlichung von einzelnen Energieeffizienzprogrammen, welche in Industriebetrieben durchgeführt wurden, zeigten, dass Einsparungen im Bereich von einigen

Prozentpunkten möglich sind, welche sich auch in kurzer Zeit amortisieren. Diese Einsparungen betrafen sowohl jene im Strom- als auch Wärmeverbrauch. Die Studienautoren wiesen darauf hin, dass es sich hierbei nicht nur um eine einmalige Einsparung handelt, sondern dass auch künftig pro Jahr weitere Einsparungen im Prozentbereich möglich sind, da laufend neue Produkte und Technologien auf den Markt kommen, welche effizienter sind als ihre Vorgängermodelle.

Erste Zuteilung

Nachdem diese drei Themen durch Studien abgesichert waren, wurde von den österreichischen Behörden eine erste Zuteilung von Emissionszertifikaten (welche in der Zwischenzeit von verschiedenen Medien als „Verschmutzungsrechte" bezeichnet wurden) rechtzeitig vorgenommen. Es wurde am 31. März 2004, also neun Monate vor Inkrafttreten der Richtlinie, eine politische Einigung zum vorliegenden Zuteilungsplan erzielt, welche auf Basis des Entwurfs des nationalen Zuteilungsplans zur öffentlichen Konsultation sowie der Stellungnahmen der Anlagenbetreiber erfolgte.

Bereits Mitte März 2004 hatte das zuständige BMLFUW die betroffenen Unternehmen über ihre möglichen Zuteilungen informiert. Die Unternehmen hatten die Möglichkeit, dazu eine Stellungnahmefrist zum Informationsbrief des BMLFUW innerhalb von nur von acht Arbeitstagen abzugeben, die von den meisten Anlageninhabern auch genützt wurde. Der Entwurf des nationalen Zuteilungsplans wurde am 24. März 2004 auf den Internetseiten des BMLFUW zum Emissionshandel (www.eu-emissionshandel.at) veröffentlicht; jedermann konnte dazu binnen fünf Werktagen Stellung nehmen. Diese Möglichkeit wurde von einigen Personen und Institutionen genützt; die Stellungnahmen sind ebenfalls im Internet veröffentlicht.

Die Stellungnahmen der Unternehmen zu den Zuteilungsschreiben, die öffentliche Konsultation sowie noch innerhalb der Frist eingereichte Anlagengenehmigungen und Nachmeldungen von Anlagen führten nochmals zu Veränderungen des nationalen Zuteilungsplans gegenüber dem Entwurf. Der Aufbau des nationalen Zuteilungsplans für Österreich entsprach somit den Vorgaben der Europäischen Kommission. Der nationale Zuteilungsplan wurde schließlich mit 31. März 2004 an die Europäische Kommission zur Genehmigung übermittelt und veröffentlicht.

Weitere Rahmenbedingungen bei der Erstzuteilung

Entsprechend der EU-Richtlinie waren mit Start des Emissionshandels folgende Branchen betroffen:

- Anlagen zur Energieerzeugung mit einer thermischen Leistung von mindestens 20 MW
- Eisen- und Stahlverhüttung sowie Kokereien
- Raffinerien und Cracker
- Zement- und Kalkherstellung
- Glas-, Keramik- und Ziegelindustrie
- Papier- und Zelluloseproduktion

Zusätzlich dazu sollten Industriebetriebe unabhängig von ihrer Branche jedenfalls dann betroffen sein, wenn diese ein thermisches Kraftwerk mit einer Leistung von mindestens

20 MW betreiben. Dadurch waren große Betriebe auch dann inkludiert, wenn diese nicht einer Leitbranche zugeordnet wurden, also auch Betriebe aus den Bereichen Nahrungs- und Genussmittel, Textilindustrie und andere. In Österreich waren in Summe etwa 250 Anlagen betroffen, EU-weit waren mehr als 11.000 Betriebe und Kraftwerke mit einer Gesamtemissionsmenge von mehr als 2 Milliarden Tonnen CO_2 erfasst. Diese Menge entsprach zum Zeitpunkt des Inkrafttretens der Richtlinie etwa 8 % der globalen CO_2 Emissionen.

Wie oben erwähnt waren von Beginn an Energiewirtschaft und ausgewählte Industriesektoren von der Richtlinie betroffen, wobei die Energieerzeugung in Österreich anfangs für etwa 1/3 der betroffenen Emissionen verantwortlich war. In vielen anderen EU-Mitgliedstaaten war der Anteil der Energieerzeuger sogar deutlich höher als jener der Industrie, besonders dann, wenn die Energieerzeugung mittels fossiler Energie bereitgestellt wurde. Ganz besonders deutlich war das Verhältnis zu Lasten der Energiewirtschaft immer dann, wenn Kohle als Energieträger verwendet wurde.

In der ersten Zuteilungsphase wurden ausschließlich CO_2-Emissionen zugeteilt und berechnet. Obwohl das Kyoto-Protokoll neben CO_2 auch andere THG wie CH_4, N_2O, SF_6 und andere umfasste, beließ man es zunächst dabei, sich ausschließlich auf die CO_2-Emissionen zu konzentrieren. Man wollte das ohnehin bereits sehr komplexe System nicht noch weiter verkomplizieren. Trotzdem war das System von Anfang an so aufgesetzt, dass künftig schrittweise weitere THG aufgenommen werden konnten.

Als weitere Rahmenbedingung wurde definiert, dass in der ersten EU-ETS-Phase die ausgegebenen Zertifikate „non bankable" waren. Das bedeutete, dass die Emissionsrechte nur in dieser Phase eingesetzt und nicht in spätere Phasen mitgenommen werden konnten. Dies wurde deshalb so vereinbart, da man sich bewusst war, dass die Phase 1 mit besonders großen Unsicherheiten verbunden war. Dadurch, dass die Zertifikate nicht in künftige Phasen mitgenommen werden konnten, wollte man eine Wettbewerbsverzerrung möglichst hintanhalten. Mit anderen Worten: Man wollte vermeiden, dass ein Industriebetrieb im Falle einer „Über-Allokation" Gewinne machen kann, welche nicht durch unternehmerisches Wirken, sondern aufgrund einer falsch zugeteilten Emissionsmenge entstanden sind.

Man musste seine Emissionszertifikate also in den Jahren 2005 bis 2007 verwenden, danach wurden diese gelöscht, ohne dass man dadurch einen weiteren Erlös erzielen konnte. In der Phase 2 wurde die Uhr sozusagen wieder auf „Null" gestellt.

Zeitlicher Ablauf im Jahreskreis

Jeder von der Richtlinie betroffene Betrieb verfügte von Anfang an über ein „Konto", auf dem die dem Betrieb zugeordneten Emissionen zugewiesen wurden. Dieses Konto wurde zu Jahresbeginn 2005 bereits mit der vollständigen Jahresmenge an Emissionszertifikaten gefüllt. Die Betriebe konnten bereits während des Jahres 2005 mit diesen Emissionsrechten handeln. Handelte man während des Kalenderjahres mit seinen Emissionsrechten nicht, dann blieb die komplette Menge bestehen.

Zu Beginn des Jahres 2006 wurden die Emissionen 2005 erhoben, von einer unabhängigen Prüfeinrichtung überprüft und am 31.3.2006 abgebucht. Aber bereits einen Monat vorher, also Ende Februar 2006, bekamen die Betriebe bereits die kompletten Emissionsrechte für das laufende Jahr 2006 zugewiesen. Daher verfügten die Betriebe einen Monat bevor die Abbuchung des Vorjahres erfolgte über die neuen Emissionsrechte, welche sie für die Abbuchung bereits nutzen konnten. Somit konnte eine Unterdeckung des Emissionskontos relativ leicht vermieden werden. Die Betriebe konnten es sich sogar leisten, bis zum Ende der ersten Verpflichtungsperiode keinen Handel mit Emissionszertifikaten zu betreiben, da das System so aufgesetzt war, dass keine Liquiditätsengpässe für Emissionsberechtigungen entstehen konnten.

Am Ende der ersten Verpflichtungsperiode, genauer gesagt am 31.3.2008, musste man dann aber trotzdem Farbe bekennen: Zu diesem Zeitpunkt wurden alle Emissionen des Jahres 2007 gelöscht, ohne dass man die Emissionsgutschriften für das Jahr 2008 verwenden konnte, da diese Zertifikate nicht für die erste Handelsperiode herangezogen werden durften.

Überprüfung der Emissionen

Nicht nur die Energiewirtschaft und die Industriebetriebe mussten eine neue Administration aufsetzen, sondern auch die Behörden, denn es galt die gemeldeten Emissionsberichte der Betriebe sorgfältig zu prüfen. Eine besondere Voraussetzung dabei war, dass die Betriebe sehr rasch nach dem Jahreswechsel im jeweiligen Folgejahr ihre Emissionsberichte fertigstellen mussten. Diese mussten dann von den Prüfern bis zum 31.3. bereits fertig geprüft in das jeweilige Emissionsregister eingetragen werden. Da die Behörden (üblicherweise die nationalen Umweltbundesämter), keine eigenen Kapazitäten für die Prüfung der Emissionsberichte aufbauen wollten, wurden externe unabhängige Prüfeinrichtungen akkreditiert, welche die Aufgaben der Behörden teilweise übernahmen.

Betriebe wurden daher aufgefordert, sich als Prüfeinrichtung akkreditieren zu lassen. Dafür waren viele Formalvoraussetzungen zu erfüllen, welche in den verschiedenen europäischen Staaten unterschiedlich ausgeprägt waren. Die Prüfeinrichtungen waren aber jeweils nur für einzelne Länder zugelassen. Beispielsweise konnte eine beim österreichischen Umweltbundesamt akkreditierte Prüfeinrichtung nur österreichische Industriebetriebe prüfen.

Schließlich gelang es in sämtlichen europäischen Ländern eine ausreichende Anzahl von Prüf-einrichtungen zu akkreditieren und alle Emissionsmeldungen konnten rechtzeitig in den jeweiligen Registern eingetragen werden.

Windfall Profits

Die kostenlose Zuteilung der Emissionsrechte in der Pilotphase führte in Folge zu sogenannten „Windfall Profits" im Energiesektor.[74] Der Energiesektor bekam zwar kostenlos Zertifikate zugeteilt, dennoch wurde der Wert der CO_2-Zertifikate in den Strompreis miteinberechnet. Energieversorger bewerteten die Zertifikate mit dem Marktpreis und verrechneten diesen dann an den Konsumenten, ohne dass tatsächliche Kosten für den Energiesektor entstanden waren. Über die Höhe der Gewinne gibt es unterschiedlichste

74 *Ellerman et al.* The EU ETS: Eight Years and Counting (2014).

Angaben, wobei die Fachabteilung für Wirtschafts- und Wissenschaftspolitik des Europäischen Parlaments die unverhofften Gewinne auf zirka 13 Milliarden Euro jährlich schätzt.[75]

Über-Allokation in der Phase 1

Wenig überraschend kam es in der Phase 1 zu einer mehr oder wenig deutlichen Über-Allokation. Das bedeutet, dass trotz vieler Studien im Vorfeld, die Europäischen Behörden den betroffenen Industriebetrieben mehr Emissionen zusprachen, als diese Betriebe in den ersten drei Jahren der Richtlinie benötigten. Da die Emissionszertifikate am Anfang der Handelsperiode ansehnliche Preise erzielten, war der Emissionshandel für die Betriebe zu Beginn mehr Geschäft als Verpflichtung. Die Behörden hatten großteils den Wünschen der Industriebetriebe Folge geleistet und diese mit ausreichenden Emissionsmengen bedacht. Die Angst sich den Unmut der Betriebe zuzuziehen war schließlich größer als das Bestreben, notwendige Klimaschutzmaßnahmen verpflichtend durchzusetzen.

Preis in der ersten Handelsperiode

Bevor sich auf der Börse ein Preis für CO_2 bilden konnte, wurde von den Behörden bereits die Strafe für eine mögliche Nichterfüllung der gesetzlichen Verpflichtungen festgelegt. Diese Strafe betrug zunächst 40 Euro pro Tonne CO_2. Zusätzlich dazu wurde vereinbart, dass für den Fall, dass die CO_2-Preise an den Börsen steigen, der Preis für die Nichterfüllung auf eine Art und Weise erhöht wird, dass dieser immer mindestens den doppelten Marktpreis beträgt. Die Strafe sollte in Form einer zusätzlichen Abgabe bezahlt werden, welche das Unternehmen aber nicht von seiner Verpflichtung befreite, sich ausreichend mit Emissionszertifikaten einzudecken. Für den Fall, dass man nicht rechtzeitig ausreichend Zertifikate abführt, musste man also doppelt zahlen: Die fehlenden Zertifikate mussten nachgekauft werden und die Strafe musste zusätzlich dazu bezahlt werden.

Nachdem man aber laufend an der Börse Zertifikate kaufen konnte, war die mit 40 Euro festgesetzte Strafe nur eine theoretische. Die Kommission formulierte es damals wie folgt: Die Strafe ist deswegen so hoch, weil sie niemals zur Anwendung kommen wird, wenn man sich rechtzeitig mit dem Emissionshandel beschäftigt.

Nachdem mit Jahresbeginn 2005 alle betroffenen Industriebetriebe ihre Zertifikate gratis zugeteilt bekommen hatten, begann bald ein sehr eingeschränkter Handel mit diesen Zertifikaten, wobei sich zu Beginn der Preis zwischen 20–30 Euro pro Tonne CO_2 bewegte. Es wurden aber zu Beginn nur geringe Mengen gehandelt, man wollte das System einmal ausprobieren und sich mit den notwendigen Instrumenten vertraut machen. Diese Zurückhaltung war das ganze Jahr 2005 hindurch zu beobachten.

Auch das Frühjahr 2006 begann mit großen Unsicherheiten und langsam stieg der Preis Richtung 30 Euro pro Tonne. Doch dann kam der 31.3.2006. An diesem Tag mussten alle betroffenen Industriebetriebe ihre Emissionsberichte melden, die entsprechenden

75 *Moidl, S et al.* Österreichs Unternehmen im Emissionshandel (Emission Trading Scheme—ETS), GLOBAL 2000 (2012) unter: https://www.global2000.at/publikationen/studie-%C3%B6sterreichs-unternehmen-im-emissionshandel (abgerufen am 8.4.2025).

Emissionsmengen an die Behörden abführen und der ganze Prozess lief transparent und online für alle nachvollziehbar ab. Es zeigte sich sehr schnell, dass (wie zu erwarten war) die Phase 1 des europäischen Emissionshandels unter dem Zeichen einer massiven Über-Allokation an Berechtigungen stand, insgesamt wurden etwa 2,15 Milliarden Euro pro Jahr ausgegeben. Tatsächlich wurden jährlich gut 100 Millionen Tonnen weniger emittiert, als an Berechtigungen zugeteilt wurden.

Die Auswirkungen auf den Preis waren eine logische Folge: Dieser fiel von Woche zu Woche und erreichte im Februar 2007 einen Wert von „nahe Null" und bewegte sich fortlaufend weiter auf Null zu. Mit anderen Worten: Ein Emissionszertifikat hatte keinen Wert mehr, da die Zertifikate nicht in die nächste Periode mitgenommen werden konnten.

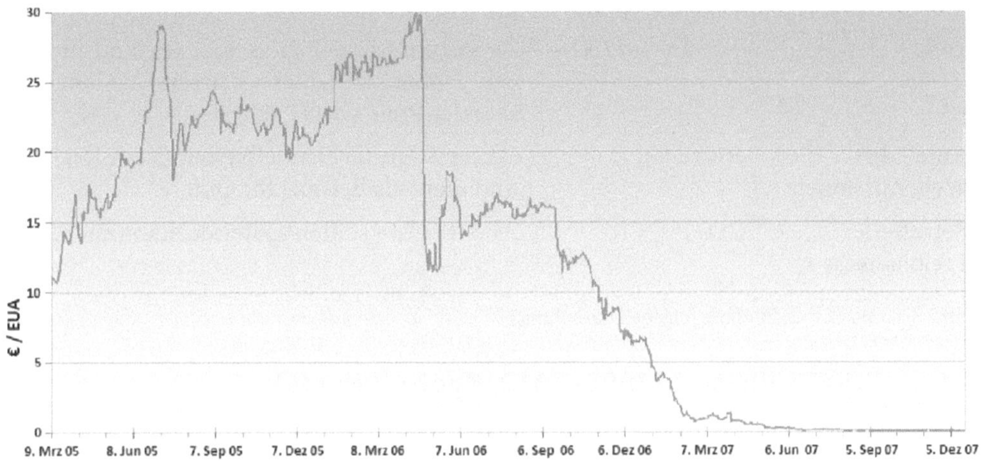

Abb 12: Preisentwicklung im EU-ETS der Jahre 2005–2007[76]

Fazit der ersten Handelsperiode

EU-Europa hatte seine ersten Erfahrungen mit dem Emissionshandel gemacht. Die Zuteilung funktionierte, die Emissionsberechtigungen konnten bereits an der Börse gehandelt werden und die entsprechenden Kapazitäten seitens der Industriebetriebe und der Behörden waren aufgebaut, das System funktionierte. Nachdem dieser Markt weltweit der erste Markt für CO_2-Emissionen war, ist es wenig überraschend, dass der Preis für diese Zertifikate anfangs gering und gegen Ende der ersten Periode nahe Null war, wahrscheinlich war das auch beabsichtigt.

Kritisch betrachtet muss man sagen, dass der Markt zwar funktioniert, aber wenige bis gar keine emissionsmindernden Projekte in den Industriebetrieben umgesetzt wurden. Im Prinzip konnte jeder Betrieb genauso produzieren wie davor. Viele Sorgen, dass Industriebetriebe abwandern würden, sind nicht eingetreten. Die Hoffnung, dass der Emissionshandel zu einer CO_2-effizienten Industrie führen wird, haben sich aber nicht bewahrheitet, dafür war der Preis einfach zu gering.

76 *Wikiinger.* (2008, 27. Januar). EUA price 2005–2007 unter https://commons.wikimedia.org/w/index.php?curid=34964672 (abgerufen am 4.4.2025).

Fact Box, EU-ETS, Phase 1

Fact Box, EU-ETS, Phase 1	Anzahl	Anmerkung
Betroffene Staaten	28	EU (25) plus Norwegen, Island und Lichtenstein
Betroffene Unternehmen	über 11.000	alle Betriebe mit Kraftwerken >20 MW Leistung, bestimmte weitere Branchen (Schwerindustrie)
Emissionsmenge	2,3 Milliarden Tonnen	jährlich unveränderte Zuteilung
Preis	0-30 Euro/t CO_2	Zu Beginn war der Preis hoch, es fand aber kein Handel statt, dieser kam erst in Gang, als sich der Preis „Null" näherte.
Anteil der Weltemissionen	etwa 8 %	Das erste große Handelssystem ist in Kraft und dient als Beispiel für andere.
Betroffenes Treibhausgas	CO_2	Andere Gase sollten später dazukommen.

Tab 2: Fact Box EU-ETS Phase [eigene Darstellung]

3.1.4. EU-ETS-Phase 2 (2008–2012, Kyoto-Periode)

Vorgangsweise bei der neuerlichen Zuteilung

Kaum war der EU-Emissionshandel im Jahr 2005 gestartet, begann bereits die Diskussion über die neue Zuteilung für die Phase 2, welche von 2008 bis 2012 stattfand. Diese Phase war sehr interessant, da diese genau mit der Verpflichtungsperiode des Kyoto-Protokolls zusammenfiel. Für diese zweite Zuteilung hatte man bereits die tatsächlichen Emissionen der betroffenen Industriebetriebe in geprüfter Form vorliegen. Somit hatte man eine viel bessere Datengrundlage im Vergleich zur ersten Zuteilung und wollte diese auch nutzen, um eine neuerliche Über-Allokation zu vermeiden.

Auch andere Dinge waren neu: Diesmal hatten die ausgegebenen Zertifikate kein Ablaufdatum, sondern konnten in nachfolgende Perioden mitgenommen werden. Dadurch wollte man verhindern, dass übrig gebliebene Emissionszertifikate wertlos werden. Auch die Strafe bei Nichterfüllung wurde von 40 Euro auf 100 Euro pro Tonne CO_2 hinaufgesetzt. Somit konnte man erwarten, dass die Phase 2 zu wesentlich mehr Anstrengungen der Industriebetriebe führen würde, um die vorgegebenen Emissionsmengen einhalten zu können.

Linking Directive

Eine weitere Neuerung war jene, dass Emissionszertifikate auch aus anderen Handelssystemen eingebracht werden konnten. Konkret ging es um Zertifikate aus dem Kyoto-Protokoll, welche über projektbezogene Mechanismen wie den Clean Development

Mechanism (CDM) oder Joint Implementation (JI) generiert werden konnten. Wenn Betriebe solche Zertifikate nutzen wollten, mussten sie um Zustimmung bei den Behörden der jeweiligen Mitgliedstaaten anfragen, welche nur in Ausnahmefällen genehmigt wurde.

Die Voraussetzungen, unter welchen Bedingungen Kyoto-Emissionszertifikate in den europäischen Handel eingebracht werden konnten, wurden in einem Amendment zur EU-Emissionshandelsrichtlinie beschlossen, welche unter dem Namen „Linking Directive" bekannt wurde und im Jahr 2004 in Kraft trat.

Durch die Möglichkeit Zertifikate von außen in das europäische Handelssystem einbringen zu können, wollte man ein „Überhitzen" des Marktes vermeiden. In einem geschlossenen System könnte nämlich sonst der Fall eintreten, dass schlichtweg zu wenig Zertifikate verfügbar sind und der Preis daher sehr rasch sehr stark ansteigen könnte. Die Tatsache, dass andere Zertifikate eingebracht werden können, wurde somit als preisstabilisierende Maßnahme eingeführt. Daher konnten im Unterschied zur ersten Handelsperiode fehlende Emissionsberechtigungen durch Emissionsreduzierungen in Industrie- oder Entwicklungsländern außerhalb der EU ausgeglichen werden. In der zweiten Periode wurden durch diesen Umweg über eine Milliarde an Berechtigungen eingeführt, wobei der Großteil davon aus chinesischen CDM-Projekten in das System gelangte.

Versteigerung/Auctioning

Die Phase 2 brachte eine weitere Neuerung: die Versteigerung von Emissionszertifikaten. In der Phase 2 hatten die Mitgliedstaaten die Möglichkeit, Emissionszertifikate den Betrieben nicht gratis zur Verfügung zu stellen, sondern einen Teil der Zertifikate über eine Versteigerung in den Markt zu bringen. Einige Mitgliedstaaten der EU führten Versteigerungen durch. Die genauen Details und das Ausmaß variierten je nach Land. Hier sind einige Beispiele:

- Deutschland versteigerte etwa 9 % seiner Zertifikate in dieser Phase, was einer der höchsten Anteile unter den EU-Mitgliedstaaten war.
- Das Vereinigte Königreich versteigerte ebenfalls einen Teil seiner Zertifikate.
- Die Niederlande beteiligten sich auch an der Versteigerung von Zertifikaten.

In Summe betraf die Versteigerung aber nur einen geringen Teil (ca 3 % der Gesamtzertifikate). Länder wie Deutschland, das Vereinigte Königreich und die Niederlande führten Versteigerungen durch, die meisten Zertifikate wurden jedoch weiterhin kostenlos zugeteilt.

Verhandlung über die Emissionsmengen

Unter diesen Voraussetzungen konnten, nach Vorliegen der geprüften Emissionsberichte im April des Jahres 2006, die Verhandlungen über die neuerliche Menge der Zuteilung beginnen. Es war klar, dass die ausgegebene Menge an Zertifikaten in der Phase 2 geringer sein musste als jene Emissionen, welche in der Phase 1 tatsächlich festgestellt wurden. Dies war deshalb klar, da sich die Mitgliedstaaten selbst zu Emissionsreduktionen verpflichtet hatten, welche sich aus dem Kyoto-Protokoll ergaben. Zumindest diese nationalen Verpflichtungen wollte man an die Industriebetriebe weitergeben.

Die Schwierigkeit der neuerlichen Zuteilung lag aber daran, dass die Mitgliedstaaten sehr unterschiedliche Kyoto-Ziele zu erfüllen hatten. Luxemburg beispielsweise hatte eine Reduktionsverpflichtung von –28 % vereinbart, Deutschland –21 % und Österreich – 13 %. Dies stand im Gegensatz zu „ärmeren" europäischen Mitgliedstaaten, welche trotz Kyoto-Verpflichtungen ihre Emissionen steigern durften, beispielsweise hatte Irland ein „Ziel" von +13 %, Spanien von +15 % Griechenland von +25 % und Portugal sogar von +27 %.

Obwohl die Mitgliedstaaten unterschiedliche Reduktionsziele hatten, durfte man innerhalb der EU den Gleichheitsgrundsatz nicht aufgeben und musste bei der Zuteilung berücksichtigen, dass eine deutsche oder österreichische Fabrik nicht schlechter gestellt wurde als eine ähnliche Anlage in einem anderen Land. Daher wurde folgende Vorgangsweise gewählt: Jedes Land erarbeitete einmal für sich einen nationalen Zuteilungsplan, welcher National Allokation Plan (NAP) genannt wurde und nach nationaler Fertigstellung nach Brüssel geschickt wurde. In Brüssel selbst wurden die eingereicht NAP's verglichen, Korrekturen vorgenommen und danach an die Mitgliedstaaten zurückgeschickt.

Die Vorgangsweise war für alle europäischen Staaten gleich und wurde in zwei Leitlinien „Guidance-Papers" beschrieben. Der Prozess lief sehr transparent ab, die Betriebe waren in die Erstellung der Zuteilungspläne eingebunden, welche auch der Öffentlichkeit zur Kenntnis gebracht wurden. Nachdem der zweite Entwurf, welcher bereits die von Brüssel durchgeführten Korrekturen erhielt, den Betrieben zur Kenntnis gebracht wurde, hatten diese mehrere Wochen Zeit, um anlagenspezifisch Stellung zu nehmen. Die Behörden waren verpflichtet, diese Stellungnahmen zu kommentieren und gegebenenfalls finale Anpassungen der Emissionszuteilung vorzunehmen.

Schließlich konnte man sich rechtzeitig im Jahr 2007 auf eine anlagenbasierte Zuteilung für sämtliche betroffene europäische Industriebetriebe einigen. Die Betriebe hatten Klarheit über die Menge der Emissionszertifikate, waren bereits mit der Administration des Systems vertraut und verfügten oftmals auch über Pläne, wie die eigenen CO_2-Emissionen in Zukunft reduziert werden könnten. In Summe wurden 2,08 Milliarden Tonnen an Verschmutzungsrechten zugeteilt. Diese Menge stellt eine Reduktion von 6,5 % im Vergleich zur Phase 1 dar und bedeutete eine Unterdeckung in der Höhe von 1,9 % gegenüber den geprüften Emissionen im Jahr 2005.

Somit war alles rechtzeitig bereit für die Phase 2, von der man sich große Beiträge zur Emissionsminderung von den Industriebetrieben der EU erhoffte, ohne diesen einen spürbaren Wettbewerbsnachteil im Weltmarkt aufzubürden.

Neuerliche Über-Allokation in der Phase 2

Ähnlich wie in der Phase 1, wurden auch in der Phase 2 jährlich gleichbleibende Emissionsmengen zugeteilt, eine jährliche Reduktion der Emissionsmengen wurde nicht vorgesehen. Somit konnten die Betriebe fix mit ihren Zuteilungsmengen rechnen, dadurch ergab sich eine gewisse Planbarkeit.

Was man aber nicht planen konnte, geschah im Jahr 2009: Die Welt schlitterte in eine große Immobilienkrise, welche eine Finanzkrise und schließlich auch eine Wirtschaftskrise auslöste. Diese Krise, welche in den USA ihren Ursprung hatte, erreichte zeitverzögert auch die Länder der Europäischen Union und deren Industriebetriebe. Die Krise hatte viele negative Auswirkungen: Die Wirtschaftsleistung sank, Arbeitsplätze gingen verloren und einige Betriebe mussten ihre Produktion deutlich drosseln.

Die Krise hatte selbstverständlich auch Auswirkungen auf die CO_2-Emissionen der Industrie. Was durch die Phase 1 der Emissionshandelsrichtlinie nicht gelang, passierte diesmal von selbst: Die Emissionen der europäischen Industrie begannen zu sinken. Der Grund dafür war aber nicht, dass emissionssenkende oder energieeffiziente Maßnahmen umgesetzt wurden, sondern dass aufgrund der sinkenden Nachfrage schlichtweg weniger produziert wurde.

Zusätzlich zur Wirtschaftskrise hatte noch ein unvorhersehbares internationales Ereignis einen deutlichen Einfluss auf den Europäischen Emissionshandel. Dieses Ereignis war die Klimaschutzkonferenz 2009 in Kopenhagen auch bekannt unter dem Namen COP 15. Die COP 15 (15. Konferenz der Vertragsparteien der UN-Klimarahmenkonvention) fand vom 7.–18. Dezember 2009 in Kopenhagen statt. Diese Konferenz war ein bedeutendes Ereignis im internationalen Klimaschutz, und eine Reihe hochrangiger Politiker und Staatsoberhäupter (unter anderen Barak Obama, Angela Merkel, Nicolas Sarkozy, Al Gore) nahmen daran teil.

Die COP 15 in Kopenhagen stellte für die Staatengemeinschaft die technisch letzte Möglichkeit dar, das Kyoto-Protokoll verlängern zu können. Der Grund dafür liegt in der sehr komplexen Ausgestaltung der internationalen Verträge, welche eine lange Vorlaufzeit benötigen. Nachdem das Kyoto-Protokoll die teilnehmenden Staaten nur für die Periode 2008 bis 2012 verpflichtete, musste in Kopenhagen ein Weg gefunden werden, welcher über das Jahr 2012 hinaus gehen sollte. Viele Konferenzteilnehmer waren im Vorfeld sehr optimistisch, dass in Kopenhagen ein abgestimmtes Abkommen vereinbart werden kann, welches von der Mehrzahl der Staatengemeinschaft anerkannt werden würde.

Doch es kam anders: In Kopenhagen konnte keine Einigung erzielt werden. Damit war eine umfassende Verlängerung des Kyoto-Protokolls über das Jahr 2012 hinaus vom Tisch. Immerhin einigten sich einige (hauptsächlich europäische Länder) auf eine Verlängerung des Kyoto-Protokolls in kleinem Rahmen, viele große Staaten wie die USA, China, Indien und Brasilien waren aber bei dieser Verlängerung nicht dabei.

Das Scheitern der Konferenz in Kopenhagen hatte viele Ursachen. Der Hauptgrund lag aber darin, dass die chinesischen Delegationsteilnehmer keine verpflichtenden Emissionsreduktionen für ihr Land zugestehen wollten. Die chinesischen Emissionen bewegten sich zu diesem Zeitpunkt noch immer nach oben und die chinesische Delegation war nicht bereit, einer Reduktionsverpflichtung zuzustimmen. An diesem Beispiel zeigt sich ganz deutlich, dass singuläre nationale Interessen über notwendige Umweltschutzmaßnahmen gestellt werden. Eine Tatsache, welche in der Klimaschutzpolitik leider häufig festzustellen ist und seit Jahrzehnten strengere Reduktionsbestrebungen konterkariert.

Preis in der zweiten Handelsperiode

Dies hatte selbstverständlich auch Auswirkungen auf den Preis der Emissionszertifikate. Im Jahr 2008, in welchem die europäische Industrie noch keine Auswirkungen der Krise zu spüren bekam, bewegte sich der Preis erwartungsgemäß zwischen 20 und 30 Euro pro Tonne CO_2. Gegen Ende des Jahres 2008 wurden erste Auswirkungen spürbar und der Preis begann auf etwa 15 Euro zu sinken und verweilte dort während der ganzen Jahre 2009 und 2010. Im Jahr 2011 sank der Preis kontinuierlich, um im Jahr 2011 dauerhaft Werte unter 10 Euro/t anzunehmen.

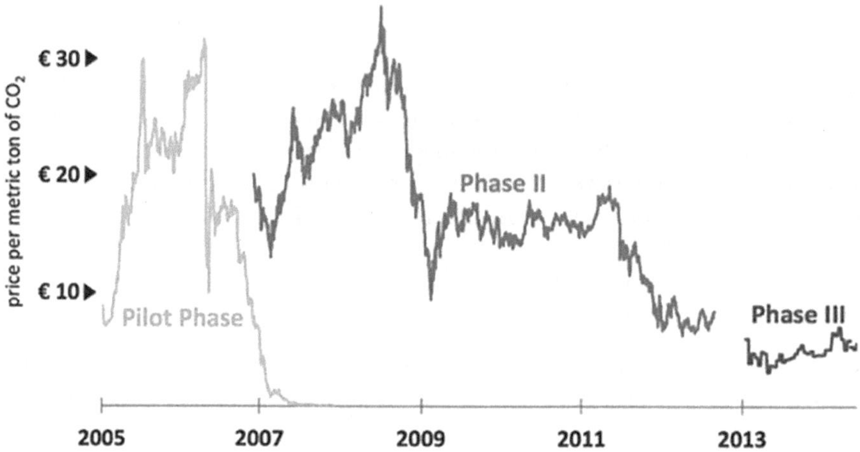

Abb 13: EU-ETS Preise in der Phase 2[77]

Fazit der zweiten Handelsperiode

Der europäische Emissionshandel war mit großen Ambitionen in die zweite Handelsperiode gestartet. Die Testphase war überstanden, die Zertifikate konnten in weitere Phasen mitgenommen werden und der Zeitraum 2008 bis 2012 war identisch mit der Kyoto-Periode, von der man sich den Aufbau eines weltweiten Emissionshandelssystems erwartet hatte. Als Basis konnten bereits geprüfte Emissionsmengen verwendet werden, daher konnte eine Wettbewerbsverzerrung vermieden werden. Alle Rahmenbedingungen für ein gerechtes, aber strenges Handelssystems waren gegeben.

Doch es kam anders: Aufgrund diverser internationaler Ereignisse passierte im europäischen Emissionshandel genau das, was die Klimaschützer vermeiden wollten. Die Mehrzahl der europäischen Industriebetriebe wurde auch in der Phase 2 mit kostenlosen und ausreichenden Verschmutzungszertifikaten ausgestattet und hatten dadurch wenig Anreize große Investitionen in Energieeffizienz durchzuführen. Um einen Wettbewerbsnachteil für Europäische Firmen zu verhindern, wurde ausreichend zugeteilt und somit blieb auch die Phase 2 deutlich hinter den Erwartungen der Klimaschützer zurück.

77 *Dechezleprêtre et al.* The joint impact of the European Union emissions trading system on carbon emissions and economic performance. Journal of Environmental Economics and Management, 118, 102758 (2023) unter https://doi.org/10.1016/j.jeem.2022.102758 (abgerufen am 4.4.2025).

Fact Box, EU-ETS, Phase 2

Fact Box, EU-ETS, Phase 2	Anzahl/ Beschreibung	Anmerkung
Betroffene Staaten	30	EU (27 durch die Beitritte von Rumänien und Bulgarien) plus Norwegen, Island und Lichtenstein
Betroffene Unternehmen	über 11.000 Anlagen, ähnlich wie in Phase 1	wie in Phase 1 plus Cracker (Chemiebetriebe) und seit 2012 EU-interner Flugverkehr
Emissionsmenge	2,08 Milliarden Tonnen	jährlich unveränderte Zuteilung
Preis	durchschnittlich 15Euro/t	zu Beginn fast 30 Euro/t, gegen Ende hin fallend, im Jahr 2012 unter 10 Euro/t
Besonderheit	Linking directive	CO_2-Emissionszertifikate aus anderen Handelssystemen konnten in Ausnahmefällen eingebracht werden.
Anteil der Weltemissionen	etwa 6 %	Der relative Anteil am Weltausstoß geht zurück, da die Emissionen anderer (Nicht-EU-)Länder inzwischen stiegen.
Betroffene Treibhausgase	CO_2 (N_2O in den Niederlanden)	Andere Gase sollten später dazukommen.

Tab 3: Fact Box EU-ETS Phase 2 [eigene Darstellung]

3.1.5. EU-ETS-Phase 3 (2013–2020)

Die Phase 3: EU Europa bleibt trotz dem Auslaufen des Kyoto Protokolls auf Kurs

Am 1.1.2013 begann für den europäischen Emissionshandel bereits die dritte Verpflichtungsperiode, von welcher sich viele Klimaschützer ein System erwarteten, welches für die betroffenen Unternehmen die notwendigen deutlichen Einsparungsziele bringen sollte. Das System war bereits seit acht Jahren in Kraft, man war damit vertraut, der Börsenhandel funktionierte und man hatte die Lernphasen abgeschlossen.

Nachdem die erste Phase dadurch gekennzeichnet war, dass sich Industrie und Behörden einmal an das System gewöhnen mussten und die ausgegebenen Zertifikate nicht mitgenommen werden konnten, waren die Preise an den CO_2-Börsen sehr gering und lösten kaum Investitionen in Effizienzsteigerungsmaßnahmen und CO_2-Einsparungen aus. Die zweite Phase wiederum war von globalen Krisen geprägt, welche wiederum notwendige Klimaschutzinvestitionen verzögerten. Daher waren die Erwartungen an die Phase 3 (2013 bis 2020), welche mit insgesamt 8 Jahren die längste bisherige Periode war, sehr hoch.

Diese Erwartungen wurden jedoch nicht erfüllt. Durch das „De-facto-Auslaufen" des Kyoto Protokolls war klar, das ausschließlich europäische Industriebetriebe in ein verpflichtendes Emissionshandelssystem eingebunden waren, für den überwiegenden Rest der Welt waren die Treibhausgas-Emissionen aber immer noch kostenlos. Auf diesen Umstand wurden die Gesetzgeber und Behörden immer wieder hingewiesen und Lobbyisten der Industrie unterstrichen immer wieder, dass zu hohe Reduktionsverpflichtungen die europäische Industrie schwächen würden und dies zu einem Abwandern der Industriebetriebe führen könnte.

Diese plausiblen Argumente führten schließlich dazu, dass ein Kompromiss gefunden werden musste. Einerseits war man fest entschlossen, das bestehende System für notwendige Klimaschutzmaßnahmen zu nutzen, andererseits wollte man Arbeitsplätze in Europa nicht gefährden und weiterhin eine industrielle Produktion unter zumutbaren Rahmenbedingungen gewährleisten. Stärkere Reduktionsverpflichtungen kamen nicht zustande, da die Emissionen von Treibhausgasen in allen anderen Ländern der Welt mit keinen Kosten verbunden waren. Nach vielen Verhandlungsrunden während der Phase 2, wurde schließlich rechtzeitig vor dem Jahr 2013 ein Zuteilungsschlüssel gefunden, welcher wieder einige Neuerungen mit sich brachte. Diese sind nachstehend kurz beschrieben.

Zentrale Zuteilung und Änderungen der Linking Directive

Ab der Phase 3 wird die Obergrenze der Emissionsrechte einzelner Anlagen nicht mehr von den Mitgliedstaaten festgelegt, sondern diese Entscheidung wird nun zentral von der Europäischen Kommission getroffen. Eine weitere Änderung ergab sich dadurch, dass in der dritten Handelsperiode CDM-Zertifikate nur noch dann in Emissionsrechte umgetauscht werden konnten, wenn sie aus den Least Developed Countries stammen, ein Kauf chinesischer Zertifikate war dadurch ausgeschlossen.

Linearer Reduktionspfad

Die bisherigen Phasen waren dadurch gekennzeichnet, dass die Emissionsmengen innerhalb einer Phase gleichmäßig zugeteilt wurden. Diese Zuteilung wurde in der Phase 3 durch einen linearen Reduktionspfad ersetzt. Dadurch wurde sichergestellt, dass in jedem Folgejahr weniger Emissionen pro Tonne Produkt zugeteilt wurden als im Jahr davor. So wurden die Industriebetriebe motiviert, laufend neue Investitionen in emissionssenkende Maßnahmen zu tätigen.

Obwohl der jährliche Minderungspfad lediglich eine Reduktion der Vorjahresmenge um 1,74 % betrug, zeigte dieser Minderungspfad durchaus seine Wirkung, da die ausgegebene Gesamtmenge im Jahr 2013 von fast 2 Milliarden Tonnen bis zum Jahr 2020 auf einen Wert von etwa 1,7 Milliarden Tonnen gesenkt werden konnte. Dieser lineare Reduktionspfad wurde bereits zu Beginn der Phase 3 festgelegt und bis zum Schluss eingehalten. Dadurch war für die betroffenen Betriebe Planungssicherheit gegeben.

Benchmarking

Wie bereits zuvor beschrieben, wurden die „Verschmutzungsrechte“ in der Phase 1 aufgrund der abgeschätzten historischen Emissionen zugeteilt. In der Phase 2 wurden diese aufgrund der bereits von unabhängigen Dritten geprüften Emissionen zugeteilt. Für die Phase 3 wurde eine neue Zuteilungsart vereinbart, welche als „Benchmark-Zuteilung“ bezeichnet wurde. Die Logik bestand darin, dass die Zuteilung nicht mehr auf Basis von historischen Emissionen erfolgen sollte, sondern auf Basis eines Benchmarks, welcher sich aus den minimal notwendigen Emissionen bei der Herstellung bestimmter Produkte ergab.

Für diese Benchmark-Berechnungen wurden europaweit die CO_2-Emissionen ermittelt, welche für die Herstellung von vergleichbaren Produkten anfielen. Dabei wurden Papierfabriken verglichen, welche dasselbe Papier herstellten, Stahlfabriken, welche denselben Stahl herstellten und Zementwerke, welche denselben Zement herstellten. In diesem Sinne galt es herauszufinden, wie viel CO_2-Emissionen man tatsächlich benötigt, wenn ein Produkt unter optimalen Voraussetzungen hergestellt wird. Im Zuge dieser Berechnungen fand man zunächst heraus, dass diese produktspezifischen Emissionen der einzelnen Anlagen sehr unterschiedlich waren.

Als effizient galten jene Betriebe, welche zu den 10 % der Besten innerhalb ihrer Branche gehörten. Daher wurde genau dort der Benchmark festgelegt. Jene Betriebe, welche innerhalb der besten 10 % lagen, bekamen das benötigte Emissionskontingent nach wie vor gratis zugeteilt. Betriebe, die besser waren als der Benchmark, konnten die überschüssigen Emissionen verkaufen, Betriebe welche schlechter waren als der Benchmark, waren verpflichtet Emissionszertifikate zu kaufen. Da das System europaweit gleich war, wurde gewährleistet, dass eine portugiesische Papierfabrik genauso hohe Anstrengungen unternehmen musste, um ihre Ziele zu erreichen, wie eine finnische oder österreichische Papierfabrik. Damit wurde versucht dem „Gleichheitsprinzip" nachzukommen und einen lokalen Wettbewerbsvorteil auszuschließen, welcher sonst aufgrund von möglichen nationalen Überallokationen zustande gekommen wäre.

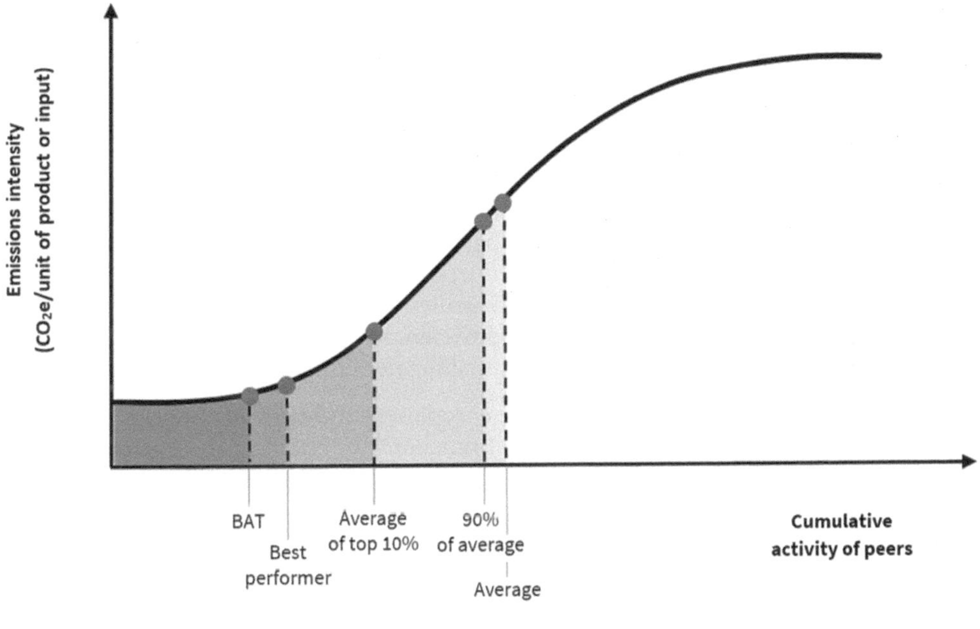

Abb 14: Darstellung Benchmark Zuteilung der EU-ETS Berechtigungen[78]

78 *Kuneman et al.* Benchmark-based allocation in emissions trading systems: Experiences to date and insights on design (2021) unter https://icapcarbonaction.com/system/files/document/ICAP_post-Florence_Benchmarking_final.pdf (abgerufen am 4.4.2025).

In der obigen Darstellung ist eine allgemeine Benchmarkermittlung dargestellt. Ganz links sind die effizientesten Anlagen dargestellt, welche als Best Available Technology (BAT) beziehungsweise als Best Performer gekennzeichnet sind. Der Durchschnitt der besten 10 % sind in einem weiteren Punkt markiert, welcher jene Menge darstellt, die dann den betroffenen Betrieben zugeteilt wurde.

Als Basis für die Benchmark-Berechnung wurde vereinbarungsgemäß jener Wert herangezogen, welcher von 10 % der effizientesten Anlagen je Branche der Jahre 2007 und 2008 gerade noch erfüllt werden konnte. Die Benchmarks wurden auf die Endprodukte und nicht auf die Einsatzstoffe bezogen. Es gab auch keine Unterscheidung nach Technologie, Brennstoff, Größe oder Alter der Anlage oder eingesetzten Rohstoffen.

Sonderthema Carbon-Leakage-Problem

Ein Sonderthema stellt das Carbon-Leakage-Problem dar. Der Begriff kommt aus dem Englischen und Carbon Leakage kann am besten mit „Verlagerung von CO_2-Emissionen" übersetzt werden. Darunter versteht man die Verlagerung von Industrien in Länder außerhalb der EU, um die europäischen Auflagen für Treibhausgasemissionen zu umgehen. Diese Möglichkeit ist vor allem dann gegeben, wenn nicht verderbliche Güter produziert werden können und der Transport dieser Güter im Vergleich zu den Produktkosten sehr günstig anzusetzen ist. Eine Tatsache, welche bei Massenprodukten wie Papier, Stahl, Aluminium und anderen Rohstoffen gegeben ist.

Vertreter der betroffenen Industriebranchen argumentierten, dass die oben erwähnten Produkte sehr einfach auch in anderen Ländern hergestellt werden können, welche nicht dem europäischen Emissionshandelssystem unterliegen. Da diese Produkte dann oft in Anlagen produziert werden, welche schlechtere Benchmarks als die europäischen Betriebe aufweisen, würden die weltweiten CO_2-Emissionen steigen, obwohl die europäischen Emissionen sinken. Wenn schließlich diese Produkte nach Europa importiert werden, fallen nochmals CO_2-Emissionen an, welche bei einer heimischen Produktion zu vermeiden gewesen wären. In diesem Falle hätte man durch ein gut gemeintes System die globalen CO_2-Emissionen erhöht und dadurch das Gegenteil von dem erzielt, was man eigentlich haben wollte, nämlich die Emissionen zu reduzieren. Dieses Problem wurde als „Carbon-Leakage-Problem" bezeichnet und bei der Zuteilung der Emissionen berücksichtigt.

Um diesen Effekt hintanzuhalten, wurde die europäische Industrie in „Leakage gefährdete Branchen" und „nicht Leakage gefährdete Branchen" unterteilt, wobei die gefährdeten Branchen auch in der Phase 3 ihre CO_2-Emissionen gratis und möglichst vollständig zugeteilt bekommen sollten, um dem oben beschriebenen Effekt entgegenzuwirken. Jene Branchen, welche als „nicht Leakage-gefährdet" galten, sollten aber mit strengeren Zielen konfrontiert werden.

Es wurde beschlossen, dass die Identifikation eines Carbon-Leakage-Risikos auf sektoraler Ebene stattfinden soll. Im Zeitraum 2013 bis 2020 wurde dieses Risiko anhand von zwei Faktoren ermittelt:

1. dem prozentualen Anstieg der Produktionskosten des Sektors durch die Kosten des EU-ETS und
2. der Handelsintensität des Sektors mit Drittstaaten.

Anhand dieser beiden Faktoren wurden, wie nachstehend dargestellt, drei Kategorien von Sektoren mit Carbon-Leakage-Risiko definiert:

Definition des Carbon-Leakage-Risikos[79]

Ein Carbon-Leakage-Risiko liegt vor, wenn mindestens eines der drei Kriterien erfüllt ist:

A: Produktionskostenanstieg durch EU-ETS ≥ 5 % und Handelsintensität mit Drittstaaten ≥ 10 %
B: Produktionskostenanstieg durch EU-ETS ≥ 30 %
C: Handelsintensität mit Drittstaaten ≥ 30 %

Die gefährdeten Sektoren wurden nach den in der obigen Tabelle angegebenen Kriterien beurteilt und von der Kommission in eine Carbon-Leakage-Liste aufgenommen, welche alle fünf Jahre aktualisiert wird. Zwischen 2013 und 2020 umfasste diese Liste etwa 170 Sektoren, welche 97 % aller industriellen Treibhausgas (THG)-Emissionen in der EU verursachen.[80]

Da das Kyoto-Protokoll, wie oben beschrieben, in den meisten Ländern der Welt seit dem Jahr 2013 ausgelaufen war und man die europäische Industrie nicht zu sehr belasten wollte, sah man es als gerechtfertigt an, die meisten Industriebranchen als „Leakage gefährdet" eingestuft. Dies ist als Entgegenkommen für die europäischen Industriebetriebe zu werten und wäre möglicherweise zu verhindern gewesen, hätte das Kyoto-Protokoll in der ursprünglichen Form verlängert werden können.

Geopolitische Entwicklungen in der Phase 3

Wie zuvor beschrieben, waren die geopolitischen Entwicklungen in der Phase 2 (2008–2012) nicht dazu geeignet, ernsthaft Klimaschutz zu betrieben. Die globale Krise der Jahre 2009–2010 und das Scheitern der Kopenhagen-Konferenz (COP 15), das ein „De-Facto-Auslaufen" des Kyoto-Protokolls in vielen Ländern der Wert zur Folge hatte, war alles andere als Rückenwind für Klimaschützer.

Genau das war in der Phase 3 anders: Überraschende Ereignisse einerseits und dauerhafte Entwicklungen andererseits trugen dazu bei, dass die Diskussion über Klimaschutz in der Mitte der Gesellschaft ankam. Ein Grund dafür war, dass die Veränderung des Weltklimas in den 2010er Jahren erstmals deutlicher sichtbar wurde. Die Berichte über Flutkatastrophen, Waldbrände, Hurrikans, schneearme Winter, sterbende Gletscher und Hitzetote nahmen unübersehbar zu. Daher wurde das Thema Klimawandel von Medien, der Gesellschaft und schließlich auch von politischen Parteien aufgegriffen. Nachstehend sind einige Meilensteine wie das Paris Agreement, der „Greta Effekt" und der Green Deal der EU kurz zusammengefasst.

Paris Agreement (COP 21)

Das Scheitern der COP 15 in Kopenhagen im Herbst 2009 wirkte lange nach. Sämtliche Folgekonferenzen zwischen 2010 und 2014 brachten kein neues international verbindliches Klimaschutzabkommen zustande. Es bedurfte einer großen Kraftanstrengung und

79 Centrum für Europäische Politik, Klimaschutz durch das EU-ETS, cepInput 03/2018 unter https://www.cep.eu/ (abgerufen am 4.4.2025).
80 Ebd.

einer exzellent vorbereiteten französischen Diplomatie, um sechs Jahre nach Kopenhagen im Herbst 2015 in Paris einem neuen Abkommen zum Durchbruch zu verhelfen.

Dabei bediente man sich einer Logik, welche bereits bei der Konferenz in Kyoto 1997 erfolgreich angewendet wurde: Man vereinbarte zunächst einmal vor Ort Verpflichtungen für die einzelnen Länder, diese sollten aber erst nach einem nationalen Ratifikationsprozess in Kraft treten. Man gab dadurch den Ländern Zeit, um das, was in Paris vereinbart wurde, zu einem späteren Zeitpunkt national zu besprechen und zu beschließen. Dadurch überforderte man die Konferenzteilnehmer vor Ort nicht, sondern verlagerte den Entscheidungszeitpunkt nach hinten. Man nahm in Kauf, dass die Verbindlichkeit des Paris Agreements erst zu einem späteren Zeitpunkt gegeben war.

Wie bei Kyoto einigte man sich darauf, dass 55 Staaten, welche für mindestens 55 % der weltweiten CO_2-Emissionen verantwortlich waren, ratifizieren mussten, erst dann sollte das Paris Agreement Gültigkeit haben. Diese beiden Parameter waren bereits ein Jahr später, also im Jahr 2016, eingetreten, da am 4. November 2016 bereits 55 Staaten die Ratifizierung abgeschlossen hatten. Es ging also diesmal sehr schnell, die Ratifikation des Kyoto-Protokolls hatte noch 8 Jahre gedauert.

Das Paris Agreement sieht vor, die globale Erwärmung auf deutlich unter 2 °C gegenüber der vorindustriellen Zeit zu begrenzen und Anstrengungen für eine Begrenzung auf 1,5 °C zu unternehmen. Darüber hinaus wurden folgende Forderungen aufgestellt:

- die Erhöhung der Fähigkeit, sich an die nachteiligen Auswirkungen des Klimawandels anzupassen,
- die Förderung der Widerstandsfähigkeit gegenüber Klimaänderungen,
- Förderungen einer Entwicklung, die mit geringeren THG-Emissionen einhergeht und zugleich die Nahrungsmittelproduktion nicht bedroht und
- die Vereinbarkeit der Finanzströme auf einen Weg hin zu niedrigen THG-Emissionen und klimaresilienter Entwicklung.

Bis zum April 2016 hatten 175 Staaten, darunter die Vereinigten Staaten, China, sämtliche Staaten der Europäischen Union, Kanada, Australien, Japan und viele mehr, das Abkommen ratifiziert. Das Abkommen ist seit 2020 in Kraft und hat im Gegensatz zum Kyoto-Protokoll auch kein Ablaufdatum. Erstmals 2025 und danach alle fünf Jahre sollen die Vertragspartner in neuen national festgelegten Beiträgen (NDC) ihre Klimaschutzambitionen vorlegen. Auf dieser Basis sollen die Vertragsparteien ihre Anstrengungen prüfen und ihre Beiträge möglichst erhöhen.

Obwohl viele Umweltschützer die Erreichung der 1,5-Grad-Vorgabe und das Ziel der Dekarbonisierung bis 2050 aufgrund verschleppter politischer Maßnahmen als nicht erreichbar einschätzen, muss man anerkennen, dass das Pariser Klimaschutzabkommen einen positiven Meilenstein in der Geschichte der internationalen Klimaschutzpolitik darstellt. Dadurch, dass Klimaschutz als notwendige politische Maßnahme erkannt und beschlossen wurde, war es auch möglich, Klimaklagen einzureichen. In vielen Ländern erlangte Klimaschutz auch Eingang in die Verfassung.

Der „Greta-Effekt": Beginn der Fridays-for-Future-Bewegung

Der Anfang der Fridays-for-Future-Bewegung geht zurück auf die Schülerin *Greta Thunberg* aus Schweden. *Greta* erfuhr vom Klimawandel zum ersten Mal mit acht Jahren in der Schule. Im Mai 2018 wurde die damals 15-jährige *Thunberg* Preisträgerin eines Schreibwettbewerbs zur Umweltpolitik. Durch die Veröffentlichungen ihres Beitrags entstanden Kontakte zu verschiedenen Personen, die sie zu ihrem Engagement inspirierten. Kurz darauf begann sie, sich auch in der Öffentlichkeit aktiv für den Klimaschutz einzusetzen. Sie streikte 2018 zunächst allein vier Wochen lang vor dem schwedischen Parlament. Dann schlossen sich ihr immer mehr Schülerinnen und Schüler auf der ganzen Welt an, bis schließlich eine weltweite Bewegung mit dem Namen Fridays for Future entstand.

Zentrales Ziel der Bewegung ist es das im Paris Agreement beschlossene 1,5-Grad-Ziel der Vereinten Nationen einzuhalten. Nach dem Vorbild von *Greta Thunberg* bestreikten Schüler freitags den Unterricht und gingen auf die Straße, um für eine wirksame Klimapolitik zu demonstrieren. Der Protest verbreitete sich in den Jahren 2018 und 2019 sehr rasch und wurde vorwiegend von Schülerinnen, Schülern und Studierenden organisiert. Bald bildeten sich aber auch in Wissenschaft und Zivilgesellschaft zahlreiche Unterstützergruppen, welche sich der Klimabewegung anschlossen. Die Unterstützergruppen nannten sich Artists for future, Scientists for future, Teachers for future, Parents for Future und erreichten damit viele Teile der Gesellschaft.

Die Bewegung erreichte beim globalen Klimastreik am 20. September 2019 ihren vorläufigen Höhepunkt. Unter der Beteiligung vieler Bevölkerungs- und Berufsgruppen wurden weltweit mehr als 2.000 Demonstrationen in 150 Ländern geplant. Den Aufrufen zur Teilnahme folgten weltweit nach Schätzungen von Fridays for Future rund 4 Millionen Teilnehmer, allein in New York erhielten 1,1 Millionen Schüler die Erlaubnis für die Teilnahme an der Demonstration. In den USA hatten mehrere US-Gesundheitsdienstleister und Mediziner ein Entschuldigungsschreiben bereitgestellt, dass die Schüler von der Schule befreite und erklärt, dass die Klimakrise selbst ein Gesundheitskrisenfall sei. Auch in Deutschland hatte die Bewegung großen Zulauf, es nahmen etwa 1,4 Millionen Menschen (Schätzung Fridays for Future) teil.

Der „Green Deal"

Der European Green Deal ist ein von der Europäischen Kommission am 11. Dezember 2019 vorgestelltes Konzept, mit dem Ziel, bis 2050 in der Europäischen Union die Netto-Emissionen von Treibhausgasen auf Null zu reduzieren und somit als erster Kontinent „klimaneutral" zu werden. Der European Green Deal ist eine von sechs Prioritäten der Kommissionspräsidentin von der Leyen und ein zentraler Bestandteil der Klimapolitik der Europäischen Union. Dazu mussten auch die Zwischenziele verschärft werden, besonders das Ziel, die Emissionen bis 2030 um 40 % zu reduzieren, wurde auf eine Reduktion zwischen 50–55% verschärft.

Weitere Merkmale des Green Deals waren, dass ein wissenschaftlicher Beirat für den Klimawandel gegründet wurde, ein „Mechanismus für einen gerechten Übergang" geschaffen wurde und im Rahmen der Taxonomie-Verordnung eine „grüne Liste“ für nachhaltige Wirtschaftstätigkeiten geschaffen wurde. Im Rahmen weiterer neuer EU-Richtlinien und Verordnungen wurde am 14. Juli 2021 von der Europäischen Kommission das Paket „Fit for 55“ vorgestellt, welches sicherstellen soll, dass die im European Green Deal verankerten Ziele erreicht werden.

Backloading

Grundsätzlich wollte man ein freies Spiel der Kräfte walten lassen und in den EU-ETS-Markt nicht eingreifen. Durch verschiedene geopolitische Krisen (Wirtschaftskrise 2009) und durch die immer effizienter werdenden europäischen Industriebetriebe hatte sich bereits seit 2009 ein Überschuss an Emissionsberechtigungen gebildet. Zu Beginn der dritten Handelsperiode wuchs dieser Überschuss an Berechtigungen auf rund 2 Milliarden Tonnen CO_2 an. Dieser stieg bis zum Jahr 2013 sogar auf 2,1 Milliarden Tonnen CO_2 an, wobei etwa die Hälfte dieses Überangebots auf die CDM-Zertifikate, welche in der zweiten Handelsperiode von außen in das System eingebracht wurden, zurückzuführen war.

Als Reaktion auf den Überschuss an Berechtigungen und den daraus resultierenden niedrigen Marktpreis hat die EU seit 2013 mehrfach eingegriffen. So wurden durch den sogenannten „Backloading“-Beschluss“ im Zeitraum 2014–2016 Berechtigungen vorübergehend aus dem Markt genommen. Im Jahr 2014 wurde die auszugebende Menge um 400 Millionen gekürzt, im Jahr 2015 um 300 Millionen und im Jahr 2016 um 200 Millionen. Diese Berechtigungen sollten in den Jahren 2019–2020 zusätzlich versteigert werden und dadurch dem Markt wieder zugeführt werden.

Da jedoch der Zertifikatüberschuss seit 2013 trotz des Backloadings weiter angewachsen ist, hat die EU im Mai 2015 beschlossen, die durch das Backloading zurückgehaltenen Zertifikate nicht wieder auf den Markt zu bringen, sondern in die „Marktstabilitätsreserve“ einzustellen, um so den Überschuss an nicht eingesetzten Zertifikaten dauerhaft zu reduzieren.[81]

Dieser Markteingriff war nur möglich, da diesmal die geopolitischen Rahmenbedingungen gegeben waren: Das Paris Agreement war in Kraft, Europa war daher nicht mehr allein in Sachen Klimaschutz unterwegs, der Greta-Effekt führte dazu, dass Druck von der Straße kam, welcher politische Maßnahmen forderte und der Green Deal sah ohnehin dauerhafte und deutliche Einsparungen in kurzer Zeit vor. Daher gelang es den Politikern, diesen Markteingriff trotz Widerständen der Industrie durchzubringen. Nachstehend ist die Marktstabilitätsreserve im Detail beschrieben.

Marktstabilitätsreserve (MSR)

Die Marktstabilitätsreserve (MSR) wurde im Mai 2015 beschlossen und trat 2019 in Kraft. Mit dieser Maßnahme soll eine Stabilisierung des CO_2-Preises in Phasen schwankender Nachfrage erreicht werden. Durch diese Maßnahme wurde das EU-ETS von

81 Centrum für Europäische Politik, Klimaschutz durch das EU-ETS, cepInput 03/2018 unter https://www.cep.eu/ (abgerufen am 4.4.2025).

einem fixen Mengen-Mechanismus zu einem flexiblen Preis-Mengen-Mechanismus weiterentwickelt. Es sollen überschüssige Berechtigungen über eine Reserve gesteuert und somit der Preis stabilisiert werden. Damit soll ein Gleichgewicht zwischen dem Preissignal einerseits und notwendigen Investitionen in CO_2-arme Technologien andererseits sichergestellt werden.[82]

Die grundsätzliche Funktionsweise der MSR ist es, Berechtigungen, welche im Umlauf sind, zu steuern (Umlaufmenge). Hier ist als Umlaufmenge die Differenz aller ausgeschütteten Berechtigungen abzüglich der verifizierten Emissionen seit 2008 gemeint.[83] Für die Regulierung der Menge galt Folgendes: Überschreitet der Vorjahresüberschuss den oberen Grenzwert von 833 Millionen Tonnen CO_2, werden 12 % der Vorjahresüberschussmenge im laufenden Jahr dem Markt entzogen und in die Reserve übergeführt. In weiterer Folge wurde dieser Wert erhöht, wodurch der Überschuss dann deutlich schneller abgebaut werden muss, als es ursprünglich vorgesehen war. Die MSR-Entnahmerate wurde für den Zeitraum von 2019–2024 von 12 % auf 24 % verdoppelt.[84]

Wie oben angegeben, war der obere Grenzwert mit 833 Millionen Berechtigungen festgesetzt. Aber auch nach unten gab es eine Grenze, denn sobald der Vorjahresüberschuss weniger als 400 Millionen Zertifikate beträgt, werden im laufenden Jahr maximal 100 Millionen Zertifikate aus der Reservemenge versteigert, es sei denn es sind keine Zertifikate mehr in der Reserve vorhanden.[85] Liegt der Vorjahresüberschuss zwischen diesen beiden Schwellenwerten, bleibt im laufenden Jahr die Anzahl der Zertifikate in der MSR unverändert.[86] Im Jahr 2019 wurden von der MSR knapp 265 Millionen Emissionsrechte dem Markt entzogen, da die im Umlauf befindliche Menge den Schwellenwert von 833 Millionen überstieg.[87] Nachstehendes Diagramm verdeutlicht den Zufluss und Abfluss der MSR zwischen diesen beiden Grenzwerten.

82 *Velikkakath, R.*, Die Klimaziele und die Rolle des Europäischen Emissionshandelssystems (Bachelorarbeit) (2020). WU Wien, Vienna University of Econoomics and Business.

83 *Graichen, P. et al*, Die Rolle des Emissionshandels in der Energiewende. Agora Energiewende (2015) unter: https://www.agora-energiewende.de/veroeffentlichungen/die-rolle-des-emissionshandels-in-der-energiewende/ (abgerufen am 4.4.2025).

84 *Schmitt, A.*, Kurz zum Klima: Der EU-Emissionshandel – bekannte Probleme, neue Lösungen? (2017), ifo Schnelldienst, 70(12), 48–50.

85 Ebd.

86 Centre for European Policy, cepMonitor: Marktstabilitätsreserve für den Emissionshandel (2020) unter: https://www.cep.eu/monitor/cep/marktstabilitaetsreserve-fuer-den-emissionshandel-beschluss.html (abgerufen am 6.4.2025).

87 *Rainfurth, C.*, Emissionshandel: Marktstabilitätsreserve wird erstmals 265 Millionen Emissionszertifikate vom Markt nehmen. IHK Karlsruhe (2020) unter: https://www.karlsruhe.ihk.de/innovation/umwelt/klimaschutzemissionshandel/emissionshandel-aktuell/aktuelle-meldungen/emissionshandel-marktstabilitaetsreserve-wird-4079242 (abgerufen am 6.4.2025).

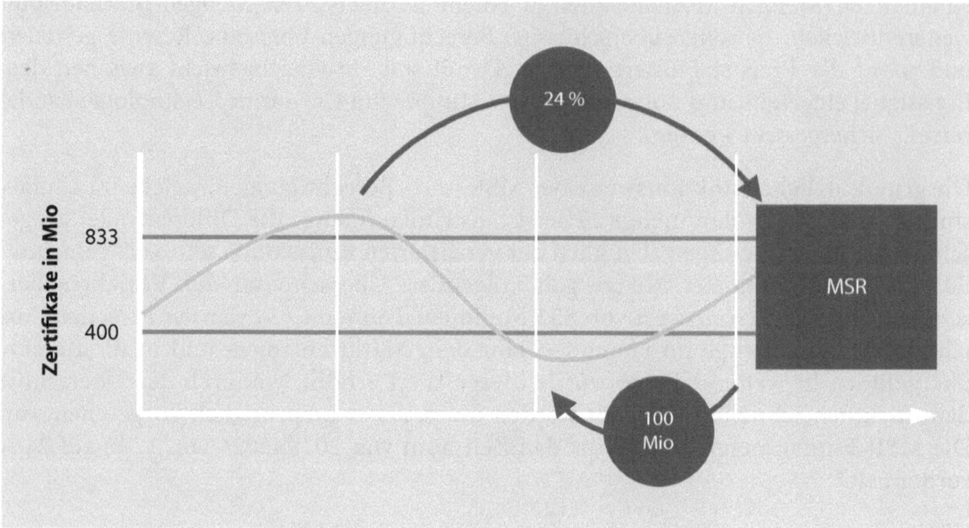

Abb 15: Schematische Darstellung der Marktstabilitätsreserve[88]

Die MSR funktioniert nach inzwischen klar definierten Regeln und kann als Signal wahrgenommen werden, das Emissionshandelssystem laufend zu optimieren und den Zertifikatspreis auf längere Sicht zu stabilisieren.[89] Es ist geplant, die Schwellenwerte im Laufe der Zeit abzusenken oder in regelmäßigen Abständen zu überprüfen, um die Wirkung des Mechanismus und die angestrebten Ziele zu erreichen. Die Überprüfung ist insofern notwendig, da bei permanenten Überschüssen sonst der Marktpreis verfälscht und das Ziel der Emissionsreduktionen verfehlt wird.

Preis in der dritten Handelsperiode

Die oben beschriebenen Ereignisse führten dazu, dass der Preis der EU-ETS Zertifikate im Zeitraum von 2013–2020 stetig anstieg. Gegen Ende des Jahres 2019 wurde mit etwa 30 Euro pro Tonne CO_2 wieder jenes Niveau erreicht, das zu Beginn der zweiten Handelsphase im Jahr 2008 erzielt wurde. Die CO_2-Preise im europäischen Emissionshandel waren also 10 Jahre lang nicht gestiegen.

88 *Graichen, P. et al*, Die Rolle des Emissionshandels in der Energiewende. Agora Energiewende (2015) unter: https://www.agora-energiewende.de/veroeffentlichungen/die-rolle-des-emissionshandels-in-der-energiewende/ (abgerufen am 4.4.2025).

89 *Schmitt, A.*, Kurz zum Klima: Der EU-Emissionshandel – bekannte Probleme, neue Lösungen? (2017), ifo Schnelldienst, 70(12), 48–50.

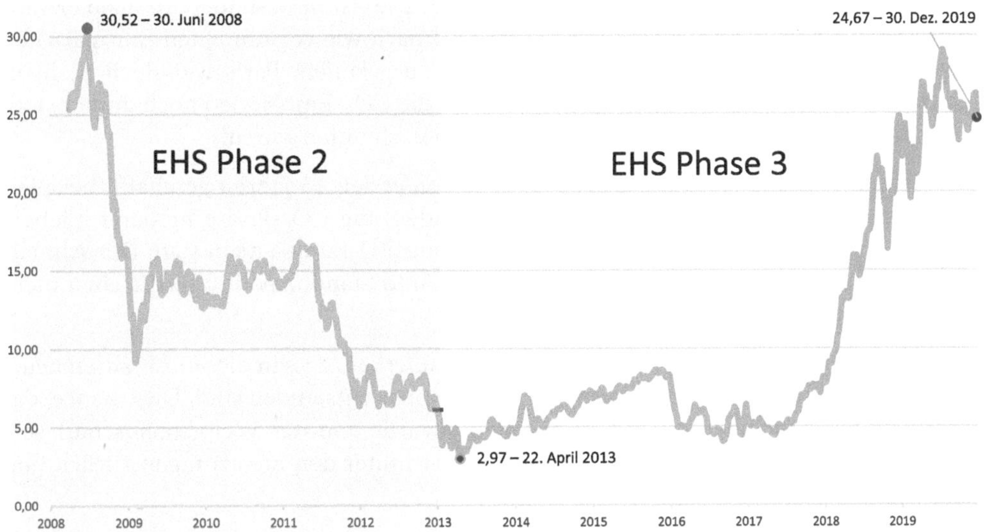

Abb 16: EU-ETS-Preise der Phasen 2 und 3[90]

Fazit der dritten Handelsperiode

Aber jetzt: Während der dritten Handelsperiode entwickelten sich die Rahmenbedingungen endlich in die von Klimaschützern schon seit langem geforderte Richtung. Das Paris Agreement verpflichtete viele Staaten zu deutlichen Reduktionsmaßnahmen, daher begann man auch außerhalb von EU-Europa wieder ernsthaft Klimaschutz zu betreiben. Immer häufiger konnte man die ersten Auswirkungen der Klimakrise feststellen, die Medien waren voll mit Berichterstattungen über Überflutungen, Dürren und Waldbrände. Mit der Fridays-for-Future-Bewegung entstand Druck von der Straße. Sie wurde hauptsächlich von jungen Menschen getragen, die Klimagerechtigkeit forderten.

Durch politische Beschlüsse wie dem Green Deal, dem „Fit for 55“-Programm oder der EU-Taxonomie wurden endlich Rahmenbedingungen geschaffen, welche von der Klimawissenschaft schon seit langem gefordert wurden. Dadurch traute sich die Politik auch in das Handelssystem einzugreifen und Zertifikate vom Markt zu nehmen, um den Preis der Verschmutzungsrechte zu erhöhen. Zusätzlich dazu wurden wesentliche Zielsetzungen eingehalten: Die Menge der ausgegebenen Zertifikate wurde jedes Jahr reduziert, immer mehr Branchen wurden in den Emissionshandel mit einbezogen, und immer mehr Anlagenbetreiber mussten Zertifikate ersteigern und bekamen diese nicht mehr gratis zugeteilt.

Dies alles hatte zur Folge, dass gegen Ende der Phase 3 der Preis der Zertifikate deutlich zu steigen begann. Die CO_2-Emissionen hatten begonnen endlich einen Preis einzunehmen,

90 Europäischer Rechnungshof, Emissionshandelssystem der EU: Verbesserung der Funktionsweise zur Reduzierung von Emissionen und Förderung von Investitionen in grüne Technologien (Sonderbericht Nr 18/2020), (2020) unter https://op.europa.eu/webpub/eca/special-reports/emissions-trading-system-18-2020/de/ (abgerufen am 4.4.2025).

welcher für die Dekarbonisierung notwendig war. Dies ist insbesondere deshalb erwähnenswert, da es sich beim CO_2-Emissionshandel nach wie vor um einen Europäischen Alleingang handelte. Das Kyoto-Protokoll war ausgelaufen, Paris war noch nicht in Kraft und in vielen Kontinenten der Welt stiegen die CO_2-Emissionen noch immer stark an, während diese in EU-Europa bereits am Weg nach unten waren.

Der EU-europäische Alleingang hatte es in seinen ersten 15 Jahren geschafft, beispielgebend für andere Kontinente zu wirken. Nachdem die CO_2-Preise moderat blieben, fand die befürchtete Abwanderung der Industrie aus EU-Europa nicht statt. Der schmale Grat zwischen politisch möglichem Klimaschutz und Standortpolitik durfte eben nicht verlassen werden.

Aus Sicht der Klimaschützer ist aber kritisch anzumerken, dass in diesen 15 Jahren keine anderen Emissionshandelssysteme außerhalb Europas entstanden sind. Die Chance, das System „Kontinent übergreifend auszurollen", wurde von der Weltgemeinschaft verpasst. Daher blieb das europäische System wieder hinter den Erwartungen zurück und konnte nur umsetzen, was politisch möglich war.

Fact Box, EU-ETS, Phase 3

Fact Box, EU-ETS, Phase 3	Anzahl	Anmerkung
Betroffene Staaten	29	EU (27) plus Norwegen und Lichtenstein
Betroffene Unternehmen	über 11.000	wie Phase 2 plus zusätzliche Anlagen aus der chemischen Industrie und Nichteisenmetalle
Emissionsmenge	2,08 bis 1,7 Milliarden Tonnen	jährliche Reduktion von 1,74 %, in Summe um –21 % vom Basisjahr 2005
Preis	10–30 Euro/t CO_2	gegen Ende hin stark steigend
Anteil der Weltemissionen	etwa 4 %	Anteil sinkt, da die EU-ETS Emissionen sinken und die weltweiten Emissionen steigen
Betroffene Treibhausgase	CO_2, N_2O, PFC	N_2O (= Lachgas), PFC (= Per Fluor Carbon)

Tab 4: Fact Box EU-ETS Phase 3 [eigene Darstellung]

3.1.6. EU-ETS-Phase 4 (2021–2030)

Klimaschutz wird zur Notwendigkeit

Hätte es im Jahr 2020 nicht schon ein EU-weites Emissionshandelssystem geben, dann hätte man es zu dieser Zeit erfunden. Denn in den Jahren 2021 bis 2023 wurde der sechste Sachstandbericht des Intergovernmental Panel on Climate Change (IPCC)[91] ver-

91 IPCC, Climate Change 2023: Synthesis Report. Beitrag der Arbeitsgruppen I, II und III zum Sechsten Sachstandsbericht des Zwischenstaatlichen Ausschusses für Klimaänderungen (Kernautorenteam, *H. Lee* und *J. Romero* [Hrsg]). IPCC. DOI: 10.59327/IPCC/AR6-9789291691647 (2023).

öffentlicht, welcher einige Hauptaussagen für politische Entscheidungsträger formuliert. Eine der Aussagen ist, dass menschliche Aktivitäten eindeutig die globale Erwärmung verursacht haben, vor allem durch die Emission von Treibhausgasen wie CO_2, CH_4 und N_2O.

Auch wenn diese Aussagen für viele Menschen ohnehin selbstverständlich waren, da die beobachteten Klimaextreme sowie die Veränderungen durch Hitze und Dürre inzwischen sehr deutlich wahrgenommen werden konnten, überraschte die deutliche Formulierung der Wissenschaftler trotzdem. So hieß es in der Zusammenfassung beispielsweise *„der vom Menschen verursachte Klimawandel hat weitreichende nachteilige Folgen und hat dadurch zu Verlusten und Schäden für Natur und Mensch geführt"*. Weiter heißt es *„das Zeitfenster, in dem eine lebenswerte und nachhaltige Zukunft für alle gesichert werden kann, schließt sich rapide"*. Die Forderung von IPCC ist somit klar: Die Begrenzung der von Menschen verursachten globalen Erwärmung erfordert Netto-Null-CO_2-Emissionen und das so schnell wie möglich.

Parallele Buchhaltung von Zertifikaten der Phase 3 und der Phase 4

Am 1. Januar 2021 begann die vierte Phase des EU-Emissionshandels, welche bis 2030 andauern wird. Von dieser Phase wird erwartet, dass die Preise für CO_2-Zertifikate steigen, mehr Industriebetriebe betroffen sein werden und schrittweise andere Bereiche dazukommen werden. Nachdem man vermeiden wollte, dass Zertifikate aus der Phase 3 mit (teureren) Zertifikaten aus der Phase 4 vermischt werden, werden seit 1.1.2021 keine Phase 3 Zertifikate mehr ausgegeben.

Zertifikate der Phase 4 sind als solche markiert und können im Rahmen der Abgabeverpflichtung auch nur für Emissionen aus der Phase 4 und späteren Phasen verwendet werden. Trotzdem bleiben Zertifikate der Phase 3 zeitlich unbeschränkt gültig und können daher auch seit 2021 wie gewohnt sowohl gehandelt als auch für die Abgabeverpflichtung der Phase 4 verwendet werden.

Linearer Reduktionspfad wird verschärft

In den Jahren 2013 bis 2020 wurde die ausgegeben Emissionsmenge jährlich um 1,74 % reduziert. Dieser lineare Reduktionspfad wurde in der Phase 4 weiter verschärft, denn die Emissionsmenge wurde zwischen 2021 und 2023 jährlich um 2,2 % reduziert. Seit Beginn des Jahres 2024 beträgt der jährliche Reduktionspfad 4,3 % und dieser wird ab 2028 auf 4,4 % angehoben. Dies soll dazu führen, dass die Gesamtemissionsmenge bezogen auf den Startzeitpunkt 2005 bis zum Jahr 2030 um 62 % gesenkt wird.

Somit werden mehr als die Hälfte der EU-Emissionen in einem gemeinsamen System reguliert, welches bis heute das größte Handelssystem der Welt darstellt. Dadurch, dass die schrittweise Reduktion für einen langen Zeitraum planbar und vorhersagbar erfolgt, ist für die betroffenen Betriebe Planungssicherheit gegeben. 2005 wurde als Basisjahr für das Paris Agreement vereinbart, und die geplante Reduktionsreduktion bis 2030 um fast 2/3 in Bezug auf die Emissionen des Jahres 2005 kann durchaus als ambitioniert bezeichnet werden.

Verbindung mit der Energie-Effizienz-Richtlinie

Für die Phase 4 wurden auch Verbindungen zu anderen EU-Initiativen, welche sich mit Emissionsreduktionen befassen, geschaffen. Ein Beispiel dafür ist die Verbindung zur Energie- Effizienz-Richtlinie. Es wurde vorgesehen, dass die Gratiszuteilung um 20 % in jenen Anlagen zu reduzieren sei, welche die Empfehlungen aus Energieaudits beziehungsweise Energiemanagement-Systemen entsprechend der Energieeffizienz-Richtlinie (2012/27/ EU)[92] nicht umsetzen.

Diese scharfe Maßnahme betrifft jedoch nur Empfehlungen, deren Amortisationszeit drei Jahre nicht überschreiten und deren Investitionskosten nicht unverhältnismäßig sind. Somit wurden die EU-ETS Richtlinie mit der Energie-Effizienz-Richtlinie wirksam verbunden.

Neudefinition von Carbon Leakage

Seit 2021 gilt ein Sektor als Carbon-Leakage-gefährdet, wenn das Produkt aus THG-Intensität und Handelsintensität mit Drittstaaten größer oder gleich 0,2 ist. Die sektorale THG-Intensität entspricht dem Quotienten aus der Masse des emittierten CO_2 (in kg) und der Bruttowertschöpfung (in Euro):

Neudefinition von Carboin Leakage im Jahr 2021[93]

Ein Carbon-Leakage-Risiko liegt vor, wenn folgende Voraussetzung erfüllt ist:
Handelsintensität mit Drittstaaten × THG-Intensität* der Produktion ≥ 0,2

* gemessen als Masse an CO_2e (in kg) dividiert durch die Bruttowertschöpfung (in Euro)

Durch die Reform (die Verschärfung) der Bestimmung sinkt die Anzahl der Carbon-Leakage-Sektoren seit 2021 erheblich, da die große Menge an Sektoren, die bis dahin nur aufgrund einer hohen Handelsintensität mit Drittstaaten in der Liste aufgeführt waren, nicht mehr als Carbon-Leakage-gefährdet eingestuft werden.

Ab dem Jahr 2026 wird zur Bekämpfung von Carbon Leakage das bestehende System der übergangsweisen Gratiszuteilung grundsätzlich beibehalten, wobei in Ergänzung dazu für einige Sektoren, etwa im Bereich der Eisen- und Stahlindustrie oder der Zementindustrie ein CO_2-Grenzausgleichssystem eingeführt wird (Carbon Border Adjustment Mechanism [CBAM]). Diesem System ist im weiteren Verlauf des Buches an späterer Stelle ein Kapitel gewidmet). Für diese Sektoren wird die gratis Zuteilung beginnend ab 2026 reduziert und mit 2034 auf Null gesetzt.

Weitere Ausweitung des EU-ETS-Systems

Bis 2020 war das EU-ETS System seit mehr als 15 Jahren in Kraft und es hatte einige Bewährungsproben bereits erfolgreich bestanden. Der Handel umfasste aber nach wie vor nur etwa die Hälfte der europäischen CO_2-Emissionen, die andere Hälfte der Emis-

92 Europäische Union, Richtlinie 2012/27/EU des Europäischen Parlaments und des Rates vom 25. Oktober 2012 zur Energieeffizienz, zur Änderung der Richtlinien 2009/125/EG und 2010/30/EU und zur Aufhebung der Richtlinien 2004/8/EG und 2006/32/EG. Amtsblatt der Europäischen Union, L 315, 1–56 (2012).

93 *Reichert*, G., Klimaschutz durch das EU-ETS: Stand und Perspektiven nach der Reform (cepInput 03/2018). Centrum für Europäische Politik (2018) unter: https://www.cep.eu/de/eu-themen/details/klimaschutz-durch-das-eu-ets.html (abgerufen am 8.4.2025).

sionen waren nach wie vor frei. Daher führten einige europäische Mitgliedstaaten zusätzlich zum EU-ETS-System eigene CO_2-Bepreisungssysteme ein, welche Emissionen aus anderen Sektoren betreffen sollten. Die Bepreisungssysteme, oftmals als Steuer umgesetzt, waren von Land zu Land unterschiedlich: Einige Mitgliedstaaten führten, je nach politischer Mehrheit, eine solche Bepreisung ein, andere wieder nicht.

Parallel dazu gab es Bestrebungen, weitere Sektoren in das bestehende und funktionierende EU-ETS-System zu integrieren. Nach wie vor waren Emissionen aus den Bereichen Gebäude, Gewerbebetriebe, Dienstleistungsunternehmen, kleinere Industriebetriebe und die Mobilität von der Emissionshandelsrichtlinie nicht betroffen. Auch der internationale Flugverkehr und die Schifffahrt waren bislang noch nicht eingebunden. Genau diese „ungeregelten" Bereiche waren es aber, in welchen die CO_2-Emissionen nicht ausreichend gesenkt werden konnten und welche dadurch die mühsam erzielten Einsparungen der EU-ETS Bereiche konterkarierten.

Daher war die Zielrichtung klar: Das EU-ETS System soll weiterhin sukzessive auf die noch nicht betroffenen Bereiche ausgeweitet werden. Dies war auch deshalb der Fall, da ein dezentraler Wildwuchs von unterschiedlichen nationalen CO_2-Bepreisung-Systemen weniger effizient schien als ein EU-weit funktionierendes Emissionshandelssystem.

Daher wurde seit dem Jahr 2024 der Anwendungsbereich für stationäre Anlagen ausgeweitet, wobei Anpassungen bei folgenden Tätigkeiten vorgenommen wurden: Raffination von Erdöl, Herstellung von Eisen und Stahl, Herstellung von Aluminium, Trocknen oder Brennen von Gips und einige andere Tätigkeiten mehr.

Schifffahrt

Die CO_2-Emissionen aus dem Seeverkehr machen rund 3 bis 4 % der Emissionen der EU aus. Diese Emissionen werden erstmals in das EU-ETS System einbezogen, wobei die Verpflichtung von Schifffahrtsunternehmen nur schrittweise eingeführt wird: seit 2024 sind 40 % der geprüften Emissionen des Seeverkehrs betroffen, in 2025 werden 70 % und ab 2026 sämtliche Emissionen erfasst. Konkret erfasst werden von Anfang an Schiffe mit einer Bruttoraumzahl höher als 5000. Andere Schiffe werden, wie oben beschrieben, schrittweise dazukommen. Es werden nicht nur die Emissionen der Schifffahrt innerhalb der EU, sondern auch 50 % der Emissionen des gesamten Reisewegs von außerhalb der EU bis in die EU erfasst.

Luftfahrt

Die kostenlosen Emissionszertifikate für den Luftfahrtsektor werden schrittweise abgeschafft. Im Jahr 2024 reduzierte sich die Anzahl der kostenlos zugeteilten Emissionszertifikate um 25 %, im Jahr 2025 um 50 % und ab 2026 werden die entsprechenden Emissionszertifikate vollständig versteigert. Das EU-ETS-System gilt seit der Phase 4 (nach einer Übergangszeit in der Phase 3) für sämtliche innereuropäischen Flüge einschließlich Flüge in das Vereinigte Königreich und die Schweiz.

Ein paralleles System wird geschaffen (ETS 2)

Auch Gebäude, der Straßenverkehr und weitere Sektoren sollen künftig sukzessive vom EU-ETS-System erfasst werden. Da das bestehende System aufgrund des hohen bürokratischen Aufwands für kleinere Verbraucher nicht geeignet ist, soll künftig ein neues System (ETS 2) geschaffen werden, um eben diese kleineren Verbraucher auch reglementieren zu können. Für dieses neue Handelssystem sollen alle Zertifikate über Versteigerungen ausgegeben werden. Ab dem Jahr 2030 sollen die Systeme EU-ETS und ETS 2 zusammengeführt werden und ab dann in einem gemeinsamen System abgebildet werden. Die Spielregeln dieses neuen Systems (EU-ETS 2) sind nachfolgend in einem eigenen Kapitel beschreiben.

Geopolitische Entwicklungen in der Phase 4

Wie in den ersten 3 Phasen des EU-ETS fanden auch in der Phase 4 geopolitische Entwicklungen statt, welche in dieser Form nicht vorhergesehen werden konnten und Einfluss auf den Markt hatten. Dabei gab es Entwicklungen, welche preiserhöhend wirkten und andere, welche die Nachfrage und daher auch den Preis reduzierten.

Paris Agreement tritt in Kraft

Mit dem Beginn der vierten Handelsperiode trat am 1.1.2020 das Paris Agreement in Kraft. Dies bedeutete Rückenwind für das Emissionshandelssystem in Europa, da durch das Paris Agreement viele andere Staaten der Welt Anstrengungen unternehmen mussten, um die eigenen CO_2-Emissionen zu reduzieren. Der Emissionshandel war dadurch wieder ein weltweites Thema geworden und erlangte eine Wichtigkeit, welche über die Kyoto-Periode, die im Jahr 2013 ausgelaufen war, deutlich hinausging. Die Tatsache, dass CO_2 weltweit wichtiger wurde, kann als preiserhöhend angesehen werden.

Corona

Ausgehend von China breitete sich zu Beginn des Jahres 2020 eine weltweite Pandemie aus, welche als Coronakrankheit bezeichnet wurde. Diese Krankheit bedeutete für viele Menschen den Tod und nachdem zu Beginn eine wirksame Schutzimpfung nicht verfügbar war, reagierten viele Länder der Welt mit einem Lockdown, also mit Ausgangsbeschränkungen, um Ansteckungen zu vermeiden. Solch drastische Maßnahmen konnte man sich vor Beginn der Pandemie kaum vorstellen. Jedenfalls führte der Lockdown zu einer deutlich verminderten Mobilität von Menschen und Gütern, der Flugverkehr war eingeschränkt, der Tourismus kam zum Erliegen und viele Schulen und Geschäfte hatten geschlossen. Die Welt hatte auf „Notbetrieb" geschaltet. Dieser Notbetrieb führte auch zu einer geringeren Wirtschaftsleistung und zu einer geringeren Menge an CO_2-Emissionen, was sich preissenkend auswirkten.

Krieg in der Ukraine

Im Februar 2022 begann Russland einen Angriffskrieg auf den souveränen Staat Ukraine, welcher bis zur Veröffentlichung dieses Buches andauert. Dieser Angriffskrieg führte zu Sanktionen von vielen Ländern der Welt gegen Russland und löste eine große Flüchtlingsbewegung in die EU aus. Zu Beginn des Krieges stiegen auch die Energiepreise sehr stark an, die Verfügbarkeit von russischem Gas wurde in Frage gestellt und eine hohe Inflation in vielen Ländern Europas war die Folge. Es folgte eine Stagnation der europäischen Wirtschaft, welche als preissenkend für die CO_2-Preise angesehen werden kann.

Weitere Sichtbarkeit des Klimawandels

Zuletzt zeigen sich immer öfter und immer deutlicher die Auswirkungen des vom Menschen verursachten Klimawandels. Weltweit werden ständig neue Temperaturrekorde aufgestellt, in vielen Ländern der Welt kommt es häufiger als zuvor zu verheerenden Waldbränden, Wetterextreme wie Flut und Dürre sind an der Tagesordnung und besonders im urbanen Raum fordert die Hitze inzwischen viele Todesfälle. Dies alles trägt dazu bei, dass inzwischen viele Menschen in Bezug auf den menschengemachten Klimawandel sensibel sind. Die Bereitschaft, in Klimaschutz-Maßnahmen zu investieren, ist größer geworden und diese generelle Grundstimmung kann als preiserhöhend angesehen werden.

Preis in der vierten Handelsperiode

Abb 17: Preise von EUAs in der vierten Handelsperiode[94]

Fazit in der vierten Handelsperiode/Fazit zum 20-jährigen Jubiläum

Die vierte Handelsperiode läuft zum Zeitpunkt der Veröffentlichung dieses Buches gerade, daher ist es für ein Fazit für diese Handelsperiode zu früh. Trotzdem soll an dieser Stelle ein Rückblick erfolgen, denn mit Beginn 2025 hat der europäische Emissionshandel sein 20-jähriges Bestehen gefeiert.

Aus heutiger Sicht ist die Tatsache, dass die EU-Emissionshandels-Richtlinie bereits im Jahr 2003 beschlossen wurde, durchaus als historisch zu bezeichnen, da zu diesem Zeit-

94 boerse.de (n.d.), CO2 Emissionsrechtepreis EUR Chart, unter: https://www.boerse.de/chart-tool/Co2-Emissionsrechtepreis/XC000A0C4KJ2 (abgerufen am 6.4.2025).

punkt nicht klar war, ob das Kyoto-Protokoll überhaupt in Kraft treten wird. Es handelte sich daher zunächst um einen mutigen europäischen Alleingang, welcher sich zumindest aus zwei Gründen erklären lässt: Zum einen war sich Europa seiner historischen Verantwortung am Klimawandel bewusst, schließlich trägt Europa die Hauptlast der Emissionen bis zum Beginn dieses Jahrtausends. Zum anderen ist für die Europäische Union ein Ausstieg aus den fossilen Energieträgern ohne Alternative, da einfach keine ausreichenden fossilen Ressourcen zur Verfügung stehen. Daher war der beschlossene Emissionshandel ein tauglicher Versuch, den laufenden Devisenabfluss in den Nahen Osten (hauptsächlich für Öl) oder nach Russland (hauptsächlich für Gas) zu verringern und dabei gleichzeitig ein klares Bekenntnis für erneuerbare heimische Energieträger abzugeben.

Die Funktionsweise des Systems wurde seit dem Beginn nicht verändert: Die Politik setzt für die betroffenen Betriebe eine Obergrenze von CO_2-Emissionen fest. Diese Obergrenze leitet sich im Wesentlichen von den Verpflichtungen ab, welche die EU selbst im Rahmen ihrer internationalen Vorgaben einzuhalten hat. Diese Obergrenze darf dann in Summe von den betroffenen Industrieunternehmen nicht überschritten werden, innerhalb dieser Grenze ist jedoch eine größtmögliche Flexibilität gegeben, um die CO_2-Emissionen zuerst dort zu reduzieren, wo die Vermeidungskosten am geringsten sind.

Es ist aber wichtig zu erwähnen, dass der Handel mit Emissionsberechtigungen selbst noch keine Reduktionen auslöst. Dies wird erst durch eine Investition in emissionssenkende Projekte ermöglicht. Daher braucht es zusätzlich zum Emissionshandel einen Markt für Einsparungsprojekte. Das eine System (Emissionshandel) soll garantieren, dass die Gelder dort verwendet werden, wo die meiste Wirkung erzielt wird und das andere (Einsparungsprojekte) soll gewährleisten, dass laufend tatsächliche Reduktionen stattfinden.

Kritischer Rückblick auf 20 Jahre Emissionshandel

„Too little, too late“: so könnten die 20 Jahre Emissionshandel kritisch beurteilt werden. „Too little“, weil der große Wurf an Einsparungsvorgaben ausgeblieben ist. Immer wieder wurde scharfe Ziele formuliert, aus denen dann abgeschwächte Verbindlichkeiten resultierten. „Too little“, weil die ursprünglich geplanten Vorgaben immer wieder von mächtigen Lobbyisten verwässert werden konnten, jahrelang wurden zu viele Berechtigungen ausgegeben und der Preis für CO_2 war zu gering. „Too little“, weil es in Europa noch immer möglich ist, auf Basis von fossilen Energiequellen Stahl zu produzieren, Papier herzustellen oder Energie umzuwandeln. Aus Sicht vieler Klimaschützer sollte Europa bei der Dekarbonisierung bereits weiter fortgeschritten sein. Die Tatsache, dass der europäische Wohlstand immer noch auf fossiler Energie beruht, zeigt, dass der große Wurf ausgeblieben ist.

Positiver Rückblick auf 20 Jahre Emissionshandel

Seit Jahren gehört die EU-Emissionshandelsrichtlinie zu einem der wesentlichen Eckpfeiler der Europäischen Klimaschutzpolitik und des Green Deals. Über die Laufzeit von 20 Jahren wurde die Richtlinie mehrmals verschärft und stellt nach wie vor den weltweit größten CO_2-Markt dar. Europa ist es nicht vorzuwerfen, dass die anderen Länder der Welt noch zögerlicher bei der Umsetzung ihrer Klimaschutzziele sind. Es ist davon auszugehen, dass die Menge der Gesamtemissionen des europäischen Marktes bereits wesentlich geringer wäre, wenn andere Länder der Welt ähnliche Systeme geschaffen hätten. Daher musste es den Architekten des Europäischen Emissionshandelssystems immer wieder gelingen, den Spagat zwischen notwendiger CO_2-Reduktion und Rücksichtnahme auf die europäische Industrie zu schaffen. Positiv ist auch anzumerken, dass bereits im Jahr 2003 mit dem Emissionshandel begonnen wurde, dass der Markt auch nach dem Auslaufen des Kyoto Protokolls weiter Bestand hatte und dass der Markt das klare Ziel verfolgt, Europa bis 2050 „net zero" zu machen.

Zusammenfassend kann festgestellt werden, dass Europa die Rolle eines Pioniers bei der Installation eines CO_2-Marktes eingenommen hat. Leider sind andere Länder nicht mitgezogen, sonst wäre viel mehr CO_2-Reduktion und dadurch viel mehr Klimaschutz möglich gewesen. In diesem Sinne wünschen die Autoren dieses Buches der Emissionshandelsrichtlinie alles Gute zum 20er. Die Glückwünsche haben aber den Vorbehalt, dass die Redewendung „ad multos annos" diesmal keine Bedeutung haben soll. Denn in 20 Jahren von heute sollten CO_2-Emissionen in Europa bereits der Vergangenheit angehören und wir wünschen daher, dass sich die Emissionshandelsrichtlinie aufgrund des großen Erfolgs dann schon selbst abgeschafft hat.

3.1.7. Das neue EU-ETS 2 – Bepreisung von Emissionen in Gebäuden und im Straßenverkehr

Im Jahr 2024 startet das zusätzliche EU-ETS 2 mit Verpflichtungen für Unternehmen, welche bisher nicht betroffen waren und deckt Emissionen aus Gebäuden, dem Straßenverkehr und weiteren Sektoren wie der Brennstoffnutzung in kleinen Industrieanlagen ab.[95] Das EU-ETS 2 verpflichtet Brennstofflieferanten wie etwa Energieversorgungsunternehmen, Brennstoffhändler oder Stadtwerke, zur Überwachung und jährlichen Meldung der Emissionen der in Verkehr gebrachten Brennstoffe. Ab 2027 müssen die verantwortlichen Unternehmen Emissionszertifikate in Höhe der Emissionen in den von ihnen verkauften Brennstoffen erwerben und abgeben. Das Ziel des EU-ETS 2 ist es, die Emissionen in den betroffenen Sektoren bis 2030 um 42 % im Vergleich zu 2005 zu reduzieren.

Der EU-ETS 2 wird parallel zum EU-ETS 1 und in manchen EU-Ländern zumindest bis Ende 2026 auch parallel zu bestehenden nationalen Emissionshandels- oder -bepreisungssystemen (zB dem nationalen Emissionshandelssystem nach dem Brennstoffemissionshandelsgesetz [BEHG] in Deutschland) eingeführt. Das neue EU-ETS 2 umfasst Emissionen, die bislang vom Geltungsbereich des EU-ETS 1 ausgeschlossen waren, wie die Sektoren Gebäude und Straßenverkehr. Generell hat das EU-ETS 2 einen geringeren Anwendungsbereich als manche bestehende nationale Emissionshandelssysteme. Jedoch haben unter anderem Österreich, die Niederlande und Schweden von der Möglichkeit Gebrauch gemacht, weitere Sektoren in das EU-ETS 2 zu integrieren, um eine Deckungsgleichheit zwischen derzeitig existierenden nationalen Emissionshandelssystemen und dem neuen EU-ETS 2 herzustellen. Eine Billigung dieser Ausweitung muss durch die Europäische Kommission erteilt werden.

95 EU-Kommission, ETS2: buildings, road transport and additional sectors, unter: https://climate.ec.europa.eu/eu-action/eu-emissions-trading-system-eu-ets/ets2-buildings-road-transport-and-additional-sectors_en (abgerufen am 27.3.2025).

Das EU-ETS 2 basiert ebenfalls auf einem Cap-and-Trade-System, bei dem eine jährlich sinkende Obergrenze für die Gesamtemissionen innerhalb der EU festgelegt wird. Eine entsprechende Anzahl von Berechtigungen wird an die verantwortlichen Unternehmen versteigert. Pro Tonne CO_2-Emission, welche durch die Verbrennung der in Verkehr gebrachten Brennstoffe anfällt, muss eine Berechtigung abgegeben werden. Der EU-ETS 2 zielt darauf ab, die Emissionen der abgedeckten Sektoren bis 2030 um 42 % im Vergleich zu 2005 zu reduzieren. Im Gegensatz zum EU-ETS 1, das die Emissionen am Entstehungsort reguliert, liegt die Verpflichtung im EU-ETS 2-Upstream, also beim Inverkehrbringer von Brennstoffen und nicht am Ort des Verbrauchs der Brennstoffe. Dies deckt sich etwa mit dem in Deutschland existierenden nationalen Emissionshandel nach BEHG. Schätzungen der EU-Kommission zufolge werden EU-weit bis zu 11.400 Brennstofflieferanten, -verteiler und -händler durch das neue EU-ETS 2 reguliert. Durch dessen Einführung werden nationale und EU-Verantwortlichkeiten, Emissionsminderungsziele und die Emissionsbepreisung innerhalb der EU harmonisiert.

Zur Bestimmung der Emissionen im Rahmen des EU-ETS 2 muss auf Unternehmensebene ein umfassendes System zur Überwachung, Berichterstattung und Prüfung eingeführt werden. Um eine Doppelzählung zu vermeiden, sollten Emissionen aus der Brennstoffverbrennung, die bereits im EU-ETS 1 erfasst wurden, nicht im EU-ETS 2 gezählt werden. Dies erfordert, dass Brennstofflieferanten und deren Kunden in solchen Fällen Nachweise erbringen müssen. In Deutschland wird der nationale Emissionshandel nach BEHG erst ab 2027 vollständig in das EU-ETS 2 integriert. Dadurch besteht für die Jahre 2024 bis 2026 eine doppelte Berichterstattung der Emissionen in beiden Systemen.

Erste Compliance-Fristen im Jahr 2024

Der Zeitrahmen der Einführung des EU-ETS 2 ist ambitioniert, wie Abbildung 18 zeigt.

Abb 18: Zeitplan der Einführung des EU-ETS 2 [Quelle: carboneer]

Um die Emissionen gemäß den Regeln des EU-ETS 2 zu überwachen, sollte bis zum 31. August 2024 ein Antrag zur Emissionsgenehmigung und ein Überwachungsplan bei der zuständigen nationalen Behörde eingereicht werden. In Deutschland wird laut dem Treibhausgas-Emissionshandelsgesetzes (TEHG) des Bundesministeriums für Wirtschaft und Klimaschutz vom 5. März 2025, die zuständige Behörde (Deutsche Emissionshandelsstelle) eine dreimonatige Frist zur Einreichung festsetzen und diese im Bundesanzeiger bekanntmachen.[96] Bis zum Ablauf dieser Frist gilt der nach BEHG im nationalen Emissionshandelssystem bestehende Überwachungsplan als Emissionsgenehmigung und Überwachungsplan auch für das EU-ETS 2. Die Emissionen für das Jahr 2024 müssen zum 30. April 2025 an die Behörde berichtet werden.

Der Erwerb und die Abgabe von Berechtigungen im Rahmen des EU-ETS 2 ist erst ab 2027 erforderlich. Ab 2027 werden Berechtigungen im Rahmen des EU-ETS 2 versteigert. Eine Zuteilung kostenloser Zertifikate, wie sie zu Beginn des EU-ETS 1 und derzeit noch für einige Zweige der EU-Industrie angewendet wird, existiert nicht. Um das Angebot an Zertifikaten zu regulieren und anfänglich auch Preisstabilität zu gewährleisten, werden eine MSR sowie verschiedene Preisstabilitätsmechanismen eingeführt. Die Zertifikatsobergrenze (Cap) im Jahr 2027 wird durch eine jährliche Reduktion von 5,1 % gegenüber dem Emissionsniveau von 2024 bestimmt. Ab 2025 wird dieser lineare Reduktionsfaktor auf 5,38 % erhöht. Dies bedeutet, dass das Gesamtangebot an Zertifikaten im Jahr 2027 etwa 1,25 Milliarden betragen und bis 2030 auf unter 800 Millionen sinken wird. Abbildung 19 zeigt ein Szenario für die versteigerten Zertifikatsmengen im Einklang mit den langfristigen sektoralen Klimazielen der EU.

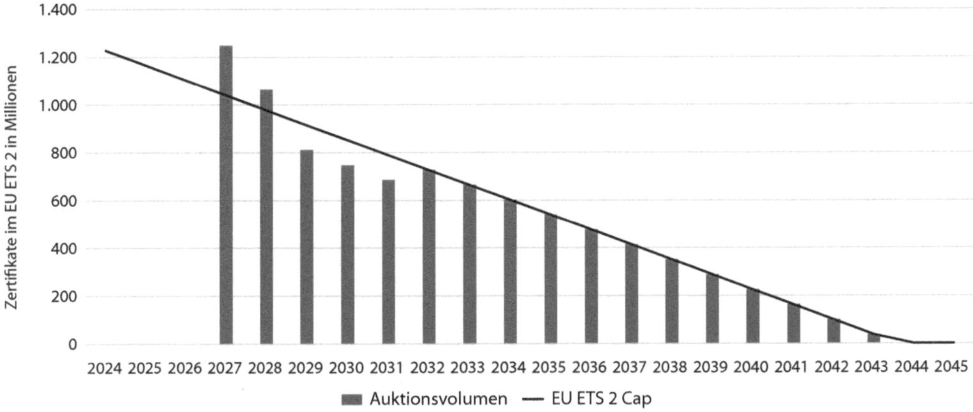

Abb 19: Szenario für das Angebot an ausgegeben Zertifikaten im EU-ETS 2 [Quelle: carboneer]

Herausforderungen und Komplexität des EU-ETS 2

Der EU-ETS 2 stellt Unternehmen vor Herausforderungen, da sie umfassende Emissionsüberwachungspläne entwickeln müssen, die ihre Aktivitäten, Brennstoffarten und Emissionsberechnungsmethoden detailliert darstellen. Insbesondere die Berechnung der Emissionen ist komplex. Zunächst muss ein Scope-Faktor festgelegt werden, um den Anteil der Brennstoffverkäufe eines Unternehmens zu bestimmen, der unter die regulierten Tätigkeiten wie Brennstoffemissionen aus Gebäuden oder dem Straßenverkehr fällt. Der Scope-Faktor oder Anteilsfaktor reicht von 0 (kein Brennstoff wird an betroffene Sektoren verkauft) bis 1 (alle verkauften Brennstoffe fallen in den Anwendungs-

96 Deutsche Emissionshandelsstelle, Novelliertes TEHG tritt in Kraft, unter: https://www.dehst.de/SharedDocs/Newsletter/DE/2025/10-03-25-tehg.html?view=renderNewsletterHtml (abgerufen am 27.3.2025).

bereich). Dies stellt sicher, dass nur relevante Emissionen berücksichtigt werden. Mithilfe des korrekten Emissionsfaktors für verschiedene Brennstoffe sowie der Brennstoffmenge werden dann die gesamten CO_2-Emissionen pro Brennstoff berechnet.

Um die Datenqualität sicherzustellen, folgt die Überwachung der Emissionen einem System mit unterschiedlichen Ebenen (wie im EU-ETS 1), welches die Datengenauigkeit von Ebene 1 (am wenigsten genau) bis Ebene 4 (am genauesten) kategorisiert. Höhere Ebenen müssen von Unternehmen mit größeren Brennstoffströmen und damit höheren Emissionen verwendet werden und erfordern präzisere Datenerhebung. Emissionen aus Biomassebrennstoffen können mit Null bewertet werden, wenn die Biomasse die Kriterien der Erneuerbare-Energien-Richtlinie erfüllt.

Für Emissionsberichte ab dem Berichtsjahr 2025 ist eine Prüfung durch unabhängige akkreditierte Stellen verpflichtend. Die Einführung der Bepreisung im Rahmen des EU-ETS 2 kann zu erheblichen Kostensteigerungen führen, was sowohl Betriebskosten als auch Verbraucherpreise beeinflussen wird. Abbildung 20 zeigt Preisprognosen für die Zertifikate im EU-ETS 2. Da die Preise durch Angebot und Nachfrage bestimmt werden, können die Preise für die Berechtigungen ab 2027 erheblich schwanken. Die Prognosen reichen von 50 Euro bis 340 Euro pro Tonne CO_2 bis 2030.[97] Unternehmen sollten Kostenrisiken durch Beschaffungsstrategien für EU-ETS 2-Berechtigungen steuern.

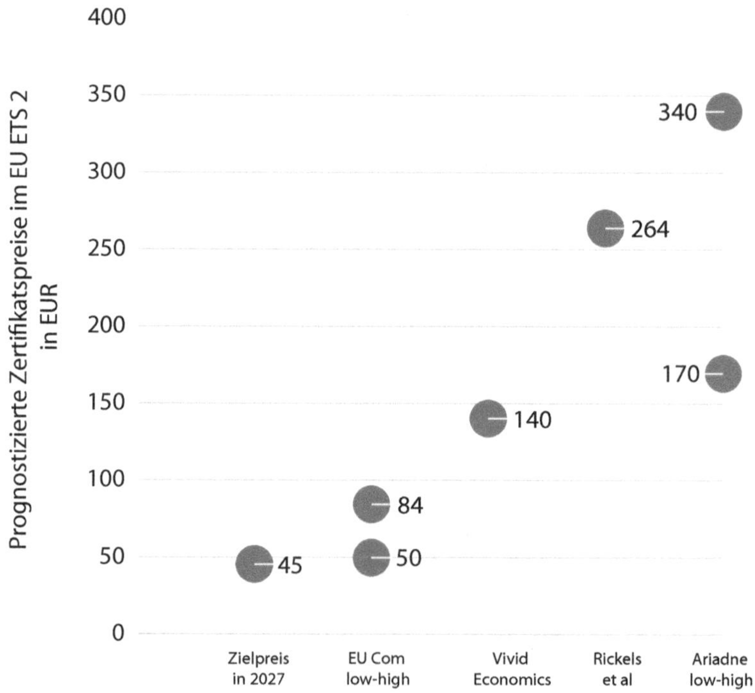

Abb 20: Prognostizierte Zertifikatspreise im EU-ETS 2 im Jahr 2030 [Quelle: carboneer[98]]

97 *Graichen/Ludig*, Supply and Demand in the ETS 2, Umweltbundesamt (2024).
98 *Graichen/Ludig*, Supply and Demand in the ETS 2, Umweltbundesamt (2024).

Der Klima-Sozialfond spielt eine entscheidende Rolle bei der Abmilderung der finanziellen Auswirkungen auf gefährdete Verbraucher in der EU. Ziel ist es, gefährdete Haushalte und Kleinstunternehmen zu unterstützen, die vom Übergang zu einer CO_2-armen Wirtschaft finanziell betroffen sind. Der Klima-Sozialfond wird aus Einnahmen der Versteigerung von Zertifikaten finanziert und bietet finanzielle Unterstützung für Maßnahmen, die Emissionen und Energiekosten senken. Im Zeitraum zwischen 2026–2032 sind dabei Mittel in Höhe von 86,7 Milliarden Euro vorgesehen. Ein Beispiel für die Verwendung der Mittel sind Zuschüsse zur Verbesserung der Energieeffizienz von Wohngebäuden, wie zB Isolierung und Installation effizienterer Heizsysteme. Dieser doppelte Fokus auf Haushalte und Unternehmen soll die soziale Gerechtigkeit und wirtschaftliche Widerstandsfähigkeit fördern und trägt dazu bei, einige der finanziellen Belastungen und betrieblichen Herausforderungen des EU-ETS 2 abzufedern.

Angesichts der Komplexität des EU-ETS 2 und des ambitionierten Zeitplans ist eine frühzeitige Vorbereitung für Unternehmen entscheidend. Dazu gehört die Entwicklung umfassender Überwachungspläne, die alle relevanten Aktivitäten, Brennstoffarten und Methoden zur Emissionsberechnung abdecken. Diese Pläne müssen von den nationalen Behörden genehmigt werden, und die regelmäßige Prüfung der Emissionen ist Teil des Compliance-Zyklus. Unternehmen sollten ein fundiertes Verständnis der EU-ETS 2-Regelungen erlangen, Verantwortlichkeiten festlegen sowie ihre interne und externe Kommunikation darauf ausrichten. Zudem sind die finanziellen Auswirkungen, etwa durch steigende Zertifikatspreise, zu berücksichtigen. Eine präzise Kostenprognose, Risikomanagement sowie Strategien zur Kostensteuerung und Absicherung helfen, Unsicherheiten zu minimieren.

3.2. Der Carbon Border Adjustment Mechanism – CBAM

Eine der zentralen Maßnahmen zur Erreichung dieser europäischen Klimaziele ist das CO_2-Grenzausgleichssystem oder Carbon Border Adjustment Mechanism (CBAM), ein Instrument, das darauf abzielt, die Verlagerung von CO_2-intensiver Produktion in Länder mit weniger strengen Klimaschutzauflagen zu verhindern. CBAM dient als Schutzmechanismus für die europäische Industrie, indem es einen Kohlenstoffpreis auf Importe aus Ländern erhebt, die nicht ebenfalls dem EU-ETS unterliegen.

Der CBAM ist ein wesentlicher Bestandteil des europäischen Green Deal und soll sicherstellen, dass die Dekarbonisierung der EU nicht durch „Carbon Leakage" untergraben wird. Carbon Leakage beschreibt das Phänomen, bei dem Klimapolitik die Wettbewerbsfähigkeit inländischer Hersteller gegenüber umweltschädlicheren ausländischen Herstellern einschränkt, die von weniger strengen Vorschriften profitieren. Es besteht dann die Gefahr, dass die Industrie in Länder mit niedrigeren Umweltstandards abwandert. Die Emissionen würden exportiert statt gemindert, und die heimische Wirtschaft verbleibt geschwächt. CBAM soll dies verhindern und schafft gleichzeitig auch Anreize für globale Handelspartner, ihre eigenen Klimaschutzmaßnahmen zu verschärfen. Um das Risiko von „Carbon Leakage" zu mindern, wurde die Verordnung zur Schaffung eines CO_2-Grenzausgleichssystems (CBAM) entwickelt (Verordnung (EU) 2023/956). Diese trat am 17. Mai 2023 in Kraft und wurde am 1. Oktober 2023 wirksam.

In diesem Kapitel werden die grundlegenden Konzepte und Mechanismen von CBAM beschrieben. Es wird ein Überblick über die historische Entwicklung des Instruments gegeben und seine Wechselwirkungen mit dem EU-ETS erläutert. Darüber hinaus wird die Funktionsweise des CBAM, einschließlich der Berechnungsmethoden und der betroffenen Sektoren, umfassend behandelt. Abschließend werden die wirtschaftlichen und sozialen Auswirkungen sowie die Herausforderungen bei der Umsetzung des CBAM analysiert, gefolgt von einer Betrachtung internationaler Reaktionen und potenzieller zukünftiger Perspektiven.

3.2.1. Hintergrund und Grundlagen von CBAM

Definition und Konzept

Der CBAM ist ein Klimaschutzinstrument der EU, das am 1. Oktober 2023 mit einer Übergangsphase eingeführt wurde und ab 2026 vollständig wirksam wird. Hauptziel von CBAM ist es, die Wettbewerbsfähigkeit europäischer Unternehmen zu schützen, die durch den EU-ETS bereits einem strengen CO_2-Bepreisungssystem unterliegen. Der CBAM-Mechanismus funktioniert, indem Importeure bestimmter Waren in die EU verpflichtet werden, CBAM-Zertifikate zu erwerben, deren Umfang den importierten Tonnen CO_2 in den eingeführten Waren entspricht. Derzeit unterliegen bestimmte Waren der Industriesektoren Zement, Strom, Düngemittel, Eisen und Stahl, Aluminium und Chemikalien (hier nur Wasserstoff) dem CBAM. Die Preise der CBAM-Zertifikate werden an den Kohlenstoffpreis im Rahmen des EU-ETS gekoppelt. Damit soll sichergestellt werden, dass importierte Güter – und damit die Hersteller in Ländern, die nicht dem EU-ETS unterliegen – nicht von niedrigeren Umweltschutzstandards profitieren.

Zusammenhang zwischen CBAM und dem EU-ETS

Der CBAM ist eng verknüpft mit dem EU-ETS, dem zentralen Instrument der EU zur Reduzierung von Treibhausgasemissionen. Wie bereits in einem eigenen Kapitel zuvor beschrieben, schafft der EU-ETS einen Markt für Emissionsberechtigungen für energieintensive Industrien, die Stromerzeugung, den Luftverkehr und seit 2024 auch für die Schifffahrt. Während Anlagen der Stromerzeugung schon seit 2013 ihre benötigten Emissionsberechtigungen fast ausschließlich über Auktionen der Nationalstaaten oder den Sekundärmarkt beschaffen mussten, erhalten energieintensive Industrieanlagen (Eisen und Stahl, Aluminium, Zement etc) einen Großteil ihrer Emissionsberechtigungen auf Grundlage von Industrie-Benchmarks kostenlos zugeteilt. Diese kostenlose Zuteilung soll Carbon Leakage verhindern, wird jedoch ab 2026 bis 2034 schrittweise auslaufen. Dies bedeutet, dass Industrieunternehmen in der EU für einen immer höheren Anteil ihrer Treibhausgasemissionen auch Emissionsberechtigungen im EU-ETS erwerben müssen und ohne weitere Emissionsreduktionen auch höhere Kosten haben werden.

Um die internationale Wettbewerbsfähigkeit der europäischen Industrie durch den schrittweisen Wegfall der kostenlosen Zuteilung der Emissionsberechtigungen zu gewährleisten, wird im Gleichschritt über CBAM die Bepreisung von Emissionen in Importwaren eingeführt. Dies gilt nur bei Waren, bei denen eine hohe Wahrscheinlichkeit von Carbon Leakage gegeben ist.

Tabelle 5 zeigt den Rückgang des Anteils der freien Zuteilungen im EU-ETS (auch CBAM-Faktor), welcher den Anteil der bepreisten Emissionen beim Import von CBAM-Waren bestimmt.

	2026	2027	2028	2029	2030	2031	2032	2033	2034
CBAM-Faktor	97,5 %	95 %	90 %	77,5 %	51,5 %	39 %	26,5 %	14 %	0 %

Tab 5: Schrittweise Reduktion der freien Zuteilungen im EU-ETS und gleichzeitige Einführung der CBAM-Bepreisung für Importe ab 2026 (ab 2034 werden alle grauen Emissionen der importieren CBAM-Waren bepreist)

3.2.2. Funktionsweise des CBAM

Mechanismen und Anwendungsbereich

CBAM ist während der Übergangsperiode von Oktober 2023 bis Ende 2025 ausschließlich auf Berichtspflichten beschränkt. Importeure oder indirekte Zollvertreter (CBAM-Anmelder), die CBAM-Waren mit einem Warenwert von über 150 Euro in die EU einführen (Ende September 2025 angenommene Gesetzesänderung zum CBAM: Der jährliche Schwellenwert, der die CBAM-Pflicht auslöst, beträgt 50 Tonnen an Importen von CBAM-Waren),[99] sind verpflichtet, die bei der Herstellung von CBAM-Waren und deren Vorprodukten entstehenden Emissionen (graue Emissionen) zu berechnen und zu melden. Für die Zwecke der Identifizierung von Waren, die unter CBAM fallen, sind alle betroffenen Waren über die Zolltariffnummern definiert, die Codes der Kombinierten Nomenklatur (KN). Insgesamt fallen aus den Sektoren Aluminium, Chemikalien (nur Wasserstoff), Düngemittel, Zement, Eisen und Stahl und Elektrizität 567 Zolltarifnummern unter CBAM, die meisten davon für Waren aus den Sektoren Aluminium (56) und Eisen und Stahl (478).

Die von CBAM betroffenen Sektoren sind verantwortlich für etwa 50 % der Gesamtemissionen im EU-ETS. Bis Ende 2025 will die EU-Kommission weitere Waren entlang der Wertschöpfungskette von CBAM-Waren für eine mögliche Aufnahme in die Verordnung identifizieren. Ab Januar 2028 – und anschließend alle zwei Jahre – wird die Effektivität von CBAM bewertet.

Der Zeitraum der vollständigen Anwendung des CBAM, die Regelphase, beginnt 2026. Für die grauen Emissionen in CBAM-Waren, die ab dem 1. Januar 2026 in die EU eingeführt werden, müssen die CBAM-Anmelder Zertifikate erwerben. Der Preis der CBAM-Zertifikate ist an den Preis der Emissionsberechtigungen im EU-ETS gekoppelt. CO_2-Preise, die bereits in den Herstellungsländern der importieren CBAM-Waren fällig werden, reduzieren die Anzahl der abzugebenden CBAM-Zertifikate (Abbildung 21). Dieser Mechanismus gleicht den Kohlenstoffpreis für ausländische und inländische CBAM-Waren an, die auf dem EU-Markt verkauft werden.

99 EU-Kommission, Omnibus I, unter: https://commission.europa.eu/publications/omnibus-i_en (abgerufen am 27.3.2025).

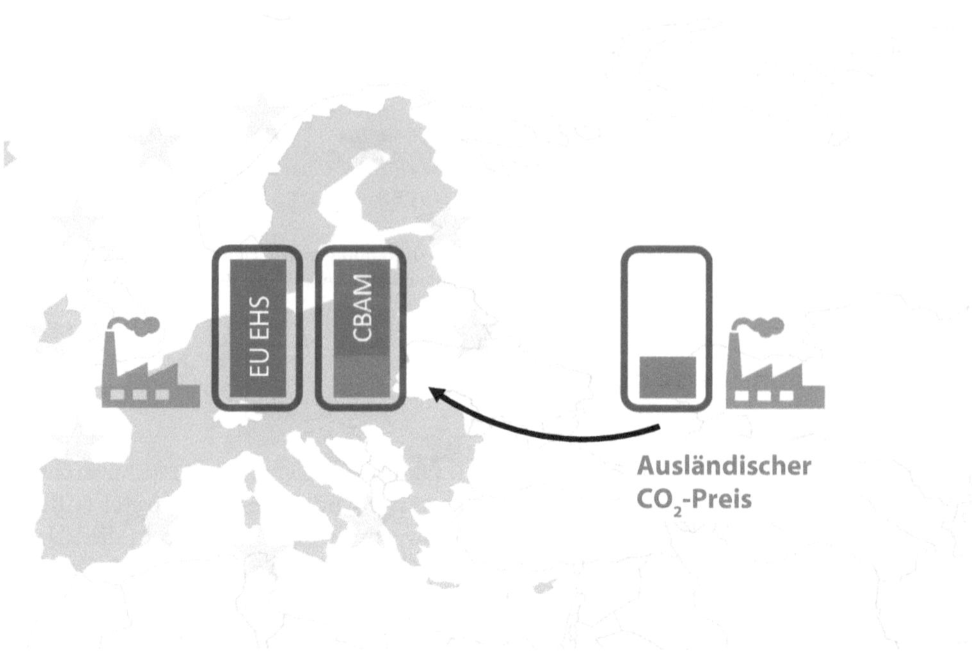

Abb 21: Anrechnung von CO_2-Bepreisung in Drittländern bei Import von CBAM-Waren [Quelle: carboneer]

Im Vergleich zum System der kostenlosen Zuteilung erhöht CBAM nicht nur die Einnahmen der EU aus dem EU-ETS durch Verauktionierung von Emissionsberechtigungen an die europäische Industrie, sondern schafft auch Anreize für ehrgeizige Kohlenstoffpreise und die Dekarbonisierung der Industrie im Ausland.

Unterschiede zwischen der Übergangsphase bis Ende 2025 und der Regelphase von CBAM ab 2026 bestehen in der Bepreisung der Emissionen in Importen ab 2026, den Methodiken der Erhebung und Berechnung und Berichterstattung sowie der Prüfung (Verifizierung) der importierten grauen Emissionen (Abbildung 22).

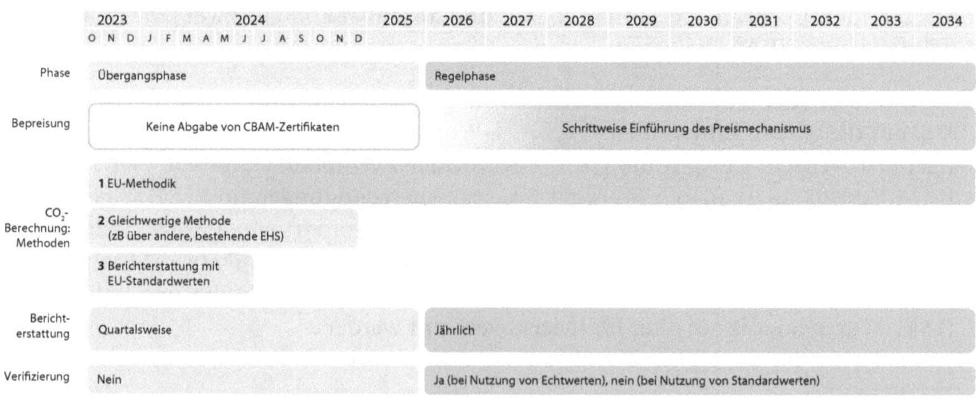

Abb 22: Zeitplan der CBAM-Implementierung, Stand September 2025 [Quelle: carboneer]

Berichtspflichten für CBAM-Anmelder betreffen die Importe von CBAM-Waren ab dem vierten Quartal 2023. Während der Übergangsphase muss ein CBAM-Bericht bis zum Ende des dem Berichtsquartal folgenden Monats im CBAM-Übergangsregister der EU-Kommission erfolgen. Ein CBAM-Bericht enthält Informationen zu den eingeführten Waren und den jeweils enthaltenen grauen Emissionen. Der erste CBAM-Bericht für das vierte Quartal (Q4) 2023 war am 31. Januar 2024 fällig, der letzte CBAM-Bericht der Übergangsphase (Q4 2025) muss bis zum 31. Januar 2026 eingereicht werden. In der Regelphase müssen CBAM-Anmelder jeweils nur eine jährliche CBAM-Erklärung bis zum 31. Mai (Ende September 2025 angenommene Gesetzesänderung zum CBAM: 30. September[100]) des Folgejahres im CBAM-Register einreichen. Für das Berichtsjahr 2026, muss die CBAM-Erklärung bis zum 30. September 2027 erfolgen.

Kommt ein CBAM-Anmelder seiner Verpflichtung, einen CBAM-Bericht einzureichen, nicht nach oder sind die Angaben falsch, so können die nationalen Behörden, welche CBAM in den EU-Mitgliedstaaten umsetzen, Sanktionen verhängen. Die Höhe der Sanktionen in der Übergangsphase liegt zwischen 10 und 50 Euro pro nicht berichteter Tonne Emissionen. In der Regelphase ab 2026 sind Strafzahlungen in gleicher Höhe wie im EU-ETS für jedes nicht eingereichte CBAM-Zertifikat fällig. Bei wiederholten Verstößen sind auch höhere Strafen möglich. Generell wird vor Verhängung einer Sanktion ein Berichtigungsverfahren von Seiten der nationalen Behörde eröffnet. Der CBAM-Anmelder hat somit die Möglichkeit, seinen CBAM-Bericht innerhalb einer von der Behörde gegebenen Frist nachzureichen oder anzupassen. Falls dies nicht geschieht, können Sanktionen verhängt werden (Abbildung 23).

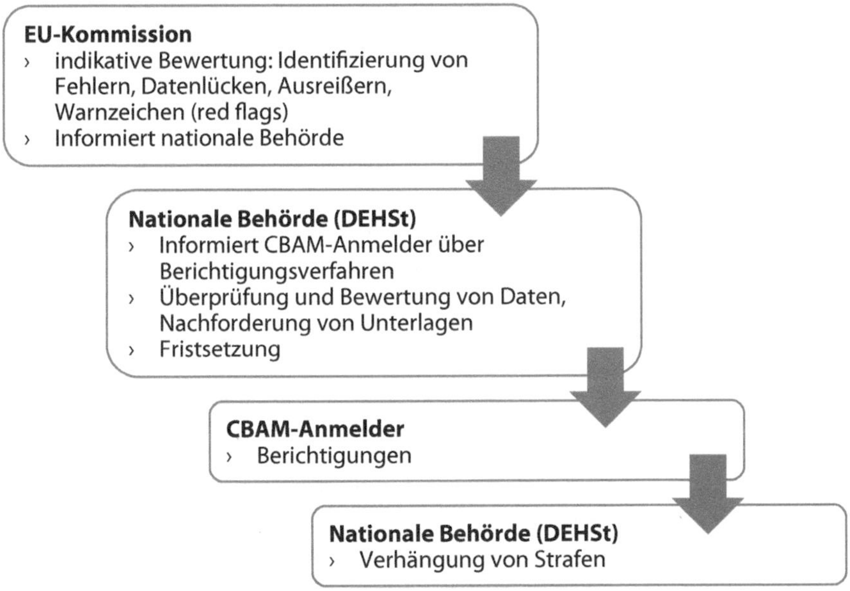

Abb 23: Vorgehen bei Nichtabgabe oder falschen CBAM-Berichten [Quelle: carboneer]

100 EU-Kommission, Omnibus I, unter: https://commission.europa.eu/publications/omnibus-i_en (abgerufen am 27.3.2025).

Da die CBAM-Regulierung grundsätzlich nur Unternehmen mit Sitz in der EU mit Berichtspflichten belegt, sind die in der EU ansässigen CBAM-Anmelder bei der Erhebung und Berechnung von grauen Emissionen auf die Hersteller der CBAM-Waren in Drittländern angewiesen.

Emissionsberechnung für CBAM-Waren

Die Einführung von CBAM soll in erster Linie die gleichen wettbewerblichen Grundlagen für die Emissionsbepreisung von in der EU hergestellten Waren einerseits und von importierten CBAM-Waren anderseits herstellen. Entsprechend sollte die Methodik zur Erhebung und Berechnung der grauen Emissionen in importierten CBAM-Waren äquivalent sein zu den Regelungen im EU-ETS. Die Regelungen zur Emissionserhebung und -berechnung für CBAM-Waren sind detailliert niedergelegt in der Durchführungsverordnung (EU) 2023/1773 der Kommission.

Um allen Beteiligten (Hersteller von CBAM-Waren, Importeure, nationale Behörden, EU-Kommission) die Einführung von CBAM zu erleichtern, waren zu Beginn der Übergangsphase verschiedene Methodiken zur Emissionserhebung anwendbar (siehe Abbildung 22):

1. Emissionserhebung nach den detaillierten Regeln der Durchführungsverordnung (EU) 2023/1773 (EU-Methodik) (spätestens anzuwenden ab 2025) oder die Verwendung von durch die EU-Kommission vorgegebene landesspezifische Standardwerte mit einer pönalisierenden Erhöhung (Mark-up),
2. Emissionserhebung auf Basis einer gleichwertigen Methode, etwa über andere bestehende nationale Emissionsüberwachungssysteme in Drittländern (anwendbar bis Ende 2025),
3. Verwendung von globalen Standardwerten, veröffentlicht durch die EU-Kommission (anwendbar für Importe bis Ende Q2 2024).

CBAM-Anmelder müssen spätestens für Importe von CBAM-Waren in die EU seit dem 1. Juli 2024 echte Emissionswerte melden. Hersteller von CBAM-Waren müssen demnach die entsprechenden Emissionserhebungen und -berechnungen durchführen. Da in den meisten Drittländern keine ähnlichen Emissionsüberwachungs- und -handelssysteme bestehen, muss die Emissionserhebung für viele Hersteller von CBAM-Waren direkt der EU-Methodik entsprechen.

Die Emissionserhebung nach EU-Methodik soll jährlich erfolgen, damit saison- oder produktionsbedingte Schwankungen ausgeglichen werden. Die Berechnungsregeln für graue Emissionen weisen aufgrund der notwendigen Äquivalenz zum EU-ETS gegenüber anderen Regeln zur Treibhausgasbilanzierung (ISO 13064, GHG Protocol etc) deutliche Unterschiede auf und folgen den Scope-Kategorien 1, 2 und 3 nur bedingt (Abbildung 24). Die relevanten Treibhausgase sind CO_2, bei Düngemittel zusätzlich N_2O und bei Aluminium zusätzlich perfluorierte Kohlenwasserstoffe (PFC).

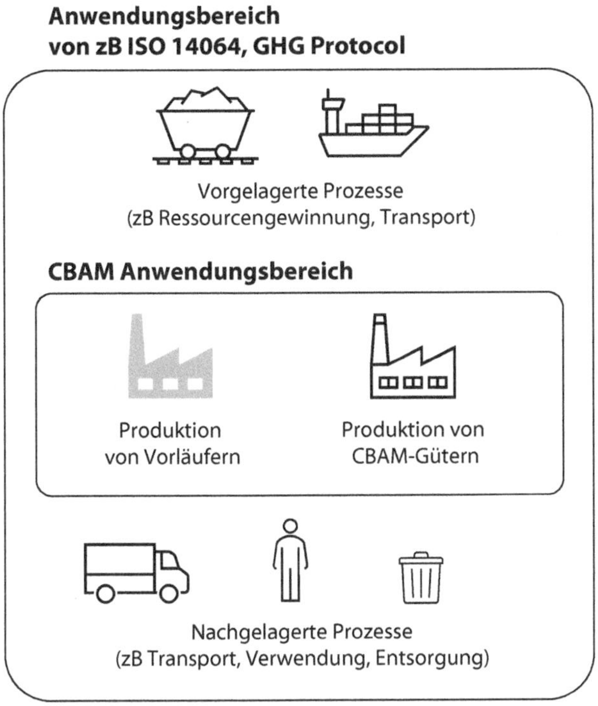

Abb 24: Systemgrenzen der Emissionserhebung bei CBAM im Vergleich zu anderen Methodiken der Treibhausgasbilanzierung [Quelle: carboneer]

Die Emissionsberechnung nach EU-Methodik findet auf Anlagenebene statt. Die grauen Emissionen von CBAM-Waren müssen jeweils spezifisch in Tonnen CO_2 je Tonne Ware ermittelt werden. Der Rahmen für die Emissionsermittlung schließt dabei nur die Emissionen aus dem Produktionsprozess der CBAM-Ware selbst und dem Produktionsprozess bestimmter Vorläuferstoffe ein. Vorläuferstoffe, deren graue Emissionen berücksichtigt werden müssen, sind selbst CBAM-Waren und anhand der Zolltarifnummern identifizierbar. Emissionen aus anderen vor- und nachgelagerten Prozessen, wie etwa dem Transport, der Nutzung oder der Entsorgung der CBAM-Ware, sind grundsätzlich ausgenommen.

Bei grauen Emissionen sind direkte und indirekte Emissionen zu unterscheiden. Direkte Emissionen sind Emissionen auf Anlagenebene und umfassen etwa Verbrennungs- und Prozessemissionen sowie auch die direkten Emissionen der Vorläuferstoffe. Indirekte Emissionen beinhalten die Emissionen, die mit dem Stromverbrauch innerhalb der Anlage verbunden sind. Dazu zählen auch die indirekten Emissionen von relevanten Vorläuferstoffen.

Die EU-Kommission hat eine Reihe von Handreichungen und Berechnungstools zur Unterstützung von Importeuren und Herstellern von CBAM-Waren erarbeitet und diese auf der offiziellen EU-Website zum CBAM zur Verfügung gestellt.[101]

101 EU-Kommission, Carbon Border Adjustment Mechanism, unter: https://taxation-customs.ec.europa.eu/carbon-border-adjustment-mechanism_en (abgerufen am 27.3.2025).

Die Bepreisung von CBAM-Waren beim Import

Erstmals für Importe ab 2026 werden die grauen Emissionen in den CBAM-Waren bepreist. Dabei müssen CBAM-Anmelder bis zum Abgabetermin der CBAM-Erklärung ebenfalls CBAM-Zertifikate (ein CBAM-Zertifikat entspricht einer Tonne CO_2) in Höhe der grauen Emissionen in den eingeführten CBAM-Waren abgeben. CBAM-Zertifikate sollen ab 2026 von CBAM-Anmelder über eine noch zu errichtende zentrale Plattform beschafft werden können (Ende September 2025 angenommene Gesetzesänderung zum CBAM: Kauf von CBAM-Zertifikaten erst ab Februar 2027. Die Bepreisung der importierten Emissionen aus dem Jahr 2026 verschiebt somit auf 2027, ist jedoch nicht aufgehoben).[102] CBAM-Zertifikatspreise werden wöchentlich festgelegt als der Durchschnitt der Schlusspreise der Emissionsberechtigungen der Primärmarktauktion im EU-ETS und folgen somit den Preisen im EU-ETS (Ende September 2025 angenommene Gesetzesänderung zum CBAM: Für Importe des Jahres 2026 wird der Preis der CBAM-Zertifikate als quartalsweiser Durchschnitt der Preise im EU-ETS im Jahr 2026 berechnet).[103]

Die Höhe der bepreisten Emissionen wird ermittelt durch den Vergleich zwischen den grauen Emissionen und CBAM-Benchmarks abgezinst mit dem CBAM-Faktor (Tabelle 5). Von 2026 bis 2034 wird somit schrittweise ein immer höherer Anteil der grauen Emissionen bepreist.

Bepreiste Emissionen = Graue Emissionen in CBAM-Ware – CBAM-Benchmark × CBAM-Faktor

Zum Ende eines jeden Quartals muss das Konto eines CBAM-Anmelders mit CBAM-Zertifikaten in Höhe von 80 % der grauen Emissionen der im Quartal eingeführten CBAM-Waren ausgestattet sein (Vorschlag der EU-Kommission zur Änderung des CBAM vom Februar 2025: 50 %). Die Höhe der grauen Emissionen wird auf Grundlage der von der EU-Kommission bestimmten Standardwerte oder Echtwerte der Importe des Vorjahrs berechnet. Damit haben CBAM-Anmelder die Pflicht schon unterjährig CBAM-Zertifikate zu erwerben und zu halten. Überschüssige Zertifikate können zum Einkaufspreis zurückgegeben werden. Anträge zum Rückkauf von CBAM-Zertifikaten sind gemäß der Ende September 2025 angenommenen Gesetzesänderung zum CBAM bis zum 31.10. zu stellen, und CBAM-Zertifikate eines Jahrgangs (zB gekauft 2027) werden am 1.11. des übernächsten Jahres (zB 2029) ohne Kompensation entwertet.[104] Eine preisliche Absicherung über mehrere Jahre hinweg ist über CBAM-Zertifikate nur bedingt möglich, jedoch können Absicherungsgeschäfte über das EU-ETS erfolgen.

Stand September 2025 müssen für CBAM-Waren der Kategorien Eisen und Stahl, Aluminium und Wasserstoff ab 2026 nur die direkten Emissionen berichtet und dafür CBAM-Zertifikate eingereicht werden. Details zu den Regelungen zur Bepreisung von CBAM-Emissionen werden in bis Ende des Jahres 2025 erwartet. Abbildung 25 zeigt die

102 EU-Kommission, Omnibus I, unter: https://commission.europa.eu/publications/omnibus-i_en (abgerufen am 27.3.2025).

103 EU-Kommission, Omnibus I, unter: https://commission.europa.eu/publications/omnibus-i_en (abgerufen am 27.3.2025).

104 EU-Kommission, Omnibus I, unter: https://commission.europa.eu/publications/omnibus-i_en (abgerufen am 27.3.2025).

potenzielle Kostendynamik für den Erwerb von CBAM-Zertifikaten bei konservativer Annahme zu CBAM-Benchmarks für Importe von 1.500 Tonnen Schrauben pro Jahr mit der KN-Nummer 7813 1100. Auf Basis derzeitiger Emissionsstandardwerte entspricht dies etwa 2.700 Tonnen CO_2 an importierten direkten Emissionen. Unsicherheiten für eine Kostenschätzung bestehen noch bezüglich der Preise der Emissionsberechtigungen im EU-ETS und den Werten der CBAM-Benchmarks, wobei letztere voraussichtlich Ende 2025 durch die EU-Kommission veröffentlich werden.

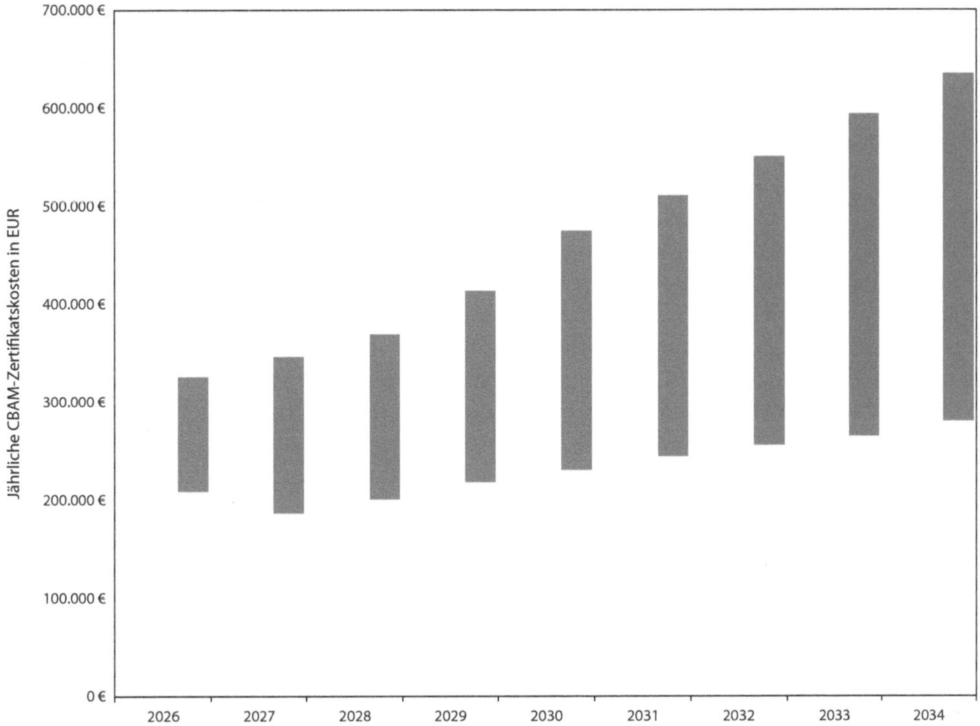

Abb 25: Entwicklung der CBAM-Zertifikatskosten für den Import von 1.500 Tonnen Schrauben (KN-Nummer 7813 1100) mit direkten grauen Emissionen in Höhe von 2.700 Tonnen bei konservativer Annahme zum CBAM-Benchmark. Balken entsprechen der Unsicherheit aufgrund unterschiedlicher Preisszenarien für Emissionsberechtigungen im EU-ETS 1 [Quelle: carboneer]

3.2.3. Auswirkungen, Herausforderungen und Reaktionen zum CBAM

Da der CBAM weniger als zwei Jahre in Kraft ist und eine Bepreisung der grauen Emissionen in importierten Waren erst für Importe im Jahr 2026 startet, ist eine umfassende ökonomische Bewertung derzeit noch nicht möglich. Die Einführung des CBAM könnte jedoch wirtschaftliche Auswirkungen sowohl innerhalb der EU als auch global haben. Auf europäischer Ebene könnte der Mechanismus dazu beitragen, die Wettbewerbsfähigkeit der EU-Industrie zu stärken, indem sicherstellt ist, dass Importe denselben Kohlenstoffkosten unterliegen wie lokal produzierte Waren. Gleichzeitig würde der

CBAM jedoch auch zu höheren Preisen für importierte Waren führen, was Auswirkungen auf die Verbraucherpreise hätte. Global könnteder Mechanismus Handelskonflikte auslösen oder verschärfen, insbesondere mit Ländern, die sich gegen zusätzliche Abgaben auf ihre Exporte wehren.

Herausforderungen für Unternehmen

Für CBAM-Anmelder stellt der CBAM eine Herausforderung dar, da sie verpflichtet sind, genaue Daten über die grauen Emissionen der eingeführten Produkte zu erheben und zu melden. Dies erfordert nicht nur eine enge Zusammenarbeit mit den Produzenten in Nicht-EU-Ländern, sondern auch die Entwicklung neuer Prozesse und Systeme zur Emissionsdatenerfassung. Insbesondere kleinere Unternehmen sind auch in der Übergangsphase schon vor erhebliche administrative Herausforderungen gestellt. Für viele EU-Importeure könnte CBAM auch zu Anpassungen ihrer Lieferketten und gegebenenfalls zu einem Reshoring in die EU führen.

Für Produzenten in Nicht-EU-Ländern bedeutet der CBAM, dass sie die Methodik zur Ermittlung von grauen Emissionen in ihren Waren verstehen und anwenden müssen. Für alle Produzenten in nicht-EU-Ländern ist die Ermittlung von grauen Emissionen mit Aufwand und Kosten verbunden. Insbesondere für kleine und mittelständische Hersteller von Waren, die unter CBAM liegen, ist dies ohne Unterstützung durch externe Experten kaum möglich. Ab dem Zeitpunkt der Bepreisung der grauen Emissionen könnten die CBAM-Anmelder außerdem die zusätzlichen Kosten der CBAM-Zertifikate an die Produzenten weiterreichen und so zusätzliche Kosten für diese verursachen. Dies könnte dazu führen, dass einige Unternehmen ihre Produktionsprozesse anpassen, um den CO_2-Ausstoß zu reduzieren und ihre Waren für in der EU ansässige Importeure finanziell attraktiver zu machen. Länder, die stark von Exporten in die EU abhängig sind, könnten zudem unter wirtschaftlichem Druck stehen, ihre eigenen Klimaschutzmaßnahmen zu verstärken.

Die genaue Erfassung und Validierung von CO_2-Emissionsdaten erfordert fortschrittliche technische Systeme und eine enge Zusammenarbeit zwischen den beteiligten Akteuren. Zudem gibt es rechtliche Bedenken hinsichtlich der Vereinbarkeit des CBAM mit den Regeln der Welthandelsorganisation (WTO), da einige Länder den Mechanismus als protektionistisch betrachten könnten. Die EU hat daher umfangreiche Konsultationen und Verhandlungen durchgeführt, um sicherzustellen, dass der CBAM im Einklang mit internationalen Handelsvereinbarungen steht. Es ist jedoch wichtig zu beachten, dass der CBAM nicht nur als ein Mittel zum Schutz der EU-Industrie gesehen wird, sondern auch als ein globales Vorbild für die Integration von Klimaschutzmaßnahmen in Handelsregeln. Die EU hat in ihrer Kommunikation stets betont, dass der CBAM konform mit den WTO-Regeln sein soll und dass Maßnahmen getroffen werden, um Diskriminierung und unfaire Handelspraktiken zu vermeiden.

Internationale Reaktionen auf den EU CBAM

Während die EU den CBAM als entscheidend für die Erreichung ihrer Klimaziele sieht, gibt es Bedenken hinsichtlich der Konformität mit den Regeln der WTO. Die WTO regelt den globalen Handel und achtet darauf, dass Maßnahmen nicht diskriminierend und frei von Protektionismus sind. CBAM könnte gegen die WTO-Prinzipien der Meistbegünstigung und der Inländergleichbehandlung verstoßen, da es Importe aus Ländern mit niedrigeren Kohlenstoffpreisen stärker belasten könnte. Allerdings erlaubt die WTO unter Artikel XX des Allgemeinen Zoll- und Handelsabkommens Ausnahmen für Umweltmaßnahmen, sofern diese fair und transparent angewendet werden.

CBAM ist ein zentrales Thema in verschiedenen WTO-Ausschüssen, insbesondere im Ausschuss für Handel und Umwelt. Bis Ende 2023 hat die WTO keine endgültige Entscheidung über die Rechtmäßigkeit von CBAM getroffen, doch mehrere Länder haben Bedenken geäußert.[105] Vor allem Entwicklungsländer fürchten, dass CBAM ihre Exporte verteuern könnte. Der EU zufolge soll CBAM jedoch mit den WTO-Regeln im Einklang stehen, da es um den Schutz des Klimas und nicht um Handelshemmnisse geht. Da der Mechanismus schrittweise eingeführt wird, ergibt sich bis zur vollständigen Umsetzung ab 2026 noch Raum für Verhandlungen.

Positionen verschiedener Länder

Europäische Union

Die EU verteidigt CBAM als zentralen Bestandteil ihres Europäischen Green Deal und betont, dass der Mechanismus notwendig ist, um einen fairen Wettbewerb für europäische Unternehmen zu sichern. Die EU ist der Ansicht, dass CBAM unter Artikel XX des Allgemeinen Zoll- und Handelsabkommens gerechtfertigt werden kann, da es keine versteckten Handelsbarrieren schafft.

USA

Die USA haben Bedenken hinsichtlich der potenziellen Handelskonflikte geäußert, die durch CBAM ausgelöst werden könnten. Gleichzeitig wächst in den USA die Unterstützung für eigene Klimamaßnahmen, was in Zukunft zu einer Annäherung an CBAM führen könnte. Washington fordert jedoch mehr multilaterale Zusammenarbeit.

China

Das lehnt CBAM ab, da es Entwicklungsländer unverhältnismäßig belaste und gegen das Prinzip der „gemeinsamen, aber differenzierten Verantwortung“ in Klimaverträgen verstoße. In der WTO fordert China eine Überprüfung der Vereinbarkeit von CBAM mit internationalen Handelsregeln.

Entwicklungsländer

Viele Entwicklungsländer wie Indien und Brasilien teilen Chinas Bedenken. Sie argumentieren, dass CBAM ihre wirtschaftliche Entwicklung behindern könnte, da die Kosten für Exporte in die EU erhöht werden. Diese Länder plädieren in der WTO für flexiblere Regelungen und Unterstützung bei der Umstellung auf grünere Technologien.

Die laufenden WTO-Verhandlungen zum EU-CBAM werden entscheidend für die zukünftige Gestaltung der globalen Klimapolitik und des internationalen Handels sein,

105 GMK Center, How different countries around the world reacted to CBAM introduction in the EU, unter: https://gmk.center/en/infographic/how-different-countries-around-the-world-reacted-to-cbam-introduction-in-the-eu (abgerufen am 27.3.2025).

da neben der EU auch weitere Länder die Einführung von eigenen CBAM-Politiken diskutieren oder vorbereiten. Dazu zählen etwa UK (Einführung des UK-CBAM ist ab 2027 geplant),[106] Kanada,[107] Australien[108] und die USA.[109] Die Reaktionen auf CBAM fallen in den Ländern unterschiedlich aus.

3.2.4. Praktische Umsetzung und erste Erfahrungen

Die untenstehenden Erfahrungen basieren auf der intensiven Arbeit der Autoren mit Produzenten von CBAM-Waren sowie Importeuren und CBAM-Anmeldern und deren Lieferkette seit 2023.

Reporting durch EU-Importeure

Seit der Einführung der Übergangsphase des CBAM im Oktober 2023 müssen EU-Importeure vierteljährlich Berichte über die importierten Emissionen einreichen. Diese Berichte werden über das speziell eingerichtete CBAM-Übergangsregister eingereicht, das den Importeuren eine strukturierte und standardisierte Plattform bietet. Die EU-Kommission hat umfangreiche Leitfäden und technische Unterstützung bereitgestellt, um die Unternehmen bei der Einhaltung der neuen Vorschriften zu unterstützen. Dennoch sind die administrativen Anforderungen hoch und viele Unternehmen sahen sich in den ersten Monaten mit erheblichen Herausforderungen konfrontiert, insbesondere beim Zugang zum CBAM-Übergangsregister und den auftretenden Fehlermeldungen während der Dateneingabe oder der Berichtabgabe. Ende Januar 2024, also am Ende des ersten Zeitraums zur Abgabe von CBAM-Berichten für Importe des vierten Quartals 2023, hatten nur etwa 10 % der verpflichteten deutschen Unternehmen einen Bericht eingereicht.[110]

Aufgrund der anfänglichen Probleme wurde die Abgabefrist für CBAM-Berichte vonseiten der nationalen Behörden verlängert, so dass auch ein späteres Einreichen ermöglicht wurde. Durch die weit verbreiteten Verzögerungen und technischen Fehler im Register ist es möglich, dass die zuständigen nationalen Behörden in den ersten Quartalen auf Sanktionen verzichten.

Zugang zu Emissionsdaten

Im Mittelpunkt von CBAM stehen Emissionsdaten von Herstellern der CBAM-Waren. Doch präzise Daten aus internationalen Lieferketten zu erhalten, stellt eine erhebliche Herausforderung dar. Lieferanten außerhalb der EU übermitteln teilweise falsche oder irrelevante Daten an ihre europäischen Kunden. Dies liegt an der Komplexität der

106 UK Government, Addressing carbon leakage risk to support decarbonization, unter: https://www.gov.uk/government/consultations/addressing-carbon-leakage-risk-to-support-decarbonisation/outcome/factsheet-uk-carbon-border-adjustment-mechanism (abgerufen am 27.3.2025).

107 Department of Finance Kanada, Border carbon adjustments, unter: https://www.canada.ca/en/department-finance/programs/consultations/2021/border-carbon-adjustments/exploring-border-carbon-adjustments-canada.html (abgerufen am 27.3.2025).

108 Minister for Climate Change and Energy, Speech to Australian Business Economists, unter: https://minister.dcceew.gov.au/bowen/speeches/speech-australian-business-economists (abgerufen am 27.3.2025).

109 CSIS, Crafting robust US carbon border adjustment mechanism, unter: https://www.csis.org/analysis/crafting-robust-us-carbon-border-adjustment-mechanism (abgerufen am 27.3.2025).

110 VCI, Hürdenlauf für CBAM-Berichte, unter: https://www.vci.de/themen/aussenwirtschaft/huerdenlauf-fuer-cbam-berichte.jsp (abgerufen am 27.3.2025).

Regeln zur Emissionserhebung und an der unzureichenden Kompetenz mancher Dienstleister im Bereich CO_2-Berichterstattung in diesen Märkten.

Ein weiteres Hindernis ist, dass manche Lieferanten sich weigern, Daten zu sammeln oder weiterzugeben, aus Sorge um Datensicherheit oder befürchtete finanzielle Nachteile. Selbst wenn die Lieferanten zur Zusammenarbeit bereit sind, stehen sie oft vor dem Problem, dass sie zunächst Emissionsdaten von ihren eigenen Vorlieferanten beschaffen müssen – diese Daten existieren jedoch häufig nicht.

In der Praxis ist es nahezu unmöglich, innerhalb kurzer Zeit CBAM-konforme Daten für importierte Waren zu sammeln, es sei denn, die Lieferkette ist sehr kurz und die wesentlichen Vorlieferanten verfügen bereits über die notwendigen Daten. Aus Mangel an genauen Informationen mussten viele Importeure in der Anfangsphase auf die „globalen Standardwerte" der EU-Kommission zurückgreifen. Diese Standardwerte berücksichtigen jedoch keine regionalen Unterschiede oder spezifische Emissionen einzelner Lieferketten, was oft zu überschätzten Emissionen führt.

Seit dem dritten Quartal 2024 müssen CBAM-Anmelder echte Emissionsdaten ihrer Lieferanten verwenden. Die nationalen Behörden könnten jedoch Ausnahmen zulassen, wenn ein CBAM-Anmelder nachweisen kann, dass „alle zumutbaren Anstrengungen" unternommen wurden, um echte Emissionsdaten zu beschaffen. Laut EU-Kommission wurde etwa die Hälfte aller CBAM-Berichte für das dritte Quartal 2024 mit echten Emissionswerten eingereicht.[111] Dies zeigt, dass viele CBAM-Anmelder schon Emissionsdaten von ihren Lieferanten erhalten, anderseits jedoch viele Datenlücken bestehen.

Komplexe Regeln

Die Erfassung CBAM-konformer Emissionsdaten ist keine leichte Aufgabe. Die Vorschriften des CBAM unterscheiden sich von anderen internationalen Standards zur CO_2-Bilanzierung. Da CBAM an das EU-ETS angelehnt ist, zielt es darauf ab, weltweit gleiche Wettbewerbsbedingungen zu schaffen, sodass nur die relevanten Emissionen bepreist werden. Diese Regeln werden in über 250 Seiten komplexer Dokumentation erläutert, deren Übersetzungen in wichtige Sprachen wie Hindi, Mandarin oder Arabisch erst im Mai 2024 verfügbar waren.

Trotzdem erfassen die detaillierten Emissionsvorschriften oft nicht die Komplexität realer industrieller und kommerzieller Prozesse. Beispielsweise könnte ein Schraubenhersteller, der Teile seiner Produktion, wie die Galvanisierung, an Subunternehmen auslagert, das zurückgegebene Produkt als neuen Vorläuferstoff klassifizieren. Dies kann zu einer doppelten Erfassung von Emissionen und einem erweiterten Datenaufwand führen. Besonders herausfordernd ist die Abgrenzung der Produktionsprozesse und der Emissionsquellen, insbesondere wenn Messeinrichtungen für Energieverbrauch einer Fabrik auch die nicht-produktionsbezogenen Bereiche wie Büros oder Labore erfassen. Hier erlaubt die EU-Kommission den Unternehmen geeignete wissenschaftliche Methoden zu entwickeln, um die relevanten Emissionen „bestmöglich" zu erfassen.

111 EU-Kommission, CBAM Expert Group Meeting, unter: https://ec.europa.eu/transparency/expert-groups-register/screen/meetings/consult?lang=en&meetingId=58024&fromExpertGroups=3927 (abgerufen am 27.3.2025).

Wir beobachten einen Mangel an Kapazitäten im Bereich CO_2-Management in den von CBAM betroffenen Industrien, sowohl in der EU als auch in den Lieferländern. Viele große multinationale Unternehmen haben sich erst Monate nach der Einführung von CBAM mit der Einhaltung der Anforderungen befasst. Viele Unternehmen haben wenig Erfahrung und Ressourcen im Bereich der Emissionsberichterstattung. Daher hilft es kaum, sie einfach auf die offiziellen Leitfäden der EU zu verweisen. Unsere Erfahrung zeigt jedoch, dass ein gut organisiertes, ein- bis zweimonatiges Projekt mit aktiver Beteiligung der Lieferanten die notwendigen Fähigkeiten für die CBAM-Compliance aufbauen und die langfristige Abhängigkeit von externer Unterstützung verringern kann. Strukturierter Dialog, dezidierte CBAM-Workshops und fortlaufender Helpdesk-Support verbessern zudem die Datenqualität.

Teure Compliance

Die Einhaltung der CBAM-Vorgaben ist kostspielig. Ein halbes Jahr nach der Einführung von CBAM berichteten befragte CBAM-Anmelder von einem Arbeitsaufwand von durchschnittlich 50–200 Stunden und Beraterkosten im mittleren fünfstelligen Bereich.[112] Während größere Unternehmen diese Kosten leichter tragen können, stehen kleinere Importeure vor erheblichen finanziellen Belastungen.

Kleinere Importeure müssen entweder zu konformen Lieferanten wechseln oder sich auf Standardwerte verlassen, während größere Unternehmen bereits Anpassungen an Teilen ihrer Lieferketten planen oder vornehmen.[113] Ein Wechsel der Lieferanten ist jedoch nicht immer machbar, beispielsweise aufgrund von Vertragsbindungen oder dem Mangel an wettbewerbsfähigen Produkten außerhalb bestimmter Regionen. Die Verwendung von Standardwerten birgt zudem das Risiko, die Compliance-Kosten zu erhöhen. Zwar sind CBAM-Anmelder oft zögerlich, die Emissionsberechnung für ihre Lieferanten zu finanzieren, doch einige betrachten dies als strategische Investition in die Lieferantenbeziehungen.

Die CBAM-Zertifikatskosten werden für viele CBAM-Anmelder schon für Importe im Jahr 2026 mehrere Hunderttausend bis Millionen Euro betragen könnten. Unternehmen können das damit verbundene finanzielle Risiko durch Beschaffungsstrategien für CBAM-Zertifikate oder Absicherungsgeschäfte im EU-ETS steuern. Wie Importeure und Lieferanten im Detail mit diesen Kosten umgehen werden, jenseits der Erhöhung der Endproduktpreise, bleibt abzuwarten.

Da die Bepreisung von grauen Emissionen in CBAM-Waren noch nicht begonnen hat, ist es schwierig zu beurteilen, ob CBAM Carbon-Leakage verhindern wird. Klar ist jedoch, dass CBAM viele Länder außerhalb der EU dazu zwingt, ihre Ansätze zur CO_2-Bepreisung zu überdenken und möglicherweise die Einführung eigener nationaler Systeme zu beschleunigen.

---

112 BDI, Implementierung des CO2-Grenzausgleichsmechanismus, unter: https://bdi.eu/publikation/news/implementierung-des-co2-grenzausgleichsmechanismus (abgerufen am 28.3.2025).

113 Beschaffung Aktuell, CBAM: *Dr. Volker Lederer* im Interview, unter: https://beschaffung-aktuell.industrie.de/c-teile-management/enormer-administrativer-aufwand-bei-uns-und-den-lieferanten/ (abgerufen am 27.3.2025).

3.2.5. Zukünftige Entwicklungen und Perspektiven

Die EU plant, den CBAM schrittweise zu erweitern und zu verfeinern. Zukünftige Entwicklungen könnten die Vereinfachung für Importeure geringer Mengen an CBAM-Waren (jährlicher Schwellenwert von 50 Tonnen),[114] die Verbesserung der technischen Systeme zur Datenerfassung und -verifizierung und die Erweiterung des CBAM auf weitere Sektoren und Produkte umfassen. So wird Ende 2025 ein legislativer Vorschlag zur Aufnahme weiterer Halbfertig- und Fertigwaren der nachgelagerten Wertschöpfungskette aus schon bestehenden Sektoren erwartet. Ebenso könnten in Zukunft weitere Warengruppen aus anderen Sektoren, die derzeit schon dem EU-ETS aber noch nicht CBAM unterliegen (zB Keramik und Glas, Polymere etc) in den Anwendungsbereich fallen.

Darüber hinaus wird die EU wahrscheinlich die Gespräche mit internationalen Partnern intensivieren, um die Kompatibilität des CBAM mit globalen Handelsregeln sicherzustellen und mögliche Konflikte zu minimieren. Das regulatorische Umfeld zu CBAM bleibt dynamisch und bis Ende 2025 wird noch eine Reihe von EU-Durchführungsakten und delegierten Rechtsakten zu CBAM erwartet.

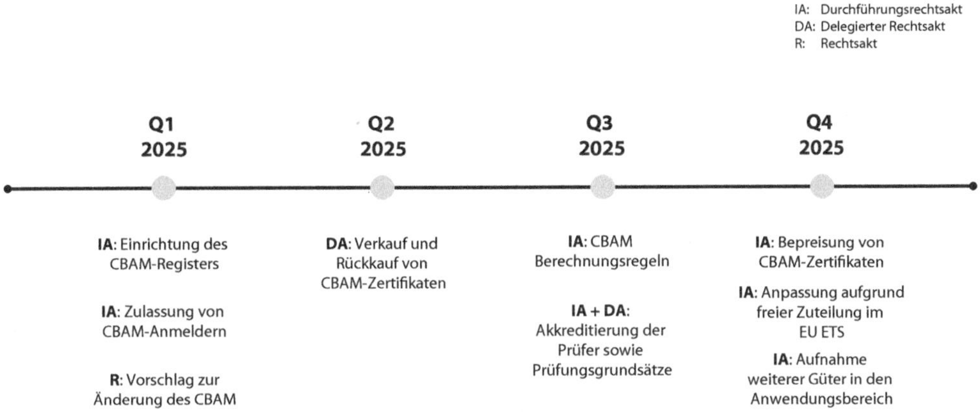

Abb 26: Erwartete Zeiträume der Veröffentlichung von weiteren Durchführungsrechtsakten und delegierten Rechtsakten zu CBAM durch die EU-Kommission (Stand März 2025) [Quelle: carboneer]

Langfristig könnte der CBAM zu einem globalen Standard für die Integration von Klimaschutzmaßnahmen in den internationalen Handel werden. Dies würde nicht nur die Wettbewerbsbedingungen auf dem Weltmarkt harmonisieren, sondern auch einen wichtigen Beitrag zur globalen Reduktion von Treibhausgasemissionen leisten. Die erfolgreiche Umsetzung des CBAM könnte dazu führen, dass andere Regionen ähnliche Mechanismen einführen, was zu einem globalen Netzwerk von Kohlenstoffgrenzanpassungen führen könnte.

114 EU-Kommission, Omnibus I, unter: https://commission.europa.eu/publications/omnibus-i_en (abgerufen am 27.3.2025).

4. Internationale Märkte außerhalb der EU

CO_2-Bepreisung und Emissionshandelssysteme (ETS) existieren weltweit und die entsprechenden Instrumente entwickeln sich stetig, wenn auch ungleichmäßig. Weltweit sind mittlerweile 75 CO_2-Bepreisungsinstrumente aktiv, darunter sowohl CO_2-Steuern als auch ETS, was die zunehmende Anerkennung dieser Mechanismen als zentrale Werkzeuge zur Erreichung der Ziele des Pariser Abkommens widerspiegelt. Trotz bedeutender Fortschritte bestehen weiterhin Herausforderungen, insbesondere beim Abdeckungsgrad der erfassten Emissionen und Sektoren und bei der Stärkung von Ambitionen der verschiedenen Systeme und Instrumente auf das erforderliche Niveau für wirksamen Klimaschutz.

4.1. Fortschritte in der weltweiten CO_2-Bepreisung

Die Einführung von CO_2-Bepreisungssystemen hat in den letzten Jahren schrittweise zugenommen, mit einer leicht höheren Anzahl von CO_2-Steuern (39) im Vergleich zu ETS (36). Dennoch bleibt der Anteil der weltweit erfassten Emissionen unter 30 % und erhebliche Ambitionslücken zum Ziel der Klimaneutralität bestehen weiterhin. Die Einnahmen aus diesen Systemen überstiegen im Jahr 2023 die Marke von 100 Milliarden USD und dennoch liegen die meisten CO_2-Preise unter dem erforderlichen Niveau zur Erreichung der Klimaziele des Pariser Abkommens.[115]

CO_2-Bepreisungsinstrumente unterscheiden sich erheblich in Design und Umsetzung, je nach wirtschaftlichem, politischem und ökologischem Kontext (siehe Abbildung 27). Diese Vielfalt verdeutlicht die Komplexität und Anpassungsfähigkeit von CO_2-Märkten als klimapolitische Werkzeuge.

115 ICAP, Emission Trading Worldwide, Status Report 2024.

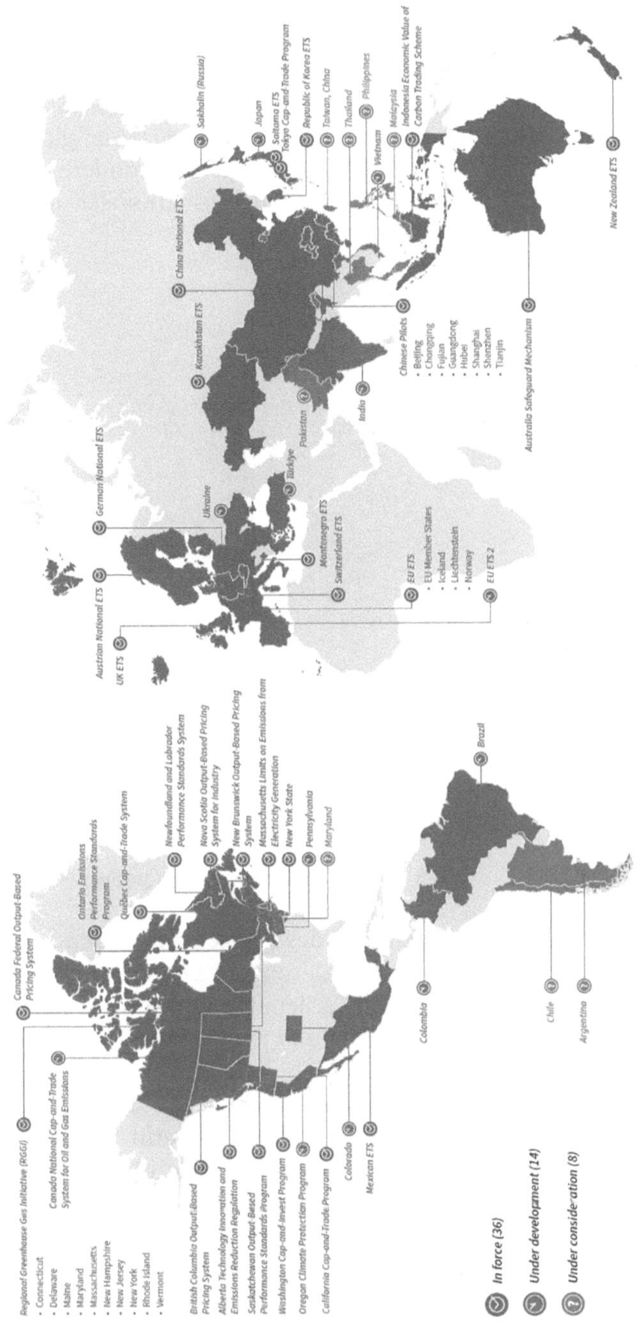

Abb 27: Emissionshandelssysteme weltweit [Quelle: ICAP][116]

116 ICAP, Emission Trading Worldwide, Status Report 2024.

Weltweit deckten ETS im Jahr 2024 etwa 18 % der globalen Treibhausgasemissionen ab, wobei die beiden wichtigsten Systeme, das EU-ETS und das chinesische ETS, zusammen fast zwei Drittel der globalen Emissionen im Anwendungsbereich von weltweit aktiven ETS ausmachten. In Bezug auf die Einnahmen ist das EU-ETS mit 47 Milliarden EUR im Jahr 2024 das mit Abstand größte System. Mehr als 60 % der globalen ETS-Einnahmen kommen durch das EU-ETS zustande. Dies liegt insbesondere an den höheren Zertifikatspreisen im EU-ETS im Vergleich zu anderen nationalen oder regionalen ETS (siehe Abbildung 28).

Abb 28: Preise in den größten ETS weltweit seit 2017 in USD/tCO_2-eq [Quelle: World Bank][117]

Trotz der skizzierten Entwicklungen und des Fortschritts in den vergangenen Jahren bestehen weiterhin erhebliche Herausforderungen. Die ungleichmäßige Einführung von CO_2-Bepreisungsmechanismen und variierende Preisniveaus begrenzen die globale Wirksamkeit. Administrative Komplexität und politische Widerstände erschweren zudem die Ausweitung dieser Systeme. Eine höhere Abdeckung von Emissionen und Sektoren erfordert eine verstärkte Zusammenarbeit und ambitioniertere Ziele. Verknüpfungen bestehender ETS, wie zwischen der EU und der Schweiz, können die Markteffizienz verbessern und Kosten reduzieren. Die Mechanismen des Art 6 des Pariser Abkommens bieten zudem eine Grundlage für internationale Zusammenarbeit, um Emissionsreduktionen kosteneffizient über Landesgrenzen hinweg zu ermöglichen.

Eine bedeutende Entwicklung ist die Einführung des CBAM, wie in Kapitel 3.2. beschrieben. Seit Oktober 2023 in Kraft, erhebt CBAM eine CO_2-Abgabe auf Importe

117 World Bank, State and Trends of Carbon Pricing 2024.

emissionsintensiver Produkte wie Stahl, Aluminium und Zement. Dadurch wird Wettbewerbsverzerrung vermieden, da in der EU produzierende Unternehmen bereits unter das EU-ETS fallen. CBAM fördert zudem die Einführung von CO_2-Bepreisungsmaßnahmen bei Handelspartnern wie China, Indien, Indonesien und der Türkei, die ihre Politik und Instrumente anpassen, um Auswirkungen von CBAM zu minimieren.

4.2. Fallbeispiele weltweiter CO_2-Märkte

In diesem Kapitel werden verschiedene Ansätze zur Bepreisung von Treibhausgasen weltweit beleuchtet, wobei die Komplexität und Vielfalt der Systeme hervortreten. Diese Systeme vollständig zu vergleichen, sprengt den Rahmen dieses Kapitels, da sie sich in ihrer Struktur, den beteiligten Sektoren und den jeweiligen nationalen Gegebenheiten stark unterscheiden. Dennoch bieten die dargestellten Fallbeispiele einen wertvollen Überblick über die unterschiedlichen Instrumente und deren Entwicklungen. Sie geben einen guten Eindruck von den globalen Bemühungen, den CO_2-Ausstoß durch marktorientierte Mechanismen zu reduzieren und Klimaziele zu erreichen und basieren auf Daten von International Carbon Partnership (ICAP), wenn nicht anderweitig vermerkt.[118]

4.2.1. Asien-Pazifik

Das nationale ETS der Volksrepublik China bleibt das größte nach Volumen und deckt zunächst über fünf Milliarden Tonnen Kohlenstoffdioxid aus dem Stromsektor ab. Während die CO_2-Preise in China im Vergleich zu Europa moderat sind, werden laufende Reformen und strengere Emissionsobergrenzen voraussichtlich zu Preisanstiegen und höherer Effektivität führen. Zusätzlich betreiben Länder wie Südkorea, Japan, Indonesien, Vietnam und Neuseeland aktive ETS oder Pilotsysteme. Indonesien startete im Jahr 2023 eine Kohlenstoffbörse und Vietnam bereitet sich auf die Einführung eines ETS im Jahr 2025 vor.

Volksrepublik China: Das weltweit größte ETS

Seit dem Jahr 2000 ist die Volksrepublik China der größte Treiber der globalen Emissionen, auch wenn die kumulierten THG-Emissionen der reichen westlichen Länder derzeit noch über den chinesischen liegen. Derzeit entfallen mit über 11 Gigatonnen (Gt) etwa ein Drittel der jährlichen globalen CO_2-Emissionen auf China (Abbildung 29). Der nächstgrößere Emittent, die USA, sind weit abgeschlagen mit etwa der Hälfte (5 Gt) pro Jahr. Die Pro-Kopf-Emissionen Chinas lagen im Jahr 2023 mit 8 Tonnen CO_2 gleichauf mit denen Deutschlands und sogar über dem Durchschnitt der EU-Länder.

118 ICAP, Emission Trading Worldwide, Status Report 2024.

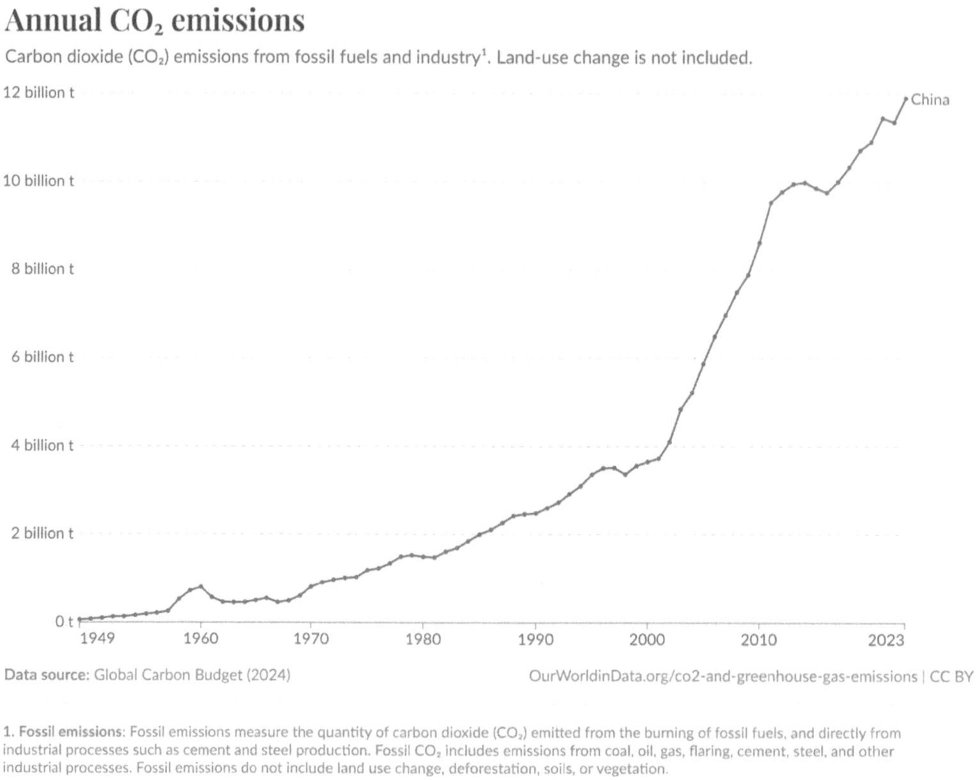

Abb 29: CO_2-Emissionen der Volksrepublik China seit Gründung im Jahr 1949 bis 2022 [Quelle: Our World in Data][119]

Insbesondere seit dem Jahr 2000 wuchsen die CO_2-Emissionen Chinas stark an und in den zehn Jahren seit dem Pariser Abkommen von 2015 gingen 90 % des weltweiten Wachstums an CO_2-Emissionen auf das Konto der Volksrepublik China. Besonders die Urbanisierung und der größere Wohlstand der Bevölkerung gingen einher mit einem starken Anstieg des Energieverbrauchs, welcher derzeit noch etwa zur Hälfte aus Kohle gedeckt wird. Jedoch führt auch die Produktion von Exportgütern zu den steigenden CO_2-Emissionen. Das Land ist mit 50 % des weltweiten Kohleverbrauchs größter Emittent, hat in den letzten Jahren allerdings auch die größten Zuwachsraten erneuerbarer Energien und produziert etwa so viel erneuerbaren Strom wie alle anderen Länder der Welt zusammen.

Da China von den Auswirkungen des Klimawandels überproportional betroffen ist, kündigte Präsident Xi Jinping im September 2020 an, dass die CO_2-Emissionen vor 2030 ihren Höchststand erreichen und das Land im Jahr 2060 CO_2-neutral sein soll („Dual-Carbon"-Ziele). Damit hat China eine klare Vision für einen tiefgreifenden Wandel

119 Our World in Data, China: CO_2 Country Profile, unter: https://ourworldindata.org/co2/country/china?country (abgerufen am 28.3.2025).

sowie einen Rahmen für eine nachhaltige sozioökonomische Entwicklung gesetzt. Das Tempo der Emissionsreduktionen Chinas in den kommenden Jahrzehnten wird ein wichtiger Faktor in den globalen Anstrengungen zur Begrenzung der Erderwärmung im Einklang mit dem Pariser Abkommen sein.

Entwicklung und Stand des chinesischen Emissionshandelssystem

Schon im Jahr 2011 kündigte die chinesische Regierung Pläne zur Entwicklung eines nationalen Emissionshandelsmarktes an. In den folgenden Jahren wurden in acht Städten und Provinzen Pilotprogramme gestartet: Peking, Shanghai, Chongqing, Shenzhen, Hubei, Tianjin, Guangdong und Fujian. Das Design dieser Pilotprogramme – die als Vorstufe für ein nationales System dienen sollten – basierte auf Erfahrungen aus Kalifornien, der Europäischen Union und anderen Regionen. 2014 veröffentlichte die Nationale Entwicklungs- und Reformkommission (NDRC) die „Vorläufigen Maßnahmen zur Verwaltung von Kohlenstoffemissionsrechten", um den Prozess zur Festlegung von Standards für ein nationales Emissionshandelssystem (China-ETS) einzuleiten. Der Start des China-ETS verzögerte sich jedoch mehrfach. Ursprünglich war die Einführung im Rahmen des 12. Fünfjahresplans (2011–2015) vorgesehen, wurde jedoch verschoben. Im September 2015 gab Präsident Xi Jinping bekannt, dass die chinesische Regierung bis Ende 2017 ein nationales System einführen werde. Schlussendlich startet das China-ETS erst im Juli 2021 und ist nun ein wichtiges politisches Instrument zur Erreichung der „Dual-Carbon"-Ziele des Landes.[120]

Das China-ETS deckt mit 4,5-5 Gt CO_2 etwa 40 % der Emissionen des Landes ab und ist damit das weltweit größte ETS gemessen an den abgedeckten Emissionen. Das System verpflichtet über 2.200 Unternehmen des Energiesektors, vor allem Kraftwerkbetreiber mit jährlichen Emissionen von über 26.000 Tonnen CO_2, ihre CO_2-Emissionen zu erfassen und für jede ausgestoßene Tonne CO_2 eine Emissionsberechtigung (China Emission Allowance – CEA) einzureichen. Alle Emissionsberechtigungen im China-ETS werden kostenlos auf der Grundlage von Benchmarks für unterschiedliche Kraftwerkstypen zugeteilt und auch eine Obergrenze an ausgegebenen Emissionsberechtigungen existiert derzeit nicht. Das China-ETS ist also ein intensitätsbasiertes Emissionshandelssystem. Ebenso ist es möglich zu geringen Anteilen Emissionszertifikate aus dem freiwilligen chinesischen Emissionsmarkt für die Abgabe von CEAs zu nutzen.

Dennoch findet ein Handel von CEAs statt und die Preise bewegen sich seit Einführung im Jahr 2021 zwischen 6 und 12 USD/Tonne CO_2.

Zukünftige Entwicklungen des China-ETS – weitere Sektoren

Die chinesische Regierung hat angedeutet, die Einführung von Auktionen für CEAs zu prüfen, jedoch gibt es keinen konkreten Zeitplan. Allerdings wurde mit einer Entscheidung des Ministeriums für Ökologie und Umwelt (MEE) im September 2024 klar, dass der Anwendungsbereich des China-ETS ausgeweitet wird. Ab 2024 sollen die Industriesektoren Zement, Stahl und Aluminium ebenfalls aufgenommen werden. Die erste Ein-

120 *Sandalow/Meidan/Andrews-Speed/Hove/Qiu/Downie*, Guide to Chinese Climate Policy 2022, Oxford Institute of Energy Studies (2022).

reichung von CEAs für diese Sektoren ist für das Jahr 2025 geplant. Durch diese Erweiterung würden rund 1.500 weitere Unternehmen in das China-ETS integriert und das abgedeckte Emissionsvolumen um 3 Gt erhöht werden.[121] Entsprechen lägen dann knapp 8 Gt CO_2 unter dem China-ETS.

Die Zuteilung der CEAs wird auch für die neuen Sektoren weiterhin auf Grundlage der Produktionsmenge erfolgen, ohne eine absolute Emissionsobergrenze festzulegen. Der Plan sieht eine zweistufige Einführung für die neuen Sektoren vor. Phase 1 (2024–2026) dient dazu, die Unternehmen mit dem nationalen ETS vertraut zu machen und die Datenqualität zu verbessern. Phase 2 ab 2027 zielt darauf ab, das System zu verschärfen und weiterzuentwickeln. So würde die Bepreisung von Emissionen in diesen wichtigen Industriesektoren etwa mit dem Start der Bepreisung von importierten Emissionen im CBAM zusammenfallen. Detaillierte Informationen zur Methode der Zuteilung werden noch erwartet.

Auswirkung des China-ETS

Da das China-ETS keine Obergrenze für die ausgegebenen Emissionsberechtigungen kennt, reizt das derzeitige intensitätsbasierte System keine Emissionsreduktion in den betroffenen Sektoren an. Stromerzeuger, insbesondere ältere Kohlekraftwerke, deren Emissionsintensität über dem entsprechenden Benchmark liegen, müssen jedoch CEAs nachkaufen. Dies führt dann zu höheren Kosten als für moderne Kohlekraftwerke mit höheren Effizienzen. Auch bei Einbezug der neuen Industriesektoren ergibt sich allenfalls ein Anreiz, emissionsintensive Produktionsstätten effizienter zu gestalten. Inwieweit und ob eine Obergrenze an CEAs in Zukunft existieren wird und unter welchen Umständen diese dann verauktioniert werden, ist derzeit noch nicht bekannt.

Dennoch ist das China-ETS wohl neben dem EU-ETS das am schnellsten wachsende und größte Emissionshandelssystem weltweit und dient der chinesischen Regierung auch dazu, relevante Emissionsdaten der betroffenen Unternehmen zu sammeln, um daraus strategische Schritte zur Dekarbonisierung der verschiedenen Sektoren abzuleiten.

Republik Korea: Erprobtes ETS mit Potenzial

Das ETS der Republik Korea wurde im Jahr 2015 eingeführt und deckt 89 % der nationalen Emissionen ab. Es umfasst 804 große Emittenten aus den Sektoren Stromerzeugung, Industrie, Verkehr und inländische Luftfahrt. Die Zuteilung erfolgt über Auktionen oder kostenlose Zuteilung, wobei mindestens 10 % versteigert werden. Seit dem Jahr 2021 können Finanzintermediäre und Dritte am Handel teilnehmen.

Ein im Jahr 2023 eingeleiteter Reformprozess zielt darauf ab, die Marktliquidität zu erhöhen, die Preise zu stabilisieren und das System für Phase 4 von 2026 bis 2030 vorzubereiten. Geplante Maßnahmen umfassen erweiterte Bankmöglichkeiten, flexible Kompensationsgutschriften und die Einführung von Terminmärkten bis zum Jahr 2025. Die Auktionsvolumina werden dynamisch an Angebot und Nachfrage angepasst. Das Korea-ETS unterstützt die Klimaneutralitätsziele der Republik Korea im Rahmen des Gesetzes über den Rahmen für Kohlenstoffneutralität.

---

121 ICAP, China to expand national ETS to cement, steel and aluminum in 2024, unter: https://icapcarbonaction.com/en/news/china-expand-national-ets-cement-steel-and-aluminum-2024 (abgerufen am 28.3.2025).

Japan: Green Transformation-ETS

Das Green Transformation-ETS Japans wurde im April des Jahres 2023 als freiwilliges Baseline-and-Credit-System für 575 Unternehmen eingeführt, die mehr als die Hälfte der nationalen Emissionen ausmachen. J-Credits, die durch Minderungsmaßnahmen generiert werden, werden an der Börse von Tokio gehandelt.

Bis zum Jahr 2026 soll das Green Transformation-ETS zu einem verpflichtenden System übergehen, mit Preisregulierungen und Auktionsmechanismen bis zum Jahr 2033. Das ETS ist Teil eines breiteren Dekarbonisierungsplans, der auch eine Kohlenstoffdioxid-Abgabe auf fossile Brennstoffimporte ab dem Jahr 2028 vorsieht. Japan ist zudem aktiv in internationalen Kohlenstoffmärkten durch den Mechanismus der gemeinsamen Gutschrift, der Technologietransfers in 28 Partnerländer ermöglicht.

Indonesien: Ein ETS für den Stromsektor

Das ETS Indonesiens startete im Jahr 2023 und betrifft Kohlekraftwerke mit einer Leistung von mindestens 25 Megawatt, die 81,4 % der nationalen Stromerzeugung ausmachen. Die erste Phase von 2023 bis 2024 setzte auf Emissionsintensitätsziele, die Emissionen pro Megawattstunde begrenzen. Das Emissionshandelssystem ist die Grundlage für Indonesiens hybrides „Cap-Tax-and-Trade“-System, das ab dem Jahr 2025 eine Kohlenstoffdioxid-Steuer integriert. Kohlekraftwerke, die die Vorgaben der Emissionsintensitätsziele nicht einhalten, zahlen dann eine Steuer, die an die CO_2-Marktpreise gekoppelt ist.

Neuseeland: ETS mit umfassender Abdeckung

Das neuseeländische ETS, seit dem Jahr 2008 in Betrieb, gilt als eines der umfassendsten weltweit und deckt die Forstwirtschaft, Energie, Industrie, Verkehr, Abfall und synthetische Gase ab. Die Kohlenstoffdioxid-Zertifikate werden versteigert, wobei einige kostenlose Zuteilungen an emissionsintensive, aber international im Wettbewerb stehenden Sektoren erfolgen.

Einzigartig in Neuseeland ist, dass forstwirtschaftliche Unternehmen CO_2-Removal-Zertifikate für Aufforstung erhalten können. Landwirtschaftliche Emissionen werden zwar gemeldet, sind aber bisher nicht abgabepflichtig. Ein geplanter Kohlenstoffdioxid-Preis für die Landwirtschaft ab dem Jahr 2026 wurde im Jahr 2023 auf das Jahr 2030 verschoben.

4.2.2. Lateinamerika

Länder in Lateinamerika machen ebenfalls Fortschritte bei der Bepreisung von Treibhausgasen. Mexiko hat sein ETS im Jahr 2024 von einer Pilotphase in eine vollständige Verpflichtungsphase überführt, mit dem Fokus auf der Stärkung von Emissionsobergrenzen und der Erhöhung der Markttransparenz. Chile, welches schon früh eine Steuer auf Emissionen erhoben hat, untersucht die Einführung eines ETS als Ergänzung seines bestehenden Regulierungsrahmens, während Kolumbien sein ETS im Rahmen des nationalen Klimaschutzgesetzes weiterentwickelt.

Brasiliens neu etabliertes ETS integriert naturbasierte Lösungen wie den Mechanismus zur Reduzierung von Emissionen aus Entwaldung. Dieses Modell kombiniert freiwillige und regulierte Märkte. Durch solche Initiativen wollen lateinamerikanische Länder Kohlenstoffdioxid-Bepreisung als Instrument für die Wiederherstellung von Ökosystemen und den Schutz der biologischen Vielfalt nutzen.

Mexiko: Das erste ETS Lateinamerikas

Mexiko führte im Jahr 2020 das erste ETS Lateinamerikas ein. Es wurde entwickelt, um Treibhausgasemissionen zu reduzieren und nationale Minderungsmaßnahmen zu stärken. Das System umfasst direkte Kohlenstoffdioxid-Emissionen von stationären Quellen in den Energie- und Industriesektoren, einschließlich Stromerzeugung, Zement, Chemieindustrie und Stahl, mit einer Schwelle von 100.000 Tonnen Kohlenstoffdioxid jährlich. Das ETS deckt ungefähr 40 % der nationalen Emissionen ab und ist ein zentrales Element der Klimaschutzstrategie Mexikos.

Das ETS in Mexiko begann mit einer zweijährigen Pilotphase von 2020–2021, gefolgt von einer Übergangsphase im Jahr 2022 zur Verfeinerung des Systemdesigns und zum Kapazitätsaufbau. Während der Pilotphase wurden Zertifikate basierend auf historischen Emissionen zugeteilt, mit der Absicht, die kostenlose Zuteilung in der operativen Phase ab 2024 zu reduzieren. Für die operative Phase werden aktualisierte Vorschriften erwartet, die eine stärkere Abstimmung zwischen verschiedenen Emissionsbepreisungsinstrumenten ermöglichen, Auktionsmechanismen im ETS entwickeln und die Anerkennung von freiwilligen Kompensationsgutschriften regeln. Derzeit laufen Bestrebungen, Zertifikate aus nationalen Minderungsprojekten in das System zu integrieren. Dieses ETS soll Mexikos national festgelegte Beiträge unter dem Pariser Abkommen und langfristige Klimaneutralitätsziele unterstützen.

4.2.3. Naher Osten, Nordafrika und Europa

Die Region Naher Osten und Nordafrika, angeführt von den Vereinigten Arabischen Emiraten und Saudi-Arabien, nimmt nach und nach Kohlenstoffmärkte als Teil umfassenderer wirtschaftlicher Strategien an. Freiwillige Kompensationsprogramme und -märkte in den Vereinigten Arabischen Emiraten und in Saudi-Arabien seit den 2020er Jahren sind Beispiele für diese Entwicklung.

Gleichzeitig untersuchen Ägypten und Marokko Bepreisungsmechanismen für Treibhausgase, um sich an internationale Klimafinanzierungsinitiativen anzupassen. Die Türkei beschleunigte die Bemühungen zur Einführung eines nationale ETS als Teil einer umfassenderen Klimastrategie im Jahr 2023.

Türkei: ETS mit starker Datenlage

Während 2023 verstärkte die Türkei ihre Strategie zur CO_2-Bepreisung und kündigte Pläne für eine Pilotphase eines nationalen ETS im Oktober 2024 auf der COP28 an. Während der Pilotphase sollen verschiedene Designoptionen bewertet werden und so die finale Implementierung unterstützen. Die Gesetzgebung zur Festlegung der wichtigsten Merkmale des Emissionshandelssystems wurde im Jahr 2024 dem Parlament vorgelegt.

Das ETS der Türkei wird Daten aus ihrem Überwachungs-, Berichts- und Verifizierungssystem nutzen, das seit dem Jahr 2015 in Betrieb ist. Die Pilotphase wird einhundertdreißig Anlagen in den Sektoren Energie und Industrie abdecken, die jährliche Emissionen von jeweils mehr als 500.000 Tonnen Kohlenstoffdioxidäquivalent aufweisen. Der vollständige Start des türkischen ETS beginnt im Jahr 2026, wobei die Pilotphase zwei Jahre andauern soll.

Vereinigtes Königreich: Austritt und Reintegration in das EU-ETS?

Das ETS des Vereinigten Königreichs (UK-ETS) wurde im Januar 2021 eingeführt und ersetzte die Beteiligung des Vereinigten Königreichs am Emissionshandelssystem der Europäischen Union. Es umfasst 1.000 Industrie- und Energieanlagen sowie 400 Luftfahrzeugbetreiber.

Das System stimmt mit dem Netto-Null-Ziel des Vereinigten Königreichs für das Jahr 2050 überein, wobei im Juli 2023 umfassende Reformen angekündigt wurden, um die Emissionsobergrenze zu verschärfen und den Geltungsbereich auszuweiten. Eine Reduzierung der Emissionszertifikate um 30 % wurde für den Zeitraum 2021–2030 umgesetzt mit einer Senkung der Auktionsvolumina um 45 % bis zum Jahr 2027.

Neue Sektoren werden ebenfalls in das UK-ETS integriert: Emissionen aus der nationalen Schifffahrt im Jahr 2026 und der Abfallverbrennung im Jahr 2028, jeweils nach einer Überwachungsphase. Die kostenlose Zuteilung für den Luftfahrtsektor wird bis zum Jahr 2026 auslaufen.

Das Vereinigte Königreich führt ebenfalls einen Mechanismus zur Anpassung der Kohlenstoffdioxid-Grenzwerte bis zum Jahr 2027 ein. Dieser Mechanismus zielt auf den Import von kohlenstoffintensiven Gütern wie Zement, Stahl und Aluminium ab. Zudem wird die Einbeziehung von Treibhausgas-Removals sowie weiterer Sektoren geprüft.

Anfang des Jahres 2025 erwähnte die Regierung des Vereinigten Königreichs eine mögliche erneute Verknüpfung des UK-ETS mit dem EU-ETS, was die erste offizielle Andeutung einer möglichen Reintegration darstellt.

4.2.4. Subnationale Initiativen

Subnationale Regierungen spielen ebenfalls eine entscheidende Rolle bei der Weiterentwicklung von Emissionsbepreisung. In Nordamerika existieren einige regionale Programme in den USA und Kanada. Insbesondere wenn auf nationaler Ebene kein politischer Zuspruch für ein integriertes nationales ETS besteht, kann dadurch auf regionaler und bundesstaatlicher Ebene dennoch eine Bepreisung von Treibhausgasen ermöglicht werden.

Kalifornien: Cap-and-Trade-Programm

Das Cap-and-Trade-Programm Kaliforniens ist seit dem Jahr 2013 in Betrieb und deckt ungefähr 75 % der Treibhausgasemissionen des Bundesstaates ab. Es zielt auf Sektoren wie Energie, Industrie, Verkehr und Gebäude ab. Das Programm operiert unter der Western Climate Initiative und ist mit dem ETS Quebecs verknüpft. Emissionszertifikate werden durch Auktionen und kostenlose Zuteilung verteilt, wobei Auktionserlöse in Projekte zur Emissionsminderung reinvestiert werden.

Im Jahr 2023 leitete die Regulierungsbehörde eine öffentliche Konsultation zur Aktualisierung des Programms ein, um sicherzustellen, dass es mit dem Ziel der Klimaneutralität Kaliforniens für das Jahr 2045 übereinstimmt. Zu den in Erwägung gezogenen Änderungen gehören eine Verschärfung der Emissionsobergrenzen, eine verstärkte Nutzung von Kompensationsgutschriften und eine Stärkung der Verknüpfungen mit anderen Märkten. Mit seiner breiten sektoralen Abdeckung und innovativen Reinvestitionsstrategie dient das Kalifornien-ETS als Modell für marktorientierte Klimaschutzmaßnahmen in den Vereinigten Staaten.

5. Freiwilliger Klimaschutz

5.1. Was bedeutet freiwilliger Klimaschutz?

Die Frage „Was bedeutet freiwilliger Klimaschutz?“ ist nicht so leicht zu beantworten. Denn in der Tat ist der Begriff „freiwilliger Klimaschutz“ nicht exakt definiert, nicht einmal auf der deutschen Wikipedia-Webseite findet sich eine Definition. Darüber hinaus gilt schon per Definition, dass es sich beim freiwilligen Klimaschutz um einen wenig regulierten Markt handelt. In diesem Kapitel soll trotzdem eine Begriffsdefinition der wesentlichsten Merkmale versucht werden. Darüber hinaus werden die bestehenden Normen und Standards im freiwilligen Markt angeführt und die Motivation von Unternehmen und Personen beleuchtet, welche freiwillig eigene Klimaschutzmaßnahmen umsetzen oder in Klimaschutzprojekte investieren. Schließlich wird ein historischer und ein gegenwärtiger Überblick über den Markt gegeben und ein Ausblick auf dessen Zukunft versucht.

Da der Begriff „freiwilliger Klimaschutz“ in der deutschen Sprache ungenau definiert ist, werden nachstehend beide Worte für sich untersucht und danach der Versuch einer Gesamtdefinition unternommen. Unter „Klimaschutz“ wird die Gesamtheit der Maßnahmen zum Schutz des Lebens, die der Erderwärmung und deren befürchteten Folgen für die Erde entgegenwirken, verstanden.[122] Zwei Beispiele werden auf der Webseite des Digitalen Wörterbuchs der deutschen Sprache angeführt: zum einen die Verringerung des Ausstoßes von Treibhausgasen, die bei der Erzeugung sowie beim Verbrauch der Energie in der industriellen und landwirtschaftlichen Produktion, im Verkehr und in privat Haushalten freigesetzt werden, zum anderen geht es um die Erhaltung und um die gezielte Förderung solcher Naturbestandteile, die CO_2 aufnehmen und binden können.

Überraschenderweise ist in der deutschen Sprache auch der Begriff „Freiwilligkeit“ nicht exakt definiert. Lediglich unter „freier Wille“ findet man auf der deutschen Webseite von Wikipedia folgende Definition: *„In einem fachübergreifenden Sinne gehört zum freien Willen (= Willensfreiheit) die subjektiv empfundene menschliche Fähigkeit, bei verschiedenen Wahlmöglichkeiten eine bewusste Entscheidung zu treffen.“*[123]

Somit muss festgestellt werden, dass nicht nur der Gesamtbegriff „freiwilliger Klimaschutz“ nicht exakt definiert ist, sondern auch die Freiwilligkeit selbst Spielraum für verschiedene Interpretationen lässt. Daher wird der oben angekündigte Versuch einer Gesamtdefinition in dem Sinne unternommen, das definiert wird, was unter dem Begriff „freiwilliger Klimaschutz“ nicht zu verstehen ist: Mit freiwilliger Klimaschutz sind alle jene Maßnahmen **nicht** zu verstehen, welche von Ländern, Organisationen, Personen und Unternehmen gesetzt werden, um dadurch eine gesetzlich verpflichtende Vorgabe zu erreichen.

Freiwilliger Klimaschutz bedeutet daher, Maßnahmen aus eigenem freiem Willen umsetzen zu wollen, ohne eine Verpflichtung dazu zu haben. Dabei ist es unerheblich,

122 Digitales Wörterbuch der deutschen Sprache, Klimaschutz (oD), unter: https://www.dwds.de/wb/Klimaschutz (abgerufen am 10.4.2025)

123 Wikipedia, Die freie Enzyklopädie, Freier Wille (oD), unter: https://de.wikipedia.org/wiki/Freier_Wille (abgerufen am 10.4.2025).

ob diese Verpflichtung dem Völkerrecht unterliegt (wie beim Kyoto-Protokoll oder beim Paris Agreement) oder einer anderen Rechtsform (wie beim EU-ETS oder anderen Handelssystemen für Unternehmen).

Im Gegensatz zur deutschen Webseite, auf der eben keine Definition zu finden ist, wird der abgewandelte englische Begriff „voluntary market" bei Wikipedia, frei übersetzt, wie folgt definiert:

> der freiwillige Kohlenstoffmarkt ist der Markt für Emissionszertifikate, auf dem Institutionen und Unternehmen freiwillig ihre CO_2-Emissionen durch Kauf und Stilllegung der Zertifikate ausgleichen können. Die Anbieter führen Projekte durch, mittels derer sie THG-Emissionen reduzieren oder neue Kohlenstoffsenken schaffen wollen. Dabei richten sie sich in der Regel nach einem Standard einer unabhängigen Stelle, welche die Projekte meist prüft und nachgewiesene Emissionsreduktionen in Zertifikate verbrieft. Durch den Verkauf der Zertifikate refinanzieren die Anbieter ihre Projekte. Der Kauf von Zertifikaten auf dem Voluntary Market trägt somit indirekt zur Finanzierung von Klimaschutzprojekten bei. Nur wenn dabei zusätzlich und dauerhaft Kohlenstoffemissionen vermieden oder Kohlenstoff zusätzlich und dauerhaft in Senken gebunden wird, werden tatsächlich Emissionen ausgeglichen.[124]

Die englische Definition bezieht sich, wie oben erwähnt, sehr stark auf Klimaschutzprojekte und Emissionszertifikate, da sie sich am Wort „market" orientiert und ein „Markt" als etwas gesehen wird, bei dem Handel stattfindet. Das ist aber beim Thema freiwilliger Klimaschutz viel zu kurz gegriffen. In Wahrheit muss aus Sicht der Autoren freiwilliger Klimaschutz viel breiter interpretiert werden und die Gesamtheit von Maßnahmen zum Schutz des Klimas umfassen. Hier sind sowohl eigene Maßnahmen als auch Investitionen in Klimaschutzprojekte zu verstehen. Dabei ist es nicht nur entscheidend, dass Klimaschutz umfassend gesehen wird, sondern auch, dass dabei eine bestimmte logische Abfolge eingehalten werden soll.

In der Fachliteratur wird diese Reihenfolge „Mitigation Hierarchy" (auf Deutsch: „Minderungshierarchie") genannt. Dies bedeutet, dass Klimaschutz in mehreren Schritten erfolgen soll, wobei die Kompensation nicht allein mittels Klimaschutzprojekten erfolgen soll, sondern immer nur zumindest parallel mit anderen (eigenen) Maßnahmen.[125] Bei den einzelnen Schritten geht es daher nicht zwingend um einen zeitlichen Ablauf, sondern darum, wie Aktivitäten priorisiert werden. Denn aufgrund der Dringlichkeit, die bei der Umsetzung von Klimaschutzaktivitäten besteht, ist man inzwischen auf die gleichzeitige Durchführung sämtlicher möglicher Aktivitäten angewiesen, inklusive der Kompensation von CO_2-Zertifikaten an anderer Stelle.

5.2. Mitigation Hierarchy

Im Folgenden ist das häufig verwendete vierstufige Modell der „Mitigation Hierarchy" dargestellt.

---

124 Wikipedia, Die freie Enzyklopädie, Voluntary Market (oD), unter: https://en.wikipedia.org/wiki/Voluntary_market (abgerufen am 10.4.2025).

125 OCELL, Die Mitigation Hierarchy: Wie Unternehmen Schritt für Schritt ihren CO_2-Fußabdruck reduzieren können (oD) unter: https://www.ocell.io/de-de/blog/mitigation-hierarchy (abgerufen am 10.4.2025).

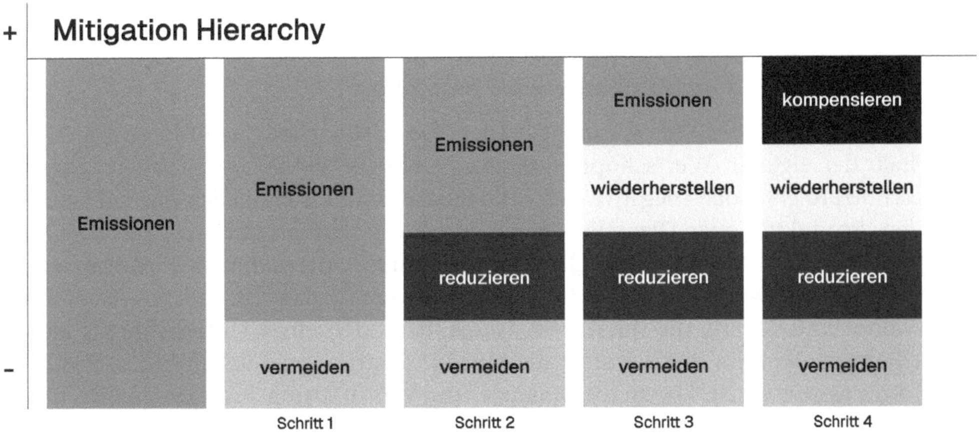

Abb 30: Mitigation Hierarchy, eigene Darstellung[126]

Es sei erwähnt, dass es verschiedene Modelle der Mitigation Hierarchy gibt: manche umfassen nur drei andere wieder fünf Schritte. Letztendlich folgen sie aber alle der gleichen Logik, welche beschreibt, wie Emissionen zu vermeiden und zu reduzieren, die Natur wiederherzustellen und schließlich Emissionen zu kompensieren sind.

Freiwilliger Klimaschutz wird in Fachkreisen nur dann akzeptiert, wenn Kompensation zumindest gleichzeitig mit Vermeidung erfolgt. Wenn nur eine Kompensation durchgeführt wird, ohne vorher oder zumindest gleichzeitig den eigenen CO_2-Fußabdruck zu verringern, dann sind Unternehmen dem Vorwurf ausgesetzt, dass deren Engagement unzureichend ist, da diese eben nicht bei sich selbst begonnen haben. Kompensationsmaßnahmen sollen zwar zum ehestmöglichen Zeitpunkt beginnen, müssen aber unbedingt mit eigenen Einsparungszielen unterstützt werden. Idealerweise ist die Priorität der Mitigation Hierarchy in die nachfolgend beschriebenen Schritte aufgeteilt:

Schritt 1: Emissionen vermeiden

Diese Maßnahme soll höchste Priorität haben, da hier das Problem an der Wurzel gepackt wird und die Freisetzung von Treibhausgasen verhindert, bevor sie überhaupt entstehen. Das bedeutet, dass Aktivitäten, Prozesse oder Technologien so gestaltet oder – wenn Prozesse bereits existieren – so umgestalten werden sollen, dass sie keine Treibhausgase erzeugen.

Schritt 2: Emissionen reduzieren

Nachdem im ersten Schritt Maßnahmen implementiert wurden, um Emissionen zu vermeiden, folgt im zweiten Schritt die Reduktion von Emissionen. Dabei geht es darum, die Emissionen, die nicht vollständig vermieden werden können, zu minimieren. Bestehende Prozesse und Technologien müssen so angepasst werden, dass sie weniger Treibhausgase erzeugen. Hierbei handelt es sich um einen kontinuierlichen Prozess der Optimierung und Innovation. Für Unternehmen stellen diese beiden Schritte – Emissionen zu ver-

126 Eigene Darstellung basierend auf Informationen von ClimatePartner (2025).

meiden und zu reduzieren – nicht nur einen Beitrag zum Klimaschutz dar, sie bieten auch eine Gelegenheit, die Betriebseffizienz zu steigern und langfristig Kosten zu sparen.

Schritt 3: Natürliche Ressourcen wiederherstellen

Im dritten Schritt liegt der Schwerpunkt auf der Wiederherstellung natürlicher Ressourcen innerhalb der eigenen Wertschöpfungskette. Durch die Finanzierung entsprechender Klimaschutzprojekte sollen negative Auswirkungen auf die Umwelt in den eigenen Betriebsabläufen, Produkten oder Dienstleistungen adressiert werden. Man spricht dabei auch von Insetting (im Gegensatz zum Offsetting, wodurch Unternehmen Emissionsreduktionen außerhalb ihrer eigenen Aktivitäten finanzieren). Es geht darum, Ökosysteme wie Wälder und Meere, die unter dem Geschäftsmodell eines Unternehmens leiden, wiederherzustellen. Ein Beispiel stellt die Möbelindustrie dar, welche für ihre Produkte auf Holz angewiesen ist. Durch die Finanzierung von Insetting-Projekten – zB für verbessertes Waldmanagement (Improved Forest Management) leisten sie einen wichtigen Beitrag zur Wiederherstellung von Wäldern und damit zum Klimaschutz.

Schritt 4: Emissionen kompensieren

Nachdem bereits Schritte unternommen wurden, um Emissionen zu vermeiden und zu reduzieren und auch innerhalb der Wertschöpfungskette Ressourcen wiederhergestellt wurden, gilt es nun, darüber hinaus unvermeidbare Emissionen an anderer Stelle zu kompensieren. Hierbei geht es darum, die verbleibenden Treibhausgasemissionen durch Investitionen in Klimaschutzprojekte auszugleichen. Die Kompensationsmaßnahmen bieten die Möglichkeit, Verantwortung für die eigenen Umweltauswirkungen zu übernehmen und einen Beitrag zum globalen Klimaschutz zu leisten. Damit stellt die Kompensation einen ebenfalls elementaren Schritt der Nachhaltigkeitsstrategie dar. Dennoch darf sie nur als Ergänzung verstanden werden und soll parallel zu den anderen Schritten erfolgen. Keinesfalls darf die Kompensation ein Ersatz für das Vermeiden und Reduzieren von Emissionen sein.[127]

5.3. Motivation: Warum freiwilliger Klimaschutz?

Wenn freiwilliger Klimaschutz also für alle „die wollen und nicht für jene, die müssen" offen ist, stellt sich die Frage nach der Motivation. Warum sollten Länder, Gemeinden, Unternehmen oder Personen Klimaschutz machen, ohne dass sie dazu verpflichtet sind? Wie kann ein solcher freiwilliger Markt aufgebaut werden? Welche Gegenleistung können Institutionen erwarten, wenn diese in Klimaschutzmaßnahmen investieren? Das folgende Kapitel versucht Antworten auf diese Fragen zu geben.

Im Kapitel 3.1.6. im Absatz „kritischer Rückblick auf 20 Jahre EU-ETS" findet sich die Aussage „Too little, too late". Dieses Statement gilt allgemein für den kompletten „Compliance Market". Seit dem Kyoto-Protokoll sind fast 30 Jahre vergangen und immer noch steigen die globalen CO_2-Emissionen und haben im Jahr 2023 mit dem Wert von

127 OCELL, Die Mitigation Hierarchy: Wie Unternehmen Schritt für Schritt ihren CO_2-Fußabdruck reduzieren können (oD) unter: https://www.ocell.io/de-de/blog/mitigation-hierarchy (abgerufen am 10.4.2025).

37,4 Milliarden Tonnen einen neuen Höchstwert erreicht.[128] Man muss also zu dem Schluss kommen, dass die bisherigen verpflichtenden Emissionshandelssysteme (Compliance Market) nicht ausreichen, um das Problem der Klimakrise auch nur ansatzweise in den Griff zu bekommen.

Daher sind zusätzliche Maßnahmen dringend notwendig. Der freiwillige Klimaschutz bietet eine solche Möglichkeit. Ein (kleiner) Teil von Unternehmen und Privatpersonen unterstützen aus freien Stücken Klimaschutzprojekte in Form einer Geldspende, ohne dafür eine Gegenleistung zu erhalten. Es wäre aber naiv davon auszugehen, dass auf diese Art größere Finanzmittel aufgebracht werden können. Die Mittel solcher Spenden sind im Vergleich zu den anderen Kohlenstoffmärkten verschwindend gering. Trotzdem gibt es eine zunehmende Zahl von Unternehmen, die freiwillig Beiträge leisten wollen. Deren Motive sind nachstehend angeführt:

- **Intrinsische Motivation:** Unternehmen investieren in Klimaschutzmaßnahmen, weil sie einen positiven Beitrag für die Umwelt und die Gesellschaft leisten wollen. Dabei ist es unerheblich, ob es eine Gegenleistung dafür gibt, im Vordergrund steht die „gute Sache".
- **Marketing/Kommunikation:** Das Unternehmen erhofft sich eine Verbesserung der Außendarstellung, oft werden Klimaschutzmaßnahmen auf der eigenen Homepage oder in Nachhaltigkeitsberichten dargestellt, Kunden soll ein „gutes Gefühl" vermittelt werden.
- **Attraktivität als Arbeitgeber:** Viele (vorwiegend junge Menschen) überlegen sehr genau, welchem Unternehmen sie ihre Arbeitskraft zur Verfügung stellen. Arbeitgeber erhoffen sich zusätzliche Attraktivität dadurch, dass sie sich als nachhaltiges Unternehmen positionieren und Investitionen in den Klimaschutz tätigen. Dies soll künftige Arbeitskräfte anlocken und bestehende zusätzlich motivieren.
- **Befriedigung von Anfragen aus dem Kapitalmarkt:** Hier ist die Motivation nicht mehr ausschließlich freiwillig, da der Anstoß, Klimaschutzprojekte umzusetzen, von Investoren ausgeht. Es geht um das Management von Chancen und Risiken und darum, die Wünsche von Geldgebern zu berücksichtigen. Investoren wollen vermeiden, dass ihre Assets wertlos werden oder durch den stattfindenden Klimawandel und die Konsequenzen daraus an Wert verlieren.
- **Befriedigung von Kundeninteressen:** Auch hier ist die Freiwilligkeit nicht mehr vollständig gegeben, da der Druck von Kunden kommt. Es geht darum, Kundenwünsche zufriedenzustellen.

5.4. Normen und Standards im freiwilligen Markt

Die oben genannten Motive für freiwilligen Klimaschutz waren aber nicht imstande, die benötigten großen Geldmittel für den Klimaschutz flüssig zu machen, oft wurden die Gelder aus dem Marketingbudget genommen oder die Gelder als Spende und nicht als Investment gesehen, da keine direkte Gegenleistung mit der Investition verbunden war.

128 International Energy Agency, Total increase in energy-related CO_2 emissions, 1900–2023 (2024) unter: https://www.iea.org/data-and-statistics/charts/total-increase-in-energy-related-co2-emissions-1900-2023 (abgerufen am 10.4.2025).

Zu Beginn dieses Jahrtausends wurde ein Geschäftsmodell entwickelt, welches versuchte, eine solche Gegenleistung dadurch zu kreieren, dass Produkte, Dienstleistungen, Unternehmen oder Veranstaltungen als „klimaneutral" ausgelobt werden. Bezogen auf Produkte war die Idee, dass „klimaneutrale" Produkte einen höheren Wert haben als herkömmliche Produkte.

Um ein Produkt als „klimaneutral" ausloben zu können, mussten zuerst die CO_2-Emissionen, welche bei der Herstellung, der Nutzung und der Entsorgung anfallen, berechnet werden, dafür wurde der Begriff PCF (Product Carbon Footprint, Deutsch: Produktfußabdruck) verwendet. Wenn dann noch CO_2-Zertifikate in der Höhe des Ergebnisses der Fußabdruckberechnung vom Kohlenstoffmarkt gekauft und stillgelegt werden, sollte es den Herstellern erlaubt sein, das Produkt als „klimaneutrales Produkt" ausloben zu können, um sich dadurch einen Marketingvorteil zu verschaffen.

Analog dazu entstanden um die Jahrtausendwende die ersten klimaneutralen Unternehmen. Hier wurde ein CCF (Company Carbon Footprint, deutsch: Unternehmensfußabdruck) berechnet und ähnlich wie bei den Produkten wurde der berechnete Wert mittels Emissionshandel ausgeglichen und dadurch der Begriff „klimaneutrales Unternehmen" gerechtfertigt. Der Fantasie des freiwilligen Marktes waren zu Beginn keine Grenzen gesetzt, bald tauchte das Wort klimaneutral in verschiedensten Bedeutungen auf, wie klimaneutrale Veranstaltungen, klimaneutrale Hotels, klimaneutrale Telefonie, klimaneutrale Mobilität und Ähnliches.

Das Problem war aber, dass es bis in das Jahr 2023 keine Norm für Klimaneutralität gab. Es gab zwar Normen für die Berechnung und die Zielsetzung für Unternehmen, ansonsten waren die Marktteilnehmer darauf angewiesen, nach bestem Wissen und Gewissen zu agieren, aber es fehlte die Vergleichbarkeit.

5.4.1. Ohne Normen fehlt die Vergleichbarkeit

Im Gegensatz zum Compliance Market war der Markt im Bereich freiwilliger Klimaschutz von selbst entstanden und zu Beginn völlig ungeregelt und dezentral. Dadurch fehlten einheitliche Vorgaben. Bald entstand das Problem, dass beispielsweise klimaneutrale Produkte gleichzeitig am Markt waren, welche unterschiedliche Berechnungsmethoden für den PCF verwendeten. Zusätzlich dazu erfolgte der Ankauf und die Stilllegung von Emissionszertifikaten aus Projekten, welche nicht immer den üblichen Kyoto-Projekten also Clean-Development-Mechanism (CDM)- und Joint-Implementation (JI)-Vorgaben entsprachen. Da der Markt im freiwilligen Klimaschutz eben frei war, entwickelten verschiedene Anbieter von Klimaschutzprojekten neue Standards, welche nicht der Kontrolle der UNFCCC unterlagen.

Somit war bereits kurz nach dem Entstehen des freiwilligen Marktes dessen großes Dilemma erkennbar: Einerseits war der neu geschaffene Markt dringend notwendig, da er Unternehmen die Möglichkeit bot, freiwillig in Klimaschutzprojekte investieren zu können und man diese Mittel zur Rettung des Weltklimas bringend benötigte. Andererseits war der Markt zunächst völlig ungeregelt und man konnte als durchschnittlich informierter Konsument nicht ausreichend beurteilen, nach welchen Standards die klimaneutralen Produkte berechnet wurden und in welche Klimaschutzprojekte investiert wurde.

Durch den Umstand, dass viele Dinge im freiwilligen Markt ungeregelt waren, entstand der Wunsch nach nachvollziehbaren Regeln, Normen und Standards. Die Entwicklung dieser Standards ist ein sehr zeitaufwändiger Prozess. So dauerte es beispielsweise bis in das Jahr 2023 bis die ISO 14068-1 endlich eine verbindliche Formulierung des Begriffs „Klimaneutralität" festlegen konnte. Weitaus früher wurden im Greenhouse-Gas (GHG)-Protocoll Standards zu den Themen CCF und PCF herausgegeben, welche sehr häufig bei der Bilanzierung verwendet wurden.[129, 130]

Das anfängliche Fehlen von Regeln, Normen und Standards wurde von einigen Unternehmen ausgenutzt, welche entweder bei der Berechnung der CO_2-Emissionen nicht wissenschaftlich genug agierten oder in Projekte investierten, welche die durchaus herausfordernden Kriterien der gängigen Standards von Klimaschutzprojekten nicht vollständig erfüllten. Der Umstand, dass es lange Zeit keine klare Norm gab und unterschiedliche Interpretationen des Begriffs „klimaneutral" existierten, wurde ausgenutzt. Unterschiedliche Akteure haben eigene Definitionen erstellt, die unterschiedlichen Ansprüchen genügten und für Verbraucherinnen und Verbraucher nicht immer nachvollziehbar waren.

Trotzdem soll an dieser Stelle festgestellt werden, dass die meisten Marktteilnehmer sehr gute Absichten hatten und viel Arbeit, Eigeninitiative, Kosten und Mühen in Kauf genommen haben, um den freiwilligen Markt in Gang zu bringen. Trotzdem ist es eine Tatsache, dass es die wenigen „schwarzen Schafe" weitaus öfter in die Medien geschafft haben als die überwiegende Mehrheit der Marktteilnehmer, welche freiwillig und aus guter Motivation heraus einen notwendigen Beitrag zur Linderung der Klimakrise leisteten.

5.4.2. Normen und Standards im Bereich Carbon Accounting (CO_2-Fußabdruckberechnung)

Neben den bereits erwähnten GHG-Standards entwickelten sich parallel eine Reihe von anderen Standards, beispielsweise wurde auch ein British Standard entwickelt und wurden zuletzt eben auch ISO-Normen in diesem Bereich herausgegeben. Die folgende Übersicht enthält eine Auswahl von Normen, nach denen viele Anbieter von CO_2-Berechnungen arbeiten, diese erhebt aber keinen Anspruch auf Vollständigkeit:

Für die Berechnung von Unternehmen werden hauptsächlich folgende Standards verwendet:

- Greenhouse Gas Protocol – A Corporate Accounting and Reporting Standard
- ISO 14064-1: Greenhouse gases – Part 1: Specification with guidance at the organization level for quantification and reporting of greenhouse gas emissions and removals

129 World Resources Institute & World Business Council for Sustainable Development, The Greenhouse Gas Protocol: A Corporate Accounting and Reporting Standard (Revised Edition) (2004) unter: https://ghgprotocol.org/sites/default/files/standards/ghg-protocol-revised.pdf (abgerufen am 10.4.2025).

130 World Resources Institute & World Business Council for Sustainable Development, The Greenhouse Gas Protocol: Product Life Cycle Accounting and Reporting Standard (2011) unter: https://ghgprotocol.org/sites/default/files/standards/Product-Life-Cycle-Accounting-Reporting-Standard_041613.pdf (abgerufen am 10.4.2025).

Bei der Berechnung von Produkten kommen sehr häufig folgende Standards zur Anwendung:

- Greenhouse Gas Protocol – Product Life Cycle Accounting and Reporting Standard
- ISO 14067: Greenhouse gases – Carbon footprint of products – Requirements and guidelines for quantification
- PAS 2050: Specification for the assessment of the life cycle greenhouse gas emissions of goods and services

Darüber hinaus wurden zumindest folgende Branchenstandards erstellt:

- ISO 16759: Graphic technology – Quantification and communication for calculating the carbon footprint of print media products
- DIN EN 16258: Methodology for calculation and declaration of energy consumption and GHG emissions of transport services (freight and passengers)
- ISO 14083: Greenhouse gases — Quantification and reporting of greenhouse gas emissions arising from transport chain operations

Nachstehend werden die Grundsätze und Prinzipien der Bilanzierung des GHG Protocol näher ausgeführt, da sich diese Standards zum Großteil durchgesetzt haben und die anderen Standards in vielen Punkten mit dem GHG Protocol übereinstimmen.

Grundsätze und Ziele der Treibhausgas (THG)-Bilanzierung

Eine THG-Bilanz dient der Darstellung der Treibhausgas-Emissionen und weiterer klimarelevanter Effekte eines Unternehmens innerhalb einer definierten Systemgrenze. Diese Bilanz ist die Entscheidungsgrundlage für sowohl Reduktionsstrategien als auch operative Reduktionsmaßnahmen. International haben sich als Standards zur Bilanzierung jene des GHG Protocol etabliert.[131] Mit dem GHG Protocol sind international anerkannte und angewandte Standards für Unternehmen und Organisationen, für Länder, Städte und Kommunen verfügbar, welche internationale Vergleichbarkeit schaffen. Zudem bauen viele weitere Hilfsmittel auf diesen Standards auf.

Prinzipien der Bilanzierung

Um eine wahrheitsgetreue und vergleichbare Abbildung der Treibhausgas Emissionen zu erreichen, ist es essenziell, die Bilanzierung auf folgenden Prinzipien aufzubauen:

- **Relevanz:** Die Bilanzgrenzen sind so gesetzt, dass alle relevanten Bereiche abgedeckt sind. Die THG-Bilanz bildet die Emissionen des Unternehmens realistisch ab und ist als Basis für Entscheidungsprozesse im Unternehmen von Nutzen.
- **Vollständigkeit:** Innerhalb der gesetzten Bilanzgrenzen sind alle wesentlichen Emissionsquellen entlang der Wertschöpfungskette abgebildet und bilanziert. In Fällen, in denen die Bilanzierung eines Teilbereichs aufgrund fehlender Daten nicht möglich ist, wird dies entsprechend dokumentiert und transparent kommuniziert.

131 World Resources Institute & World Business Council for Sustainable Development, The Greenhouse Gas Protocol: A Corporate Accounting and Reporting Standard (Revised Edition) (2004) unter: https://ghgprotocol.org/sites/default/files/standards/ghg-protocol-revised.pdf (abgerufen am 10.4.2025).

- **Konsistenz:** Die Methode der THG-Bilanzierung ist zeitlich konsistent. Veränderungen der Unternehmensgrenzen, Methoden, Inputdaten oder anderer Faktoren sind dokumentiert und transparent kommuniziert und führen gegebenenfalls zu einer Neuberechnung oder auch zur Wahl eines anderen Referenzjahres.
- **Transparenz:** Die Methode der Bilanzierung, alle getroffenen Annahmen sowie die Limitierungen sind nachvollziehbar dokumentiert und transparent kommuniziert. Die Dokumentation der Vorgehensweise hat so zu erfolgen, dass unabhängige Prüfer und Prüferinnen mit der gleichen Datenbasis zu einem vergleichbaren Ergebnis kommen.
- **Genauigkeit:** Es ist sicherzustellen, dass weder eine systematische Überschätzung noch – insbesondere – eine systematische Unterschätzung der THG-Emissionen vorliegen. Die Datengenauigkeit muss außerdem hoch genug sein, damit die Ergebnisse als solide Basis für Entscheidungen herangezogen werden können.

5.4.2.1. Company-Carbon-Footprint (CCF)-Berechnung

Als einer der ersten Standards entwickelte sich der CCF-Standard, welcher sich mit der CO_2-Fußabdruckberechnung von Unternehmen beschäftigt. Dabei werden in einem ersten Schritt die Systemgrenzen des Unternehmens definiert. Diese setzen sich aus den organisatorischen und operativen Systemgrenzen zusammen. Sie geben an, welche Organisationseinheiten und Aktivitäten der Carbon Footprint umfasst.

Organisatorische Grenzen

Um ihre organisatorischen Systemgrenzen festzulegen, konnten Unternehmen in der Vergangenheit zwischen dem Equity Share und dem Control Approach wählen: Beim Equity-Share-Ansatz bilanziert das Unternehmen die Emissionen entsprechend seinem Kapitalanteil an der Geschäftstätigkeit. Hält ein Unternehmen etwa 80 % der Anteile an einer Gesellschaft, so fließen 80 % der Emissionen dieses Unternehmens in die Gesamtbilanz ein. Beim Control Approach ist es anders: Das Unternehmen bilanziert 100 % der Emissionen aus Geschäftstätigkeiten, über die es Kontrolle hat. Kontrolle kann in diesem Zusammenhang entweder als finanzielle Kontrolle oder als operative Kontrolle definiert werden.

Da die beiden Ansätze zu unterschiedlichen Ergebnissen führen können, muss das bilanzierende Unternehmen offenlegen, nach welchem Ansatz die Berechnung durchgeführt wurde. Diese unterschiedliche Betrachtungsweise wurde inzwischen weitgehend unterbunden, da jene Unternehmen innerhalb der EU, welche von der Richtlinie über die Nachhaltigkeitsberichterstattung von Unternehmen **(Corporate Sustainability Reporting Directive [CSRD])** betroffen sind, jedenfalls dem Control Approach entsprechend bilanzieren müssen (Details zur CSRD werden in einem späteren Kapitel beschrieben).

Operative Grenzen: Die operativen Systemgrenzen bestimmen, welche Aktivitäten im Detail zu berücksichtigen sind. Auch hier wird zumeist nach GHG Protocol – A Corporate Accounting and Repporting Standard – bilanziert inklusive des Corporate Value Chain (Scope 3) Accounting and Reporting Standard. Dabei werden die Emissionen, für welche die Unternehmen verantwortlich sind, in drei große Bereiche eingeteilt (Scope 1, Scope 2 und Scope 3), auf welche die Unternehmen unterschiedlich großen Einfluss haben.

- **Scope 1:** Emissionen aus Quellen, die der direkten Kontrolle des Unternehmens unterliegen.
- **Scope 2:** Emissionen, die durch die Erzeugung von eingekauftem Strom und Fernwärme sowie den Fernkältebezug des Unternehmens verursacht werden.
- **Scope 3:** Sämtliche weitere Emissionen, welche ein Unternehmen indirekt verursacht.

In nachstehender Abbildung sind die drei Scopes übersichtlich zusammengestellt.

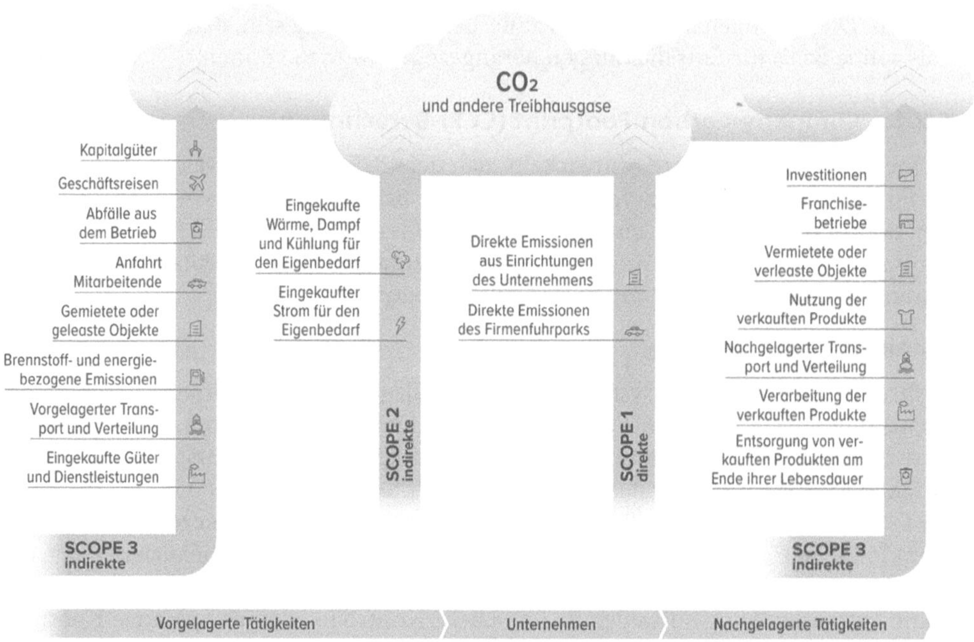

Abb 31: Darstellung von Scope-1-, 2- und 3-Emissionen[132]

Bei den drei Geltungsbereichen oder Scopes handelt es sich um Bilanzierungskategorien, in denen alle direkten und indirekten Emissionen sowie alle Emissionen entlang der Wertschöpfungskette eines Unternehmens erfasst werden. Mithilfe dieser Methode lässt sich bestimmen, welche Emissionen einem Unternehmen zugeordnet werden müssen. Bei der Unterteilung von Emissionen in Scopes handelt es sich um eine reine Unternehmensbetrachtung und daher kann es unternehmensübergreifend zu Doppelzählungen kommen. Dies passiert beispielsweise dann, wenn Energieerzeugungsunternehmen eigene Kraftwerke betreiben und deren Emissionen im Scope 1 bilanzieren müssen (direkte Emissionen), ihre Kunden aber die durch die Energielieferung erhaltenen Emissionen im Scope 2 (indirekte Emissionen) bilanzieren müssen.

132 Eigene Darstellung basierend auf Informationen von ClimatePartner (2025).

Für die Berechnung des CCF eines Unternehmens liefert diese Einteilung einen genauen Überblick darüber, welche Emissionen einem bestimmten Unternehmen zugeschrieben werden können. Mithilfe der Scopes lässt sich zudem verhindern, dass mehrere Unternehmen dieselben Emissionen im selben Scope bilanzieren. Nachstehend sind die drei Scopes nochmals genauer beschrieben.

Scope-1-Emissionen

Die Scope-1-Emissionen können sehr leicht veranschaulicht werden. Hier handelt es sich um Emissionen, welche aus der direkten Verbrennung fossiler Brennstoffe durch das bilanzierende Unternehmen entstehen. Diese Emissionen lassen sich je nach Quelle des ausgestoßenen Gases in vier Unterkategorien einteilen: stationäre Verbrennung, mobile Verbrennung, Prozessemissionen und diffuse Emissionen.

Die stationäre Verbrennung bezieht sich auf Emissionen aus Brennstoffen, die in stationären Anlagen verbrannt werden, zB aus der Verbrennung von Öl oder Gas in einer lokalen Heizungsanlage. Emissionen aus der Verbrennung von Kraftstoffen durch die unternehmenseigene Fahrzeugflotte fallen unter die mobile Verbrennung.

Prozessemissionen entstehen durch physikalische oder chemische Prozesse, wie zB Dämpfe, die während der internen Produktion oder durch andere industrielle Prozesse anfallen. Entstehen die Emissionen durch die Nutzung der eigenen oder direkt kontrollierten Anlagen des Unternehmens, fallen sie unter Scope 1.

Neben Emissionen aus der Verbrennung fossiler Brennstoffe umfasst Scope 1 auch diffuse Emissionen durch Kühlmittel und andere Gase. Diffuse Emissionen stammen beispielsweise aus Lecks, können aber auch durch die geplante schrittweise Freisetzung von Gas entstehen, etwa bei der Abwasseraufbereitung oder durch Kühltürme.

Scope 1 umfasst demnach keine Emissionen aus der Produktion des Stroms, den das bilanzierende Unternehmen einkauft und verbraucht. Scope-1-Emissionen können durch einen (virtuellen) Unternehmenszaun veranschaulicht werden. Emissionen, welche außerhalb dieses Unternehmenszaunes anfallen, gehören nicht zum Scope 1 mit Ausnahme der unternehmenseigenen Fahrzeugflotte.

Scope-2-Emissionen

In diese Kategorie fallen alle indirekten Emissionen aus Elektrizität oder Fernwärme, die ein Unternehmen einkauft und verbraucht. Die Emissionen entstehen während der Energieproduktion und nicht während des Verbrauchs und werden deshalb nicht direkt vom bilanzierenden Unternehmen verursacht.

Da Scope-2-Emissionen physisch an der Stromerzeugungsanlage entstehen, handelt es sich aus Sicht des Stromerzeugers um Scope-1-Emissionen. Folglich bilanziert ein Energieunternehmen dieselben Emissionen unter Scope 1.

Scope-2-Emissionen beinhalten alle indirekten THG-Emissionen aus dem Einkauf von Energie wie Strom, Dampf, Wärme oder Kühlung. Um als Scope-2-Emissionen bilanziert werden zu können, muss die Energie extern produziert und vom bilanzierenden Unternehmen verbraucht werden.

Ein typisches Beispiel ist der Strom, den ein Unternehmen vom Stromversorger bezieht. In diesem Fall entstehen die Emissionen, wenn das Versorgungsunternehmen fossile Brennstoffe verbrennt und die Energie in Strom oder Wärme umwandelt. Diese Emissionen werden außerhalb des bilanzierenden Unternehmens erzeugt und gelten deshalb als indirekte Emissionen.

Erzeugt ein Unternehmen, beispielsweise ein Industriewerk, jedoch selbst Energie aus Quellen, die es besitzt oder direkt kontrolliert, gelten die dadurch verursachten Emissionen als direkte Scope-1-Emissionen. Dasselbe gilt für Unternehmen wie Stromversorger, die über eigene Stromerzeugungsanlagen verfügen und den erzeugten Strom vollständig in das lokale Stromnetz einspeisen. Auch hier handelt es sich um direkte Emissionen, die als Scope-1-Emissionen erfasst und bilanziert werden müssen.

Scope 2 umfasst alle indirekten Emissionen, die durch die Erzeugung von eingekaufter Energie entstehen. Alle anderen Emissionen aus der Produktion und Verarbeitung von Brennstoffen und der Verteilung von Energie über ein Energienetz werden unter Scope 3 erfasst.

Scope-3-Emissionen

Scope 3 ist der dritte und umfangreichste Geltungsbereich für die Emissionsbilanzierung nach dem GHG Protocol. Diese Kategorie umfasst alle indirekten THG-Emissionen aus Quellen, die das bilanzierende Unternehmen nicht besitzt oder direkt kontrolliert.

Die Scope-3-Emissionen machen in der Regel den größten Anteil am CO_2-Fußabdruck eines Unternehmens, dem sogenannten Corporate Carbon Footprint, aus und entstehen durch vor- und nachgelagerte Aktivitäten entlang der Wertschöpfungskette, wie zB den Transport und die Verteilung von Waren und Dienstleistungen oder die Entsorgung von Produkten durch den Endverbraucher. Weitere Quellen von Scope-3-Emissionen sind die Gewinnung und Produktion eingekaufter Rohstoffe und der Gebrauch verkaufter Produkte und Dienstleistungen.

Kategorien von Scope-3-Emissionen

Das GHG Protocol unterscheidet bei den Scope-3-Emissionen zwischen vorgelagerten und nachgelagerten Emissionen und unterteilt diese in 15 Kategorien. Nicht jede Kategorie ist für jedes Unternehmen relevant. Für die Entwicklung und Umsetzung wirkungsvoller Reduktionsstrategien ist es dennoch nützlich, die einzelnen Kategorien zu kennen und zu verstehen, wobei in vorgelagerte und nachgelagerte Emissionen unterschieden wird. Daher verlangt die EU im Rahmen der Richtlinie über die Nachhaltigkeitsberichterstattung von Unternehmen **(CSRD)**, dass jede Kategorie zu berichten ist, sobald diese wesentlich ist. Um diese Wesentlichkeit feststellen zu können, bedarf es einer vollständigen Erstberechnung. Daher müssen Unternehmen, welche von der CRSD betroffen sind, alle nachstehend dargestellten Scope-3-Emissionen bilanzieren (Details zur CSRD werden in einem späteren Kapitel beschrieben).

Vorgelagerte Emissionen stehen im Zusammenhang mit eingekauften Waren und Dienstleistungen und werden Cradle-to-gate, also „von der Wiege bis zum Werkstor“ erzeugt. Es gibt acht Kategorien vorgelagerter Emissionen:

1. Emissionen aus der Herstellung eingekaufter Waren und Dienstleistungen, wie zB aus der Gewinnung und Verarbeitung von Rohstoffen. Zu dieser Kategorie gehören auch

der Strom, der durch vorgelagerte Aktivitäten verbraucht wird, sowie der Transport zwischen Lieferanten;

2. Emissionen aus der Produktion von Anlagegütern, die das bilanzierende Unternehmen einkauft, wie zB der Geräte, Maschinen, Gebäude, Anlagen und Fahrzeuge;
3. Emissionen aus brennstoff- und energiebezogenen Aktivitäten, darunter die Gewinnung, Herstellung und der Transport von Brennstoffen, die vom bilanzierenden Unternehmen verbraucht werden. Dazu gehört der Abbau von Kohle, die Raffination von Rohöl zu Benzin, der Transport und die Verteilung von Erdgas sowie die Herstellung von Biokraftstoffen;
4. Emissionen aus dem Transport und der Verteilung von Produkten und Dienstleistungen, die vom bilanzierenden Unternehmen gekauft werden, in Fahrzeugen und Anlagen, die das Unternehmen weder besitzt noch betreibt. Dazu gehören sämtliche Frachtarten und die Lagerung eingekaufter Produkte in Lagerhallen, Verteilzentren und Verkaufseinrichtungen;
5. Emissionen Dritter aus der Entsorgung und Aufbereitung von Abfällen und Abwässern, die durch betriebliche Abläufe entstehen, die das bilanzierende Unternehmen besitzt oder direkt kontrolliert;
6. Emissionen aus der Beförderung von Mitarbeitern für Geschäftstätigkeiten mit Fahrzeugen, die Dritte besitzen oder betreiben, wie zB Flugzeuge, Züge, Busse und Pkw;
7. Emissionen aus der Beförderung von Pendlern in Fahrzeugen, die andere Unternehmen besitzen oder betreiben;
8. Emissionen aus dem Betrieb von Sachanlagen, die das bilanzierende Unternehmen anmietet, wie zB Bürogebäude.

Nachgelagerte Emissionen sind indirekte THG-Emissionen, die in Verbindung mit den verkauften Waren und Dienstleistungen eines Unternehmens stehen. Diese Emissionen fallen an, nachdem das Produkt die Kontrolle des bilanzierenden Unternehmens verlassen hat. Es gibt sieben Kategorien nachgelagerter Emissionen:

1. Emissionen aus dem Transport und der Verteilung von Produkten, die an Endverbraucher mit Fahrzeugen und Anlagen, die das bilanzierende Unternehmen nicht besitzt oder direkt kontrolliert, verkauft werden;
2. Emissionen aus der Verarbeitung verkaufter Produkte durch Dritte (zB Hersteller), die vor dem Gebrauch durch den Endverbraucher weiterverarbeitet, transformiert oder in ein anderes Produkt integriert werden müssen, wie landwirtschaftliche oder chemische Erzeugnisse;
3. Emissionen aus der Nutzung verkaufter Produkte, wie beispielsweise die erforderliche Wärme zur Nutzung von Koch- oder Reinigungsgeräten;
4. Emissionen aus der Entsorgung und Behandlung verkaufter Produkte mit unterschiedlichen Methoden der Abfallentsorgung und -aufbereitung;
5. Emissionen aus dem Betrieb von Sachanlagen, die das Unternehmen an Dritte vermietet;
6. Emissionen aus Franchise-Betrieben;
7. Emissionen aus Investitionen, darunter Beteiligungen, Kredite, Projektfinanzierung, verwaltete Investitionen und Kundenservices.

Da in vielen Unternehmen die Scope-3-Emissionen den größten Anteil am Carbon Footprint haben, produzierende Unternehmen sogar den weitaus größten, sind diese Emissionen von großer Wichtigkeit. Scope-3-Emissionen sind jedoch meist schwer zu berechnen, da sie gleichsam über die Lieferkette zugekauft werden. Trotz der aufwendigen Erfassung und Berechnung verlangen viele Bilanzierer inzwischen alle relevanten Emissionsquellen vollständig zu erfassen. Ein Corporate Carbon Footprint ohne die Berechnung der Scope-3-Emissionen ist unvollständig. Es wird daher immer mehr zum Standard, dass alle Kategorien von Scope 3 berichtet werden, auch dann, wenn Unternehmen nicht unter die CSRD fallen. Grundsätzlich müssen aber dadurch deutlich mehr Daten erhoben werden, weil zB auch begleitende Informationen zum Energieträgermix offengelegt werden müssen.

In nachstehender Abbildung sind die vor- und nachgelagerten Emissionen nochmals anschaulich dargestellt:

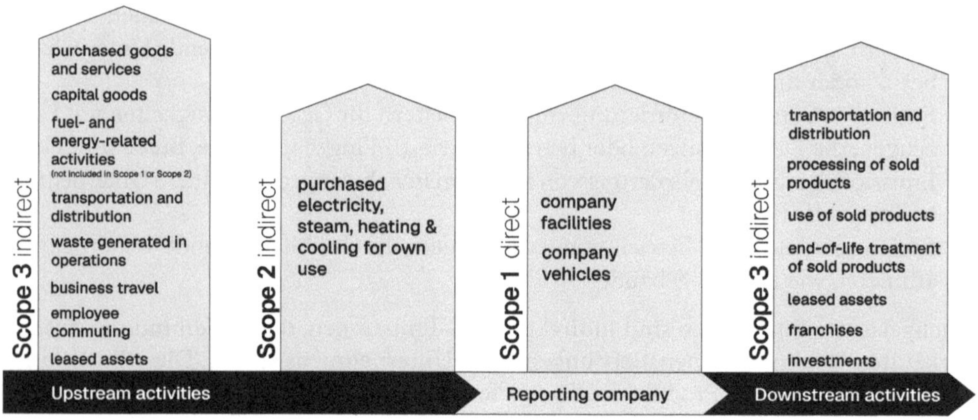

Abb 32: Darstellung der vor- und nachgelagerten Scope-3-Emissionen[133]

5.4.2.2. Product-Carbon-Footprint (PCF)-Berechnung

Parallel zur CCF-Berechnung hat sich die PCF-Berechnung entwickelt, welcher den CO_2-Fußabdruck von Produkten betrifft. Ähnlich wie beim CCF wurden die ersten Berechnungen bereits vor der letzten Jahrhundertwende durchgeführt, ohne dass es damals dafür einheitliche Standards gab. Auch hier war der Markt schneller als das Regelwerk, daher lag auch hier von Anfang an das Problem in der Vergleichbarkeit und in der Transparenz der Ergebnisse.

Wissenschaftlich betrachtet handelt es sich bei der PCF-Berechnung um eindimensionale Ökobilanzen und daher konnte man sich zumindest an vor dem Jahr 2000 bereits bestehenden Ökobilanzmethoden orientieren. Bis zum ersten reinen PCF-Standard dauerte es allerdings. Wieder waren die Briten die ersten mit PAS 2050. Dann folgte das GHG Protocol und dann ISO, wobei hier die ISO 14067 (Greenhouse gases – Carbon

133 Eigene Darstellung basierend auf Informationen von ClimatePartner (2025).

footprint of products – Requirements and guidelines for quantification) besonders relevant ist. Details dazu sind im weiteren Verlauf angegeben.

Bereits bei Unternehmen war die Definition, für welche Emissionen diese verantwortlich sind, nicht einfach, bei Produkten war die Definition der Betrachtungsgrenzen aber noch schwieriger, schließlich gab es hier keinen (virtuellen) Unternehmenszaun, sondern die Produkte wurden aufgrund der Globalisierung in verschiedenen Teilen der Welt generiert, produziert, transportiert und entsorgt.

Ein CO_2-Fußabdruck des Produkts (PCF) gibt Aufschluss über alle wesentlichen Treiber von CO_2- Emissionen eines Produktes und ist Ausgangspunkt für effektive Reduktionsmaßnahmen. Ein PCF ermittelt die Klimabelastung eines Produkts über seinen gesamten Lebensweg – von der Rohstoffgewinnung bis zum Recycling oder der Entsorgung entstehen klimarelevante Auswirkungen in Form von Treibhausgasemissionen. Daher muss zunächst in einem ersten Schritt die Systemgrenze der Berechnung festgelegt werden.

Für Produkte wird zunächst eine funktionelle Einheit definiert. Sie gibt die Referenzmenge und gegebenenfalls die zugrunde gelegte Verwendung vor. Durch die Definition der funktionellen Einheit legt man zugleich fest, welche Lebenszyklusphasen einbezogen werden: Beim oftmaligen Tragen des T-Shirts ist die Nutzungsphase eingeschlossen, da das Produkt mehrmals verwendet wird und durch den notwendigen Waschvorgang große Mengen an Energie benötigt werden. Bei einem Kosmetikprodukt wird die Nutzungsphase dagegen nicht betrachtet, da diese sehr kurz ist und keine Emissionen mehr auslöst. Die Lebenszyklusphasen sind ein Teil der Systemgrenzen. Deshalb hat die Definition der funktionellen Einheit Einfluss darauf, wie die Systemgrenzen gezogen werden.

Es gibt für Produkte mehrere Möglichkeiten, funktionelle Einheit, Lebenszyklus und Systemgrenzen festzulegen. Die Systemgrenzen müssen deshalb in allen Ergebnisberichten genau erklärt werden. Die funktionelle Einheit gibt an, welche Phasen bei der Berechnung von Emissionen berücksichtigt werden. Die Definition der Systemgrenzen für Produkte erfolgt entlang der Produktlebenszyklusphasen, die wie folgt gruppiert werden können:

a) Materialbeschaffung und Vorverarbeitung,
b) Produktion,
c) Transport und Lagerung,
d) Nutzung,
e) Lebensende.

Es wird bei den Lebenszyklusphasen zwischen Cradle-to-grave (gesamter Lebenszyklus) und Cradle-to-customer plus End-of-life (gesamter Lebenszyklus ohne Nutzungsphase) unterschieden. Einige Anbieter im freiwilligen Klimaschutz führen auch Berechnungen zu den Phasen Cradle-to-gate (alle Prozesse bis zum Werkstor plus End-of-life) durch, da zu diesem Zeitpunkt oft ein Eigentumsübergang stattfindet, wenn das Produkt ab Werkstor verkauft wird. Der In-Betrieb-Bringer des Produkts fühlt sich oft nach diesem Eigentumsübergang nicht mehr verantwortlich für in weiterer Folge entstehende Emissionen.

Wenn Produkte miteinander verglichen werden sollen, empfiehlt sich immer die vollständige Lebenszyklusbetrachtung. Verursachen Produkte in der Nutzungsphase signifikante Emissionen, müssen diese Emissionen ebenfalls berücksichtigt und der vollständige Lebenszyklus betrachtet werden. Emissionen, die dem Produkt nicht direkt zugeordnet werden können, für die Herstellung aber notwendig sind, wie die Anfahrt der Mitarbeitenden oder Dienstreisen, wurden als Gemeinemissionen ebenfalls in die Berechnung einbezogen.

Der Ansatz Cradle-to-customer plus End-of-life wurde früher am häufigsten für Berechnungen von PCFs verwendet. Ein Customer ist dabei der erste direkte Kunde des Unternehmens, der den PCF berechnet. Es ist also nicht unbedingt der Konsument, sondern womöglich ein Weiterverkäufer. Dieser Ansatz war relativ leicht zu berechnen, da man dabei nicht auf Daten von anderen Unternehmen angewiesen war. Inzwischen wurden aber die Berechnungsmethoden strenger und verfeinert, daher ist gegenwärtig zumindest der Cradle-to-gate-Ansatz verlangt. Der anspruchsvollste Weg ist jener, welcher den Cradle-to-grave-Ansatz berücksichtigt. Dieser Weg ist nachstehend grafisch dargestellt.

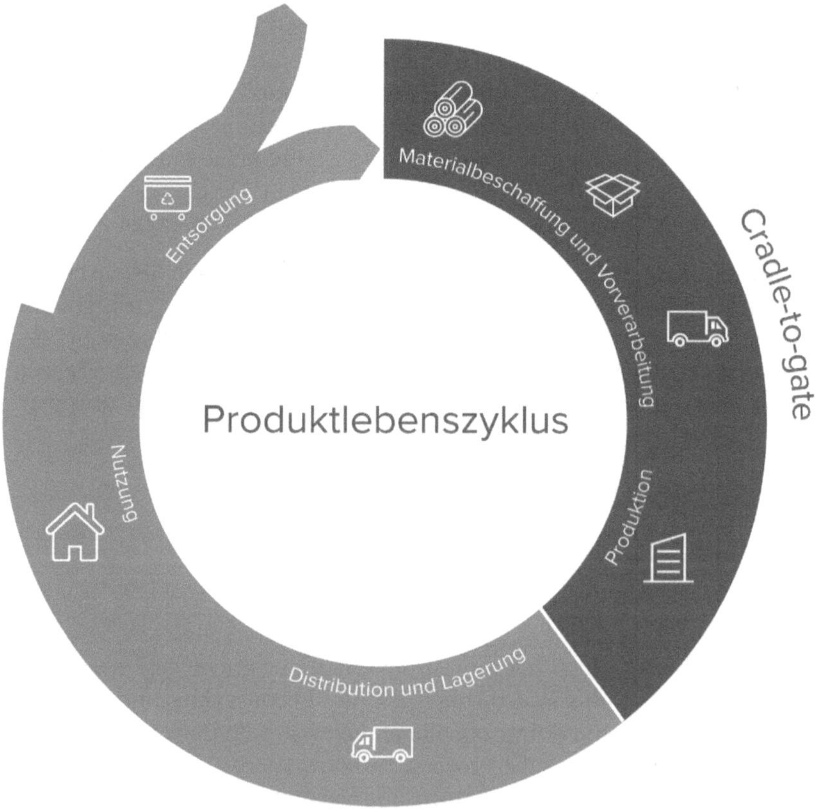

Abb 33: Produktlebenszyklus nach dem Cradle-to-grave-Ansatz[134]

134 Eigene Darstellung basierend auf Informationen von ClimatePartner (2025).

Weitere Besonderheiten bei der PCF-Berechnung

Nutzungsphase

Es ist grundsätzlich empfehlenswert, die Nutzungsphase dann zu berücksichtigen, wenn signifikante Emissionen daraus zu erwarten sind. Dies kann beispielsweise bei Elektronikgeräten der Fall sein, die über ihre Lebensdauer aufgrund ihres Stromverbrauchs hohe Emissionen in der Nutzung verursachen oder für deren Nutzung fossile Kraftstoffe erforderlich sind. Da in aller Regel gewisse Unsicherheiten in Bezug auf das Nutzungsprofil bestehen, müssen entsprechende Nutzungsszenarien definiert werden. Hierbei empfiehlt es sich, einen konservativen Ansatz zu wählen, damit die CO_2-Emissionen nicht systematisch unterschätzt werden.

Gemeinemissionen

Neben den Emissionen, die einem Produkt oder einer Dienstleistung direkt entstehen, werden beim PCF auch Emissionen berücksichtigt, die nur indirekt zugeordnet werden können: die sogenannten Gemeinemissionen. Sie entstehen durch die Geschäftstätigkeiten des Unternehmens, ohne die die Fertigung des Produkts oder das Anbieten der Dienstleistung nicht möglich wäre. Darunter fallen Aktivitäten wie die Arbeitswege der Mitarbeitenden. Da sich die Gemeinemissionen nicht direkt einzelnen Produkten, Dienstleistungen oder Aktivitäten zurechnen lassen, erfolgt in den meisten Fällen eine Allokation anhand physikalischer (zB Stückzahlen, Gewicht, Volumen) oder ökonomischer Größen (zB Kosten, Umsatz).

Umgang mit Gutschriften und vermiedenen Emissionen in der Entsorgungsphase

Für die Berücksichtigung von Emissionen aus der Abfallentsorgung und speziell für Recyclingprozesse existieren unterschiedliche Allokationsverfahren. Dabei werden teilweise Emissionen zwischen verschiedenen Lebenszyklen eines Materials verschoben oder Gutschriften erteilt. Für die Berechnung ist es entscheidend, dass alle relevanten Emissionen vollständig erfasst werden. Bei diesen Gutschriften wird häufig der sogenannte Recycled-Content-Ansatz verwendet. Dieser Ansatz wird unter anderem durch den GHG Protocol Product Life Cycle Accounting and Reporting Standard empfohlen und findet sich auch in anerkannten Ökobilanzdatenbanken wie ecoinvent wieder.

Bei der Entsorgung werden im Fall von Recycling alle mit dem Recycling verbundenen Emissionen (Sammlung, Sortierung, Aufbereitung) dem resultierenden Recyclingmaterial und somit dem zweiten Lebenszyklus zugerechnet. Im Umkehrschluss werden also dem Ursprungsprodukt aus dem ersten Lebenszyklus keine Emissionen aus dem Recycling zugerechnet. So lassen sich Doppelzählungen von Emissionen bei Recyclingprozessen vermeiden.

Wird beispielsweise ein Eierkarton aus alten Zeitschriften hergestellt, dann sind die Emissionen wie folgt zuzuordnen: Emissionen durch Rohstoffe, Energieverbräuche, Transporte und andere Prozesse für die Herstellung des Frischfaserpapiers werden dem ersten Produktlebenszyklus, also den Zeitschriften, zugerechnet. Für das Recycling werden den Zeitschriften keine Emissionen zugerechnet, da sie vollständig wiederverwertet werden. Im zweiten Lebenszyklus – Eierkarton – werden keine Emissionen für den Rohstoff Frischfaserpapier angerechnet, da diese bereits dem ersten Lebenszyklus zugeordnet waren. Allerdings werden sämtliche Recyclingemissionen aus Altpapiersammlung,

Sortierung, Aufbereitung und Transport dem neuen Produkt Eierkarton zugerechnet. Umgekehrt werden Emissionen, die zB bei der Verbrennung von Abfall entstehen, vollständig dem abfallverursachenden Produkt zugewiesen, sodass dem erzeugten Strom oder der Wärme entsprechend keine CO_2-Emissionen zugerechnet werden.

Durch das Produkt oder einen Prozess im Lebenszyklus indirekt reduzierte Emissionen bezeichnet man als vermiedene Emissionen. Solche vermiedenen Emissionen ergeben sich zB bei der Stromerzeugung durch Abfallverbrennung (Entsorgungsphase). Theoretisch wird dadurch Stromerzeugung in anderen Kraftwerken vermieden. Solche „Avoided Emissions" sind klar von direkten Reduktionen zu trennen – wie einer Verringerung des Stromverbrauchs in der Produktion oder Umstieg auf Ökostrom. Das GHG Protocol gibt klar vor, dass vermiedene Emissionen nicht Teil des Carbon Footprints eines Produktes sein dürfen.

Beispiel: PCF-Berechnung von Papier

In deutschsprachigen Ländern wurden zu Beginn des freiwilligen Marktes sehr häufig PCF-Berechnungen von Druckprodukten durchgeführt. Daher wird nachstehend diese Berechnung anhand von Papier beschrieben, welche beispielgebend für anderen Produktgruppen angeführt wird. Für diese Berechnung wurde von der Confederation of European Papier Industries (CEPI) eine eigene Methodik entwickelt, welche international anerkannt ist. Diese Methodik verwendet die Analogie, dass die Fußabdruckberechnung auf zehn Zehen (10 Toes) aufgeteilt wird, wobei jede Zehe einem einzelnen Berechnungsschritt entspricht.

Die 10 Toes der CEPI-Methodik zur Ermittlung des Carbon Footprints von Papier folgt dem Lebenszyklus des Papiers von der Wiege zur Bahre. Im Folgenden werden die in den jeweiligen „Toes" berücksichtigten Emissionsquellen erläutert. Grundlage für den CO_2-Wert eines Papiers sind die Toes 3–7 (weiter unten fett dargestellt). Über diese Toes können genaue Angaben erhoben und zur Berechnung herangezogen werden. Die anderen Toes (1–3 und 8–10) geben ein vollständiges Gesamtbild, der PCF-Wert setzt sich aber nur aus den Toes 3–7 zusammen, da CO_2-Emissionen während der Nutzungsphase nicht berücksichtigt werden. CO_2-Gutschriften (durch gebundenes CO_2 im Produkt oder durch vermiedene Emissionen durch eine mögliche Verbrennung nach der Nutzung) werden bei der aktuellen CEPI-Berechnungslogik am Ende der Lebensdauer in Abzug gebracht.

Toe 1	Kohlenstoffbindung durch Biomasse in Wäldern
Toe 2	Biogener Kohlenstoff in Forstprodukten
Toe 3	**Treibhausgasemissionen von Produktionsanlagen für Forstprodukte**
Toe 4	**Treibhausgasemissionen von der Herstellung von Papierfasern**
Toe 5	**Treibhausgasemissionen von der Herstellung anderer Rohstoffe und Treibstoffe**
Toe 6	**Treibhausgasemissionen von gekauftem und verkauftem Strom, Dampf, Wärme, Wasser**
Toe 7	**Treibhausgasemissionen von Transport**

Toe 8	Treibhausgasemissionen durch die Produktnutzung
Toe 9	Treibhausgasemissionen durch die Entsorgung
Toe 10	Vermiedene Treibhausgasemissionen

Die nachstehende Grafik visualisiert die einzelnen Berechnungsschritte:

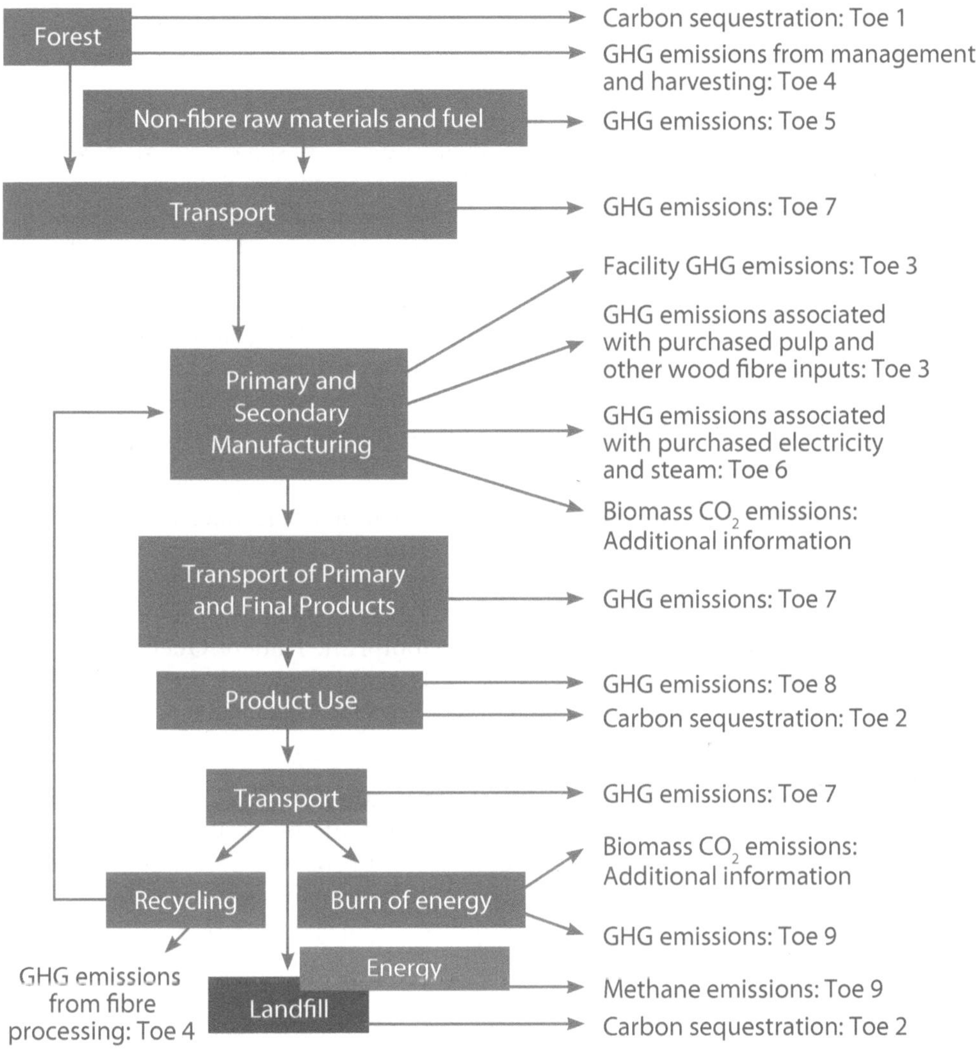

Abb 34: CO_2-Fußabdruckberechnung nach der CEPI-Methode[135]

135 CEPI, Framework for carbon footprints for paper and board products. Confederation of European Paper Industries (2017) unter https://www.cepi.org/wp-content/uploads/2021/02/ENV-17-035.pdf (abgerufen am 10.4.2025).

5.4.2.3. Datenbanken für Emissionsfaktoren (EF)

Emissionsfaktoren (EF) liefern eine valide Schätzung der Umwelteinflüsse verschiedener Materialien, Produkte, Dienstleistungen und Prozesse. Sie sind unterschiedlichen Quellen zu entnehmen, welche teilweise kostenpflichtig und teilweise gratis und ein wichtiger Bestandteil der Berechnung eines CO_2-Fußabdrucks sind.

EF werden im Allgemeinen als CO_2-Äquivalente angegeben oder CO_{2e}. Mit dieser Einheit kann der Einfluss mehrerer THG abgebildet werden. Neben CO_2 sind zB auch Methan und Distickstoffmonoxid abgedeckt. CO_2 wird als Masse berechnet und gibt den Einfluss aller THG mit ihren relativen Erderwärmungspotentialen im Vergleich zu CO_2 wieder.

EF geben an, wie viel CO_2 pro Referenzeinheit in die Atmosphäre emittiert wird. Sie werden meistens in Kilogramm CO_2 pro Einheit angegeben. Die Referenzeinheit kann das Gewicht, das Volumen, die Entfernung oder die Dauer einer Aktivität darstellen. Ein EF kann zB als die Kilogrammmenge an CO_2 ausgedrückt werden, die pro Kilowattstunde an verbrauchtem natürlichem Gas emittiert wird, kurz kg CO_2/kWh.

Es gibt mehrere Wege, wie EF ermittelt werden können. Dazu gehören unter anderem mathematische Modellierungen sowie Tests. Aufgrund dieser Vielzahl an Methoden können demselben Produkt oder derselben Tätigkeit unterschiedliche EF zugewiesen werden. In den meisten Fällen stellen die EF den Durchschnitt aller verfügbaren Daten von ausreichend hoher Qualität dar.

Emissionsfaktoren, welche auf die oben beschriebene Art berechnet werden, können über eine Reihe von Datenbanken abgerufen werden. Gängige Open-Source-Datenbanken werden von Umweltbehörden wie BEIS in Großbritannien oder von unabhängigen Einrichtungen wie der Datenbank des IPCC bereitgestellt. Beispiele für kommerzielle Datenbanken sind Ecoinvent und Agri-footprint. Andere Quellen enthalten Forschungsarbeiten und branchenspezifische Datenbanken, wie die Ökobaudat in Deutschland. Auch einige Umweltbundesämter verwalten Datenbanken und veröffentlichen regelmäßig Emissionsfaktoren.

Die Emissionen eines Produkts werden durch die Multiplikation der Emissionsfaktoren mit den Aktivitätsdaten, unter anderem die Menge, die Entfernung, die Dauer und andere relevante Aspekte der eingesetzten Materialien und Prozesse, berechnet. Um einen CO_2-Fußabdruck zu ermitteln, muss ein Unternehmen mindestens die Aktivitätsdaten bereitstellen.

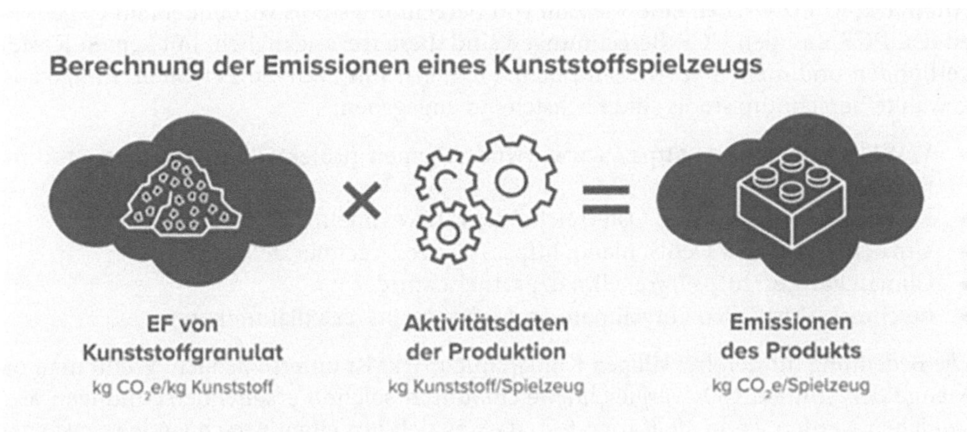

Abb 35: Aktivitätsbasierte Berechnung von CO_2-Emissionen[136]

EF können auch aufgrund unterschiedlicher Forschungsmethoden, Regionen und Zeiträume, in denen sie erfasst wurden, variieren, selbst wenn sie für das gleiche Material ermittelt wurden. Das hat zur Folge, dass sich die Daten zwischen den auf verschiedene Arten berechneten EF unterscheiden. Faktoren wie die Region oder die Referenzeinheit erleichtern die Wahl der geeigneten EF.

Zusätzlich dazu „altern" die EF mit der Zeit, es muss daher immer angegeben werden, zu welcher Zeit der entsprechende Emissionsfaktor aus der Datenbank entnommen wurde. Der Grund dafür kann beispielsweise durchaus positiv sein: Durch die fortschreitende Dekarbonisierung des Strommixes wird der CO_2-Anteil des zugekauften Stromes und dadurch auch dieser Teil des EF geringer. Diese laufende Verbesserung sollte sich in einem geringer werdenden CO_2-Wert zeigen.

Bei EF handelt es sich aus Gründen der Vorsichtigkeit um eine konservative Schätzung, da alle Abweichungen innerhalb einer Produktkategorie berücksichtigt werden müssen. In einigen Fällen stammen die Zahlen aus einer allgemeinen Datenbank oder stellen einen Marktdurchschnitt dar. Aus diesem Grund werden die Berechnungen dann genauer, wenn EF durch Primärdaten ersetzt werden. Das Ersetzen der EF durch Primärdaten bedeutet auch, dass die anschließenden Maßnahmen zur Emissionsreduktion viel gezielter sind.

5.4.2.4. Freiwilliger Klimaschutz für Personen

Nicht nur Unternehmen, Produkte, Veranstaltungen und Dienstleistungen waren Marktteilnehmer im freiwilligen Klimaschutz, auch die Berechnung von Emissionen einzelner Personen erfreut sich zunehmender Beliebtheit. Hier stand die Bewusstseinsbildung im Vordergrund und nicht die Kompensation, denn die wenigsten Personen, die eine Berechnung ihrer eigenen CO_2-Emissionen durchführten, investierten anschließend in ein Klimaschutzprojekt, um diese auszugleichen.

136 Eigene Darstellung basierend auf Informationen von ClimatePartner (2025).

Am Markt ist inzwischen eine Vielzahl von Berechnungstools vorhanden, im Gegensatz zu den PCF-und den CCF-Berechnungen sind diese frei zugänglich, mit keinen Kosten verbunden und dienen vorwiegend dem Vergleich mit anderen Personen. Einige ausgewählte Berechnungstools sind nachstehend angegeben:

- WWF-Klimarechner: https://www.wwf.de/themen-projekte/klimaschutz/wwf-klimarechner
- Klimaschutzministerium Österreich: https://www.mein-fussabdruck.at/
- Umweltbundesamt Deutschland: https://uba.co2-rechner.de/de_DE/
- ClimatePartner: https://you.climatepartner.com/de/
- myclimate: https://co2.myclimate.org/de/footprint_calculators/new

Die Bedeutung für den freiwilligen Klimaschutzmarkt ist unterschiedlich. Wenn man die Menge der Tonnen CO_2 vergleicht, welche durch solche Personenberechnungen ausgeglichen werden, dann stellt man fest, dass es sich um einen verschwindend geringen Betrag handelt, insbesondere dann, wenn man diesen mit der Kompensationsmenge von Unternehmen oder von Produkten vergleicht. Trotzdem hat dieser Markt seine Bedeutung, denn vielen wird erst im Zuge solcher Berechnungen klar, in welchen Lebensbereichen man es selbst in der Hand hat, Emissionsreduktionen zu erreichen.

Die CO_2-Einsparung, die eine vegetarische oder vegane Lebensweise mit sich bringt, welche Auswirkungen ein einziger Langstreckenflug hat oder wie sich der Umstieg auf Elektromobilität auswirkt, wird durch eine solche Berechnung auf Knopfdruck sichtbar. Dadurch ist das „Sichtbarmachen" einer ökologischen Lebensweise ein unverzichtbarer Bestandteil geworden.

5.4.2.5. Sicherheitsaufschlag für CO_2-Fußabdruckberechnungen

Jede CO_2-Bilanz enthält aber zu einem gewissen Grad Unsicherheiten. Im Folgenden sind einige typische Quellen für Unsicherheiten aufgelistet:

- CO_2-Emissionen werden nicht gemessen, sondern mithilfe von Emissionsfaktoren berechnet. Diese Berechnung beinhaltet mehr Unsicherheiten als genaue Messungen.
- Es kann Datenlücken geben, die nur durch Schätzungen, Annahmen oder Hochrechnungen geschlossen werden können.
- Bei der Erfassung und weiteren Verarbeitung von Daten können trotz sorgfältiger Kontrolle Fehler unterlaufen.

Viele Unternehmen und Produkte wurden in der Vergangenheit als „klimaneutral" ausgelobt. Durch die in den letzten Jahren zunehmende Diskussion rund um das Thema Greenwashing (siehe Kapitel 5.5.) geht man inzwischen viel sensibler mit diesem Begriff um. Doch bereits vor der Greenwashing-Diskussion wurde ein Sicherheitsaufschlag eingeführt, welcher auf die Berechnungsergebnisse aufgeschlagen wurde, um sicherzustellen, dass ein Unternehmen oder ein Produkt vollständig berechnet wurde. Dieser Sicherheitsaufschlag betrug mindestens 10 % der berechneten Emissionen.

Bei Produkten, Dienstleistungen oder Unternehmen, die in der Vergangenheit als „klimaneutral" ausgelobt wurden, betrug die auszugleichende Menge daher meistens mehr als 100 % der berechneten Emissionen. Der Sicherheitsaufschlag wurde generell auf das

Gesamtergebnis bezogen und nicht auf einzelne Posten. Der Sicherheitsaufschlag war nur für den möglichen Ausgleich relevant und verändert die CO_2-Bilanz selbst nicht. Durch die Sensibilisierung des Marktes (besonders in EU-Europa) wird der Begriff „klimaneutral" selten oder gar nicht mehr verwendet und der Sicherheitsaufschlag daher obsolet.

5.4.3. Klimaschutzprojekte

Im Kapitel 2. (Emissionshandel auf zwischenstaatlicher Ebene) wurde bereits die Vorgangsweise für die Entwicklung von Klimaschutzprojekten, welche für den Emissionshandel geeignet waren, beschrieben. Für diese Projekte wurden bereits zu Beginn Standards definiert. Wie zuvor beschrieben, war der Compliance Market aber nicht ausreichend, um das Problem der Klimakrise auch nur ansatzweise in den Griff zu bekommen.

Daher entstand auch im Bereich der Klimaschutzprojekte gewissermaßen von selbst ein freiwilliger Markt, und zwar zu Beginn wieder völlig ungeregelt und dezentral. Dadurch fehlten einheitliche Vorgaben, da der Ankauf und die Stilllegung von Emissionszertifikaten aus Projekten stammten, die nicht immer den üblichen CDM- und JI-Vorgaben entsprachen, welche im verpflichtenden Markt vorgeschrieben waren. Da der Markt im freiwilligen Klimaschutz eben frei war, entwickelten verschiedene Anbieter von Klimaschutzprojekten neue Standards, die nicht der Kontrolle der UNFCCC unterlagen.

Durch diese Vorgangsweise war es möglich, nicht nur in die bekannten CO_2-Einsparungsprojekte, sondern auch in andere Projekte wie zB in Waldschutzprojekte zu investieren. Hier wurden die Geldmittel nicht dafür verwendet, dass Projekte im Bereich erneuerbarer Energie (wie etwa Windkraftanlagen) finanziert werden, sondern das Geld wurde dafür verwendet, dass Bewohner in Regenwaldgebieten Zahlungen dafür erhielten, dass der dortige Wald **nicht** gerodet wird.

Die Tatsache, dass sich der freiwillige Markt auch in diesem Bereich zunächst ungeregelt entwickelte, trug das Risiko in sich, dass auch Projekte angeboten wurden, welche Angriffsfläche für Kritik boten. Diese Kritik mag für viele Projekte ungerechtfertigt gewesen sein, für einige „schwarze Schafe" waren kritische Stimmen aber sicherlich zutreffend. Daher musste auch im freiwilligen Klimaschutz die Projektentwicklung standardisiert werden. Dies ging einerseits zulasten von Sonderprojekten, welche gut gemeint entwickelt wurden, bei denen aber die dahinterliegenden Standards fehlten, andererseits gewinnt dadurch der Markt immer mehr an transparenten Regeln, welche künftig dazu führen werden, dass die vereinzelt in Misskredit gekommene Glaubwürdigkeit der Projekte wieder steigen wird. Der Markt ist inzwischen „erwachsen geworden" und es gibt heute viele bestehende Standards, die aus Sicht der Autoren ausreichend sind, die grundlegenden Kriterien für Klimaschutzprojekte abzubilden. Darüber hinaus gibt es eine Reihe von Initiativen am Markt zur Verbesserung der Integrität.

Vorgangsweise bei der Entwicklung von Projekten im freiwilligen Klimaschutz

Die Vorgangsweise ist unterschiedlich, je nachdem welcher konkrete Standard angewandt wird. Trotzdem gibt es einige Prinzipien, die inzwischen von allen Projektentwicklern eingehalten werden, um verwertbare „Carbon Credits" zu erhalten. Als Vorlage galt auch hier der verpflichtende Markt, der seine Vorgangsweise seit dem Beginn deutlich angepasst hat und inzwischen sehr strenge und komplexe Regeln bei der Projektentwicklung anwendet.

Diese strikte Vorgangsweise hat per Definition für den freiwilligen Markt keine Gültigkeit. Trotzdem mussten auch in diesem Bereich Prinzipien entwickelt werden, um die Vielzahl der Projekte vergleichen und prüfen zu können. Diese Prinzipien, welche eine im wesentlichen einheitliche Vorgangsweise aller Projektentwickler zur Folge hatte, beschreiben den Lebenszyklus eines Klimaschutzprojektes und können durch die Einhaltung der folgenden Schritte zusammengefasst werden:

- **Projektplanungsphase:** Zu Beginn überprüft ein Projektentwickler die generelle Machbarkeit des Projekts, das Projektdesign und die Finanzierung. Anschließend wird analog zum Compliance Market das sogenannte Project Design Document (PDD) erstellt, welches alle grundsätzlichen Informationen zum Projekt, beispielsweise das Projektziel, den Standort, den Zeitplan und die Projektlaufzeit enthält. Das PDD stellt eine Planung dar, ähnlich einem Business Plan.
- **Validierung:** Im nächsten Schritt überprüfen unabhängige Auditoren das PDD und die darin enthaltenen Informationen. Dazu gehören oft auch Projektbesuche mit Interviews und Analysen vor Ort. Auditoren sind akkreditierte, neutrale Prüfer, welche vom Register als Validierungs- und Verifizierungsstelle zugelassen sein müssen. Beispiele für Prüfinstitutionen sind der TÜV Nord/Süd, S&A Carbon LLC oder SCS Global Services. Einige Projekte scheitern an dieser Stelle, da die Prüfer das Projekt nicht positiv validieren.
- **Registrierung:** Nach der erfolgreichen Validierung kann das Projekt bei dem ausgewählten Standard (mehr dazu im nächsten Kapitel) wie dem Verified Carbon Standard (VCS) oder dem Gold Standard (GS) registriert werden. Ohne eine erfolgreiche Registrierung werden von den jeweiligen Standards keine Zertifikate ausgestellt.
- **Monitoring:** Nachdem das Projekt registriert wurde, beginnt die erste Monitoring Phase. Hier überwachen und dokumentieren die Projektentwickler die Daten der Projektaktivitäten und des Projektfortschritts. Die Dauer der Monitoring-Phase ist von Projekt zu Projekt unterschiedlich, sie kann zwei Jahre umfassen, aber auch eine Dokumentation über fünf oder sieben Jahre sind möglich.
- **Verifizierung:** Nach Abschluss jeder Monitoring-Phase überprüft und beurteilt eine Validierungs- und Verifizierungsstelle, ob die im Monitoring-Bericht angegebenen Werte und Projektaktivitäten korrekt sind und verifiziert diese. Wie auch bei der Validierung sind Besuche im Projektgebiet oft Teil der Verifizierung.
- **Ausgabe von Emissionsreduktionen:** Die in der Verifizierung überprüften Emissionsreduktionen werden erst nach der erfolgreichen Verifizierung ex-post als verifizierte Emissionsreduktionen ausgegeben.
- **Stilllegung der Emissionsreduktionen:** Um im freiwilligen Klimaschutzmarkt eine verifizierte Emissionsreduktion verwenden zu können, muss diese stillgelegt werden. Dieser Vorgang wird in Registern gespeichert. Findet die Finanzierung eines Klimaschutzprojekts über einen Anbieter im Bereich freiwilliger Klimaschutz statt, sammelt dieser die verifizierten Emissionsreduktionen in einem geprüften System und legt sie regelmäßig still. So soll sichergestellt werden, dass jede verifizierte Emissionsreduktion nur einmal verwendet wird. Ein Verkauf danach ist nicht mehr möglich und eine Doppelzählung ist damit ausgeschlossen.

Im Bereich der Klimaschutzprojekte gibt es inzwischen im freiwilligen Markt eine Vielzahl von verschiedenen Standards, welche die oben beschriebene Vorgangsweise einhalten. Diese Standards existieren parallel zueinander und haben unterschiedliche Schwerpunkte und Projektkategorien. Diese Standards legen Regeln und Anforderungen fest, die alle Klimaschutzprojekte erfüllen müssen, um die Reduktion von CO_2-Emissionen nachzuweisen und diese anerkannt zu bekommen. Dabei übernehmen sie folgende Aufgaben:

- Definition der technologischen Anforderungen von Klimaschutzprojekten
- Methodik zur Quantifizierung der verifizierten Emissionsreduktionen
- Überprüfung der Klimaschutzprojekte von unabhängigen Dritten
- Register der verifizierten Emissionsreduktionen

Die relevantesten der am Markt gegenwärtig existierenden Standards sind nachstehend aufgezählt.

Verra

Verra ist eine Non-governmental Organisation (NGO) mit Sitz in Washington, D.C. (USA) und wurde 2007 von Umwelt- und Wirtschaftsführern gegründet, welche das Ziel hatten, eine stärkere Qualitätssicherung auf freiwilligen Kohlenstoffmärkten zu erreichen. Die Gründungspartner waren unter anderem the Climate Group, International Emissions Trading Association (IETA) und das Weltwirtschaftsforum. Diese Organisationen stellten ein Team aus Experten des globalen Kohlenstoffmarkts zusammen, um die ersten Anforderungen für den Verified Carbon Standard zu entwerfen. Verra ist kein eigener Standard, verwaltet aber einige Standards wie auch den am häufigsten verbreiteten VCS- Standard.

Verified Carbon Standard (VCS)

Nach dem Verified Carbon Standard (VCS) werden weltweit gegenwärtig weit mehr als die Hälfte aller freiwilligen Emissionsreduktionen validiert und verifiziert. Der Standard enthält klare Vorgaben zur Ermittlung der CO_2-Reduktionen für die verschiedenen Projektarten. Initiiert wurde dieser Standard vom Standardgeber Verra. Die aus den Projekten generierten verifizierten Emissionsreduktionen bezeichnet man als Verified Carbon Units (VCU). VCS-Projekte konzentrieren sich vor allem auf Projekte zum Schutz der Wälder. Aber auch Projekte zur Aufforstung und Wiederaufforstung sowie Projekte für erneuerbare Energien können dazu zählen. Mehr und aktuelle Infos sind auf der Homepage des Standards zu finden (https://verra.org/).

Gold Standard (GS)

Unter Beteiligung des WWF und 40 weiterer NGOs wurde der Gold Standard für Klimaschutzprojekte entwickelt (www.goldstandard.org). Die Schweizer Gold Standard Stiftung führt das Sekretariat für den Standard. Der Standard verlangt besonders strenge Anforderungen bezüglich nachhaltiger Entwicklung und Einbeziehung der lokalen Bevölkerung. Gold Standard for the Global Goals ist eine Weiterentwicklung des Standards und verfolgt einen mehrdimensionalen Ansatz, der den Fortschritt in Richtung Klimaschutz und nachhaltige Entwicklung beschleunigen soll. Durch die Zertifizierung nach diesem Standard weisen Projekte messbar und verifiziert neben ihren Emissionseinsparungen auch ihren Beitrag zu den Sustainable Development Goals nach. Gold Standard Projekte konzentrieren sich auf soziale Entwicklungsprojekte wie effiziente Kochöfen, sauberes Trinkwasser, Agroforstwirtschaft, Wiederaufforstung und erneuerbare Energien.

Plan Vivo

Plan Vivo ist der am längsten bestehende Standard am freiwilligen Markt und existiert bereits seit 1994. Der Schwerpunkt des Standards liegt auf Projekten, die Kleinbauern und lokale Gemeinschaften durch die nachhaltige Nutzung ihrer Ressourcen und durch die Erhaltung der lokalen Ökosysteme unterstützen. Der Standard hat seine Wurzeln in einem mexikanischen Forschungsprojekt, das 1994 vom Edinburgh Centre of Carbon Management (ECCM) und dem britischen Ministerium für internationale Entwicklung durchgeführt wurde. Seit 2013 sind klare Richtlinien enthalten, um die lokale Bevölkerung frühzeitig einzubinden und sie an den Erlösen aus dem Emissionshandel zu beteiligen. Einnahmen aus dem Verkauf von verifizierten Emissionsreduktionen werden direkt an die beteiligten Gemeinden ausgeschüttet mit dem Ziel, die ländliche Armut zu reduzieren und die Lebensgrundlagen zu verbessern.

5.4.4. Klimaneutralität

Angesichts der unklaren und auch teils synonymen Verwendung von Begriffen wie „klimaneutral“, „Net Zero“ und „CO_2-neutral“ ist eine kurze Erläuterung notwendig, was auf der Basis wissenschaftlicher Erkenntnisse unter diesen Begriffen zu verstehen ist. Wie bereits zuvor angemerkt entstand der freiwillige Klimaschutzmarkt noch lange bevor die Begriffe eindeutig definiert waren, daher kam es in der Vergangenheit immer wieder zu Missverständnissen und Falschinformationen. Rechtsstreitigkeiten waren die Folge und Gerichte mussten auf Basis fehlender Definitionen Entscheidungen treffen, welche nicht immer einheitlich ausfielen.

Inzwischen wurden verschiedene Definitionen erarbeitet und spätestens seit dem Inkrafttreten der ISO 14068-1 im Herbst 2023 zum Thema „Klimaneutralität“ herrscht ausreichend Klarheit. Zu diesem Zeitpunkt war der freiwillige Markt aber bereits mehr als 20 Jahre alt und hatte eine lange „ungeregelte“ Zeit hinter sich. Aus heutiger Sicht können die wesentlichen deutschen Begriffe in diesem Bereich wie folgt definiert werden:

Abb 36: Begriffsdefinition von CO_2-neutral, Net Zero und klimaneutral[137]

Die obige Formulierung wurde auf Basis der Definition des Weltklimarates IPCC abgeleitet. Dort heißt es, dass *„klimaneutral ein Zustand ist, in dem menschliche Aktivitäten keine Nettoauswirkungen auf das Klimasystem haben"*. Um einen solchen Zustand zu erreichen, müssen die verbleibenden Emissionen durch Entnahme von CO_2 aus der Atmosphäre („removal") ausgeglichen werden. Aber auch andere Klimawirkungen müssen berücksichtigt werden wie zB von Flugzeugen verursachte Rußemissionen und Kondensstreifen.[138]

5.4.5. Contribution Claims

Obwohl die ISO 14068-1 zum Thema „Klimaneutralität", die im Herbst 2023 veröffentlicht wurde, eigentlich ausreichend Klarheit geschaffen hatte, wird dieser Begriff von vielen Unternehmen heute nicht mehr gerne verwendet, da diese sich nicht angreifbar machen wollen. Trotzdem möchten viele Unternehmen Verantwortung für Ihre eigenen Emissionen oder für jene ihrer Produkte übernehmen. Das stellt viele Unternehmen vor eine Herausforderung, daher verwenden diese gegenwärtig den Begriff Klimaschutzbeitrag oder ähnliche Formulierungen, welche unter dem englischen Sammelbegriff „Contribution Claims" zusammengefasst werden können. So können Unternehmen Ihre Kunden am Klimaschutz beteiligen, ohne sich den Vorwurf des Greenwashings auszusetzen (siehe auch Kapitel 5.5.).

Der Klimaschutzbeitrag ist ein festgelegter Beitrag, der in ein Klimaschutzprojekt fließt. Er hängt vom Umsatz oder von der Transaktion ab. Dieser kann Kunden zusätzlich und freiwillig zum Kauf oder zur Transaktion angeboten werden: zB indem Kunden beim Onlinekauf eines Produktes für 600 Euro weitere 6 Euro als Klimaschutzbeitrag bezah-

137 Eigene Darstellung basierend auf Informationen von ClimatePartner (2025).
138 Climate Change Centre Austria, Der Weg zur Klimaneutralität: Ein Handlungsleitfaden für Unternehmen (to be published).

len. Der Klimaschutzbeitrag ist vor allem dann eine wirksame Alternative, wenn „klimaneutrale" Produkte nicht realisierbar sind – etwa wenn Unternehmen schlicht keinen Zugriff und Einfluss auf die Daten der gehandelten Produkte haben.

Damit grenzt sich der Klimaschutzbeitrag klar von Klimaneutralität ab: Eine Berechnung von Emissionen findet nicht statt. Dennoch können damit Klimaschutzprojekte unterstützt werden. Contribution Claims werden gegenwärtig intensiv von der NGO-Community unterstützt und häufig als nächster Schritt nach Klimaneutralität angeführt.

Aus Sicht der Autoren ist der finanzielle Klimaschutzbeitrag nicht besser oder schlechter als der Begriff „klimaneutral". Wichtig ist lediglich, dass Firmen Verantwortung für ihre Emissionen übernehmen und bei der Kommunikation ihrer Klimaschutzaktivitäten moralische und rechtliche Vorgaben einhalten. In diesem Sinne kann **Carbon Contribution** als robustes und wertvolles Instrument gesehen werden, welches zur finanziellen Unterstützung von Klimaschutzprojekten einen notwendigen Beitrag leistet.

5.4.6. ISO-Normen im freiwilligen Klimaschutz

ISO-Normen sind für viele Bereiche unseres Lebens der gängigste und am häufigsten verwendete Standard. Dies liegt daran, dass ISO-Normen einen international abgestimmten und komplizierten Prozess durchlaufen bevor sie in Kraft treten. ISO-Normen werden international abgestimmt, es ist aber im Unterschied zum UNFCCC-Prozess keine Einstimmigkeit für einen Beschluss notwendig, sondern häufig reichen „qualifizierte Mehrheiten", üblicherweise sind dies Zweidrittel- oder Dreiviertelmehrheiten.

Länder, auch jene, die an der Entstehung der Norm mitgearbeitet haben, sind aber nicht verpflichtet die ISO-Norm zu übernehmen. DIN, ÖNORMEN oder EU-Normen gelten jeweils nur für einzelne Länder (oder für den EU-Raum), ISO-Standards haben aber den Anspruch weltweit gültig zu sein.

Entstehung einer ISO-Norm

Nachstehend soll die Normenentstehung bei ISO kurz beschrieben werden, um zu verdeutlichen, wie aufwändig, langwierig und komplex der Prozess der Normierung inzwischen geworden ist.[139]

Das Vorgehen bei der Erarbeitung von ISO-Normen ist in acht Projektstufen gegliedert.

1. Vorstufe

Technische Komitees und Unterkomitees können neue Themen oder Themen mit noch unzureichendem Ausarbeitungsgrad für die Normungsarbeit vorschlagen. Bei positivem Ergebnis der Bedarfsprüfung durch das zuständige Technische Komitee wird das neue Projekt zur weiteren Bearbeitung in der Vorschlagsstufe freigegeben. Bei negativem Ergebnis wird das Thema drei Jahre lang jährlich erneut überprüft, bevor es aus der Themenliste gestrichen wird.

139 Deutsche Gesellschaft für Qualität eV, Wie entsteht eine ISO Norm? Deutsche Gesellschaft für Qualität (oD) unter: https://www.dgq.de/fachbeitraege/wie-entsteht-eine-iso-norm (abgerufen am 10.4.2025).

2. Vorschlagsstufe

Vorschläge für die Erarbeitung einer internationalen Norm können auch von Mitgliedsorganisationen, von Stellen innerhalb der ISO und von weiteren relevanten Organisationen eingebracht werden. Wenn zwei Drittel des Normungsgremiums die Erarbeitung einer internationalen Norm positiv bewerten und sich ausreichend Mitglieder zur aktiven Mitarbeit verpflichten, dann ist das neue Projekt für die weitere Bearbeitung in der Bearbeitungsstufe freigegeben und die Vorschlagsstufe abgeschlossen.

3. Bearbeitungsstufe

Für die Bearbeitungsstufe wird eine Arbeitsgruppe gegründet. Diese erarbeitet über eine Reihe von Arbeitsentwürfen einen ersten Komitee-Entwurf, der in der nachfolgende Komitee-Stufe in Umlauf gebracht wird.

4. Komiteestufe

Alle aktiv mitarbeitenden sowie alle beobachtenden Mitglieder des zuständigen Normkomitees stimmen über den Komitee-Entwurf ab und kommentieren diesen. Die aktiv mitarbeitenden Mitglieder überarbeiten den Komitee-Entwurf unter Berücksichtigung der Kommentare und legen den neuen Entwurf erneut zur Abstimmung und Kommentierung vor. Diese Vorgehensweise wird so lange wiederholt, bis ein einvernehmlich verabschiedeter Entwurf vorliegt. Dieser dient in der anschließenden Umfragestufe als Umfrageentwurf.

5. Umfragestufe

In der Umfragestufe wird der Umfrageentwurf an alle Mitglieder der ISO zur Prüfung und Abstimmung verteilt. Dieser Umfrageentwurf gilt als angenommen, wenn eine positive Beurteilung durch zwei Drittel der aktiv mitarbeitenden Mitglieder des zuständigen Technischen Komitees oder Unterkomitees und drei Viertel aller abgegebenen Stimmen erfolgt.

Die Umfragestufe endet mit der Entscheidung und der Übermittlung der Ergebnisse an die Mitgliedsorganisationen.

6. Annahmestufe

Über die Annahme des Schlussentwurfs stimmen alle ISO-Mitglieder ab. Der Schlussentwurf gilt als angenommen, wenn eine Zweidrittelmehrheit der aktiv mitarbeitenden Mitglieder des zuständigen Technischen Komitees oder Unterkomitees sowie eine Dreiviertelmehrheit aller abgegebenen Stimmen den Schlussentwurf positiv bewerten.

Wird der Schlussentwurf angenommen, erfolgt die Weitergabe in die Veröffentlichungsstufe. Wird der Schlussentwurf abgelehnt, entscheidet das Normkomitee über den weiteren Verlauf des Projektes. Es kann überarbeitet und als modifizierter Schlussentwurf zur Abstimmung gebracht werden, in anderer Form publiziert oder abgebrochen werden. Die Annahmestufe endet mit der Erstellung und der Verbreitung des Abstimmungsergebnisses und der Entscheidung über den weiteren Verlauf des Projektes.

7. Veröffentlichungsstufe

Bei Vorliegen eines positiven Abstimmungsergebnisses wird der Normentext in der Veröffentlichungsstufe als internationale Norm veröffentlicht.

8. Überprüfung

Spätestens fünf Jahre nach der Veröffentlichung der internationalen Norm wird eine systematische Überprüfung der internationalen Norm durch das Sekretariat der ISO ausgelöst. Die systematische Überprüfung beinhaltet eine Befragung aller Mitgliedsorganisationen über die weitere Vorgehensweise in Bezug auf die internationale Norm. Mögliche Ergebnisse der Befragung sind ein Wunsch nach Änderung der Norm und der Start eines neuen Normprojektes in der Vorschlagsstufe, die Bestätigung der aktuellen Norm oder die Zurückziehung der internationalen Norm.

Nachstehend ist der komplexe Prozess der ISO-Normenentstehung grafisch dargestellt:

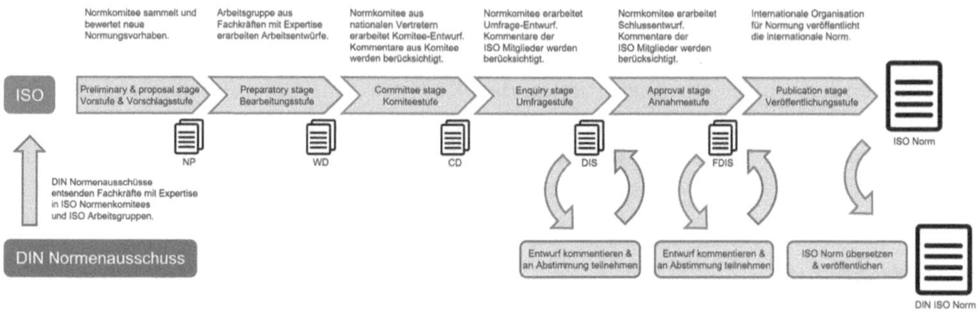

Abb 37: Vorgehen bei der Erarbeitung von ISO-Normen[140]

Auf diese Art und Weise sind in den letzten Jahren auch in vielen Bereichen, die dem freiwilligen Klimaschutz zugerechnet werden, ISO-Normen entstanden. Nachfolgend ist die ISO-Normenreihe, die im Bereich freiwilliger Klimaschutz eine wichtige Rolle spielt, beschrieben. Diese Normenreihe hat eine jahrelang dauernde Entstehungsgeschichte hinter sind und umfasst inzwischen bereits folgende Themen:

- ISO 14064-1: Gestaltung und Entwicklung von THG-Bilanzen für Organisation
- ISO 14064-2: Quantifizieren, Überwachen und Berichten von Emissionsreduktionen und Verbesserungen des Treibhausgasentzugs
- ISO 14064-3: Spezifikation mit Anleitung zur Validierung und Verifizierung von Erklärungen über Treibhausgase
- ISO 14065: Anforderungen an Validierungs- und Verifizierungsstellen
- ISO 14067: Ermitteln des Carbon Footprints (CFP) je funktioneller Einheit oder des partiellen CFP jeder deklarierten Einheit
- ISO 14066: Kompetenzanforderungen an Teams zur Validierung und Verifizierung von Treibhausgasen

140 Deutsche Gesellschaft für Qualität eV, Wie entsteht eine ISO-Norm? Deutsche Gesellschaft für Qualität (oD) unter: https://www.dgq.de/fachbeitraege/wie-entsteht-eine-iso-norm (abgerufen am 10.4.2025).

Wie oben dargestellt dauert der Normenentstehungsprozess einige Jahre. Im Bereich freiwilliger Klimaschutz betrug diese Zeitspanne mehr als ein Jahrzehnt. Inzwischen ist der Prozess so weit fortgeschritten, dass man feststellen kann, dass die wesentlichsten Normen vorliegen. Dies gilt sowohl für den Bereich der Bilanzierung von THG-Emissionen (CCF und PCF) als auch für den Bereich von Klimaschutzprojekten. Auch die Normen zu den Themen Validierungen und Verifizierungen sind inzwischen vorhanden.

Nach einer langjährigen Diskussion zur Normenfindung wurde schließlich Ende 2023 auch die ISO-Norm zur Treibhausgasneutralität: ISO 14068-1 veröffentlicht. Diese enthält von internationalen Fachleuten abgestimmte Begriffe, Prinzipien und Anforderungen für THG-neutrale Organisationen und Produkte.

Somit kann festgestellt werden, dass inzwischen eine vollständige „ISO-Normenfamilie" veröffentlich wurde und in Kraft getreten ist, welche sicherstellt, dass sämtliche Definitionen rund um die Begriffe „klimaneutral" und „CO_2-neutral" ausreichend klar geregelt sind. Es ist davon auszugehen, dass diese Definitionen, welche regelmäßig überprüft werden, in den nächsten Jahren nach und nach nochmals strenger werden. Die gegenwärtigen Formulierungen beschreiben mit hinreichender Klarheit, was unter „klimaneutral" zu verstehen ist und geben somit Rechtssicherheit für die Verwendung dieses Begriffs, welche vorher nicht gegeben war. Damit kann seit Kurzem ganz klar eine Grenze zwischen erlaubter und verbotenen Werbung gezogen werden. Jene Werbebotschaften, welche von den oben beschriebenen strengen Norm-Definitionen abweichen, können daher zurecht als „Greenwashing" bezeichnet werden, wie im nächsten Kapitel 5.5. dargestellt wird.

5.5. Greenwashing

Greenwashing bezeichnet den Versuch von Organisationen, durch Kommunikation, Marketing und Einzelmaßnahmen ein „grünes Image" zu erlangen ohne entsprechende Maßnahmen im operativen Geschäft systematisch verankert zu haben. Bezog sich der Begriff ursprünglich auf eine suggerierte Umweltfreundlichkeit, findet dieser mittlerweile auch für suggerierte Unternehmensverantwortung Verwendung.[141]

Bei der Frage, ob tatsächlich der Versuch, ein „grünes Image" zu erlangen, unrechtmäßig unternommen wurde oder nicht, handelt es sich streng genommen um eine rechtliche Frage. Die Auslegung, welche Aussagen als Greenwashing zu bezeichnen sind und welche nicht, bleibt im Klagsfall Gerichten vorbehalten, welche auf Basis der (zunächst nationalen) Gesetze Urteile fällen. Daher kann es passieren, dass ein Werbeslogan, der in der Schweiz nicht angegriffen wird, in Österreich oder in Deutschland trotzdem als Greenwashing bezeichnet wird und eine Verurteilung nach sich zieht.

In Österreich kommt in einem solchen Fall das Gesetz gegen den unlauteren Wettbewerb (UWG) zur Anwendung.[142] Das UWG enthält zentrale Bestimmungen zur Beurteilung von umweltbezogenen Werbeaussagen und auch über das Verbot von irre-

141 Gabler Wirtschaftslexikon, Greenwashing (oD) unter: https://wirtschaftslexikon.gabler.de/definition/greenwashing-51592 (abgerufen am 10.4.2025).

142 Bundesministerium der Justiz, Gesetz gegen den unlauteren Wettbewerb (UWG), BGBl I S 384 (2023) unter: https://www.gesetze-im-internet.de/uwg_2004/ (abgerufen am 10.4.2025).

führenden Geschäftspraktiken. Nach dem Prüfschema des UWG ist bei umweltbezogenen Werbeaussagen (wie zB „klimaneutral") zu prüfen,

- wie ein durchschnittlich informierter verständiger Interessent, der dem Produkterwerb angemessene Aufmerksamkeit schenkt, diese versteht,
- ob sein Verständnis den Tatsachen entspricht und
- ob die umweltbezogene Aussage dazu geeignet ist, den Interessenten zum Kauf zu bewegen,

Zusätzlich sind in diesem Zusammenhang die sogenannten „Per-se-Verbote" im Anhang zum UWG zu beachten, wonach gewisse Geschäftspraktiken jedenfalls verboten beziehungsweise irreführend sind wie die unrichtige Behauptung über die Einhaltung eines Verhaltenskodex, die genehmigungslose Verwendung von Gütezeichen, die unrichtige Behauptung über gesundheitliche Wirkungen und Ähnliches.

Grundsätzlich legt die europäische und insbesondere die Rechtsprechung im deutschsprachigen Raum an Werbung mit umweltbezogenen Aussagen einen sehr strengen Maßstab an („Strengeprinzip"). In der Judikatur wird dies mit der hohen Komplexität und hohen emotionalen Werbewirkung von Umweltaussagen begründet. Diese sind deshalb besonders dazu geeignet, den Kaufentschluss von Verbrauchern zu beeinflussen.[143]

Nach dem „Strengeprinzip" gelten folgende wesentliche Leitplanken für die Qualifikation von umweltbezogener Werbung:

- Es darf mit Umwelthinweisen nur dann geworben werden, wenn diese eindeutig belegbar sind und eine Irreführung der Verbraucher ausgeschlossen ist.
- Zudem besteht eine aktive Aufklärungspflicht des Werbenden, wenn ein Umwelthinweis missverstanden werden kann (auf ein tatsächlich vorliegendes Missverständnis im Einzelfall kommt es nicht an). Der Werbende muss aber nicht alle „nur denkbaren Umweltauswirkungen" offenlegen, da andernfalls umweltbezogene Werbung unmöglich wäre.[144]
- Bei der Verwendung von mehrdeutigen Angaben hat der Werbende stets die für ihn ungünstigere Auslegung gegen sich gelten lassen

Wie bereits zu Beginn des Kapitels ausgeführt, war der Markt im Bereich freiwilliger Klimaschutz von selbst entstanden und zu Beginn völlig ungeregelt. Dadurch fehlten einheitliche Vorgaben. Einerseits war der neu geschaffene Markt dringend notwendig und andererseits war dieser zunächst völlig ungeregelt und man konnte als durchschnittlich informierter Konsument die beworbene Umweltfreundlichkeit nicht ausreichend beurteilen. Der zu Beginn dieses Jahrtausends eingeführte Begriff „klimaneutral" wurde immer öfter verwendet und folgte der Idee, dass „klimaneutrale" Produkte und Dienstleistungen als werterhöhend angesehen wurden.

Es dauerte nicht lange bis die ersten Klagen rund um die Begrifflichkeit „klimaneutral" eingereicht wurden. Der erste Fall in Österreich datiert aus dem Jahr 2012. Dabei ging es um „klimaneutrale Stempel", wobei zwei Parteien unabhängig voneinander behaup-

143 OGH 4 Ob 144/18g (2018) unter https://www.ris.bka.gv.at/Dokumente/Justiz/JJR_20180823_OGH0002_0040OB00144_18G0000_001/JJR_20180823_OGH0002_0040OB00144_18G0000_001.html (abgerufen am 10.4.2025).

144 *Görg, K.* (Hrsg), Kommentar zum UWG (2020) § 2 UWG Rz 450.

teten, ihr Stempel sei der „erste klimaneutrale Stempel". Den Angaben der beklagten Parteien zufolge würden sie die Klimaneutralität durch Kompensationszahlungen in Klimaschutzprojekte erreichen. Da es aber in dem Fall lediglich um den Zeitpunkt des Inverkehrbringens des Produkts und nicht um den Begriff „klimaneutral" ging, erlangte das Verfahren wenig Bedeutung in der Öffentlichkeit.[145]

Ein zweiter Fall, der in Österreich im Jahr 2023 entschieden wurde, sorgte für deutlich mehr Aufsehen. Der Gegenstand des Verfahrens war folgender: Österreichs größtes Brauunternehmen warb auf den verschiedensten Werbekanälen mit „CO_2-neutralem" Bierbrauen. Unstrittig war, dass der Brauprozess vollständig CO_2-neutral erfolgt. Die Braugerste lässt die Beklagte jedoch extern vermälzen oder kauft das Malz von Dritten zu, was nicht CO_2-neutral erfolgt. Daher kam das Gericht zum Schluss, dass die Auslobung des Produkts als „CO_2-neutral" irreführend gewesen sei. Denn es war unklar, auf welche konkreten Produktionsschritte sich die Werbeaussage bezieht. Es sei der unrichtige Eindruck entstanden, dass die komplette Produktion „CO_2-neutral" erfolgt, dies war aber nicht durchgehend der Fall. Darüber hat die Beklagte nicht ausreichend aufgeklärt.[146]

Zur selben Zeit gab es ähnliche Fälle in der Schweiz und in Deutschland, bei welchen ebenfalls der Begriff „klimaneutral" aufgriffen wurde. Einige Gerichte waren mit dem Thema zu einer Zeit befasst, in der die Klarheit schaffende ISO-Norm zum Thema „Klimaneutralität" noch nicht veröffentlich war und zu welcher auch noch auf keine Präzedenzfälle zurückgegriffen werden konnte. Daher mussten die Gerichte hier Pionierarbeit leisten und die Argumente beider Seiten gegeneinander abwägen.

Die Gegner des Begriffs „klimaneutral" argumentierten, dass keine Sache „klimaneutral" sein könne, schließlich wird bei jeder Produktion Energie benötigt, die auch durch fossile Brennstoffe erzeugt wird, welche zweifelsfrei CO_2-Emissionen verursachen. Die Befürworter des Begriffs „klimaneutral" argumentierten, dass es aufgrund der langen Verweildauer von CO_2 unerheblich sei, an welcher Stelle auf der Erde CO_2 ausgestoßen und kompensiert wird. Daher könne man aus naturwissenschaftlicher Sicht sehr wohl dann von Klimaneutralität sprechen, wenn genau jene Menge von CO_2, die für die Herstellung eines Produkts an einem Ort ausgestoßen wird, an anderer Stelle (beispielsweise durch Aufforstung) wieder der Atmosphäre entzogen wird.

Einige Gerichte standen also vor dem Dilemma, dass es naturwissenschaftlich möglich ist, eine Sache an anderer Stelle „wieder gut zu machen". Dies bedeutete aber noch lange nicht, dass diese Vorgangsweise durch den gesetzlichen Rahmen gedeckt ist oder gar moralisch richtig ist, daher tendierten einige Gerichte zu zweideutigen Urteilen. Die Frage, ob der Begriff „klimaneutral" als Greenwashing bezeichnet werden soll oder nicht, beantworteten daher nicht die Gerichte, sondern der Markt: Nach und nach ver-

145 OGH 28.11.2012, 4 Ob 202/12b unter: https://www.ris.bka.gv.at/Dokumente/Justiz/JJR_20121128_OGH0002_0040OB00202_12B0000_001/JJR_20121128_OGH0002_0040OB00202_12B0000_001.html (abgerufen am 10.4.2025).

146 Landesgericht Linz 27.3.2023, 3 Cg 69/22k unter: https://www.ris.bka.gv.at/Dokumente/Justiz/JJR_20230327_LG0002_003CG00069_22K0000_001/JJR_20230327_LG0002_003CG00069_22K0000_001.html (abgerufen am 10.4.2025).

schwanden klimaneutral gelabelte Produkte aus den Regalen der europäischen Handelsbetriebe, inzwischen bekommt man diese kaum mehr zu Gesicht.

Diese Tatsache ist aus Sicht der Handelsbetriebe verständlich: Warum soll ein Unternehmen die CO_2-Emissionen von einem Produkt mit viel Aufwand und externen Kosten berechnen lassen, diese Emissionen danach ausgleichen und Geld in Kompensation, Werbung und Marketing investieren, wenn das Risiko besteht, dafür auch noch verklagt zu werden? Die Konsequenz war vorhersehbar: Kaum ein Unternehmen oder ein aktuelles Produkt wird heute noch als „klimaneutral" ausgelobt. Daher gehen die finanziellen Mittel, die der freiwillige Markt zuvor noch in Kompensationsprojekte investieren konnte, deutlich zurück. Der Verlierer ist am Ende der Klimaschutz!

Diese Aussage scheint als Überleitung für die nächsten beiden Kapitel geeignet, denn diese behandeln die Themen Preisentwicklung und Prognosen und geben einen Überblick über die Handelsvolumina im freiwilligen Markt. Diese Themen sind nur in Verbindung mit der Greenwashing-Diskussion zu verstehen. Die Erwartung, dass die zunehmende Sichtbarkeit der Klimakrise mehr Geldmittel für den freiwilligen Markt flüssig macht, trifft nämlich nicht zu, da die Greenwashing-Diskussion den Markt nachhaltig geschwächt hat.

5.6. Preisentwicklung und Prognosen

Im Gegensatz zum verpflichtenden Markt können im freiwilligen Markt seriöserweise keine allgemeingültigen Preise für Emissionszertifikate aus Klimaschutzprojekten angegeben werden. Die Gründe dafür sind vielfältig. Ein Grund ist, dass die Preise sehr stark vom Projekttyp abhängig sind. Projekte im Bereich erneuerbarer Energie haben oft ähnliche Preise wie vergleichbare Projekte im verpflichtenden Markt, wogegen Aufforstungsprojekte oder Waldschutzprojekte nicht verglichen werden können, weil diese Projektarten eben nur im freiwilligen Markt existieren.

Ein weiterer Grund liegt in der mangelnden Transparenz des Marktes. Im verpflichtenden Markt werden die Zertifikate oft auf Börsen gehandelt, die Preise sind daher öffentlich zugänglich. Im freiwilligen Markt handelt es sich um direkte Verträge zwischen Projektentwicklern und anderen Marktteilnehmern. Diese Verträge sind Business-to-Business-Verträge, welche oft Vertraulichkeitsverpflichtungen unterliegen und daher nicht öffentlich zugänglich sind.

Ein weiterer Grund für die hohe Preisvolatilität liegt in der Tatsache, dass der freiwillige Markt eben keinen staatlichen oder regulatorischen Verpflichtungen unterliegt, die Marktteilnehmer können Ihre Verträge jederzeit kündigen und dadurch die Zusammenarbeit einfach beenden. Gelder, welche für den freiwilligen Klimaschutzmarkt verwendet werden, kommen oft aus dem Marketingbudget von großen Firmen. Dieses ist starken Schwankungen unterworfen, mal steht viel Geld zur Verfügung, dann wieder weniger. Dies hat große Auswirkungen auf den Markt, welcher durch Angebot und Nachfrage geregelt wird.

Grundsätzlich existieren der freiwillige Markt und der verpflichtende Markt parallel nebeneinander. Es ist daher nicht zwingend notwendig, dass Preisänderungen im (größeren) verpflichtenden Markt ebensolche Änderungen im freiwilligen Markt zur Folge haben. Trotzdem gibt es zwischen den Märkten Verbindungen, da Zertifikate aus dem verpflichtenden Markt auch im freiwilligen Markt verwendet werden können. Umgekehrt war dies bisher nicht möglich. Dies hatte zur Folge, dass Preisänderungen im freiwilligen Markt dem verpflichtenden Markt (zeitverzögert) folgten. Wie oben erwähnt, kann man seriöserweise keine konkreten Aussagen über Preise im freiwilligen Markt treffen. Allgemein kann aber festgestellt werden, dass die Preise der beiden Märkte in gewisser Weise korrelieren und ähnliche Tendenzen und Entwicklungen zu erkennen waren.

Es war zu beobachten, dass ähnliche Preise gehandelt wurden, wobei tendenziell die Preise im freiwilligen Markt geringer waren als jene im verpflichtenden. Diese Feststellung hatte während der überwiegenden Zeit seit der Entstehung der Märkte Gültigkeit.

Nach dem Auslaufen der ersten Kyoto-Verpflichtungsperiode im Jahr 2012 kam es zu einem drastischen Einbruch der Preise im verpflichtenden Handel, da es zu dieser Zeit ein Überangebot an CO_2-Zertifikaten gab. Zwischen den Jahren 2000 und 2012 waren viele Clean-Development-Mechanism-Projekte entwickelt worden, welche über einer Dauer von mindestens sieben Jahren, manchmal auch zehn Jahren oder länger jährlich CO_2-Zertifikate generieren konnten. Der Markt hatte ein großes Angebot geschaffen, es kamen aber die Käufer abhanden, da durch das Auslaufen des Kyoto-Protokolls viele Länder der Erde einfach keine Ziele mehr hatten und keine Zertifikate mehr kaufen mussten.

Daher kam es im Jahr 2012 und danach zu einem drastischen Preisverfall im „Kyoto-Markt", der auch Auswirkungen auf den freiwilligen Markt hatte. Die Autoren dieses Buches können aus eigener Wahrnehmung berichten, dass es zu dieser Zeit vorgekommen war, dass eine Tonne CO_2 zu einem Preis von unter 1 Euro angeboten wurde. Es handelt sich hier um CO_2-Zertifikate aus registrieren und validierten CDM-Projekten, welche im verpflichtenden Markt einfach nicht mehr verkauft werden konnten, weil viele Länder keine verpflichtenden Ziele mehr hatten. Daher versuchten Projektentwickler diese Projekte (zu sehr günstigen Preisen) am freiwilligen Markt unterzubringen, wodurch sich zeitweise „Schleuderpreise" ergaben.

Gleichzeitig wollen die Autoren dieses Buches aber auch festhalten, dass sehr wenige Unternehmen solche „liegengebliebenen" CDM-Zertifikate tatsächlich gekauft haben. Der Großteil der freiwilligen Marktteilnehmer hat deutlich höhere Preise für CO_2-Zertifikate bezahlt, zeitweise waren die Preise zu dieser Zeit im freiwilligen Markt sogar höher als im verpflichtenden Markt. Die Autoren können aus eigener Wahrnehmung von Preisen für hochwertige Projekte berichten, welche jenseits der 50 € pro Tonne CO_2 lagen.

Es soll an dieser Stelle festgestellt werden, dass man als Käufer bei der überwiegenden Mehrheit der entwickelten Klimaschutzprojekte und der dafür angebotenen Preise davon ausgehen konnte, dass man durch den Kauf von Zertifikaten ein Projekt unterstützt, welches ohne solche Erlöse nicht realisiert worden wäre. Preise für konkrete Projekte anzugeben oder sogar eine Preisentwicklung zu beschreiben ist aber aufgrund der obigen Gründe nicht in seriöser Art und Weise möglich. Von einer genaueren Preisabschätzung wollen die Autoren daher Abstand nehmen.

5.7. Aktueller und historischer Überblick über den freiwilligen Markt

Der Markt im Bereich freiwilliger Klimaschutz hat sich parallel zum verpflichtenden Klimaschutzmarkt entwickelt, beide Märkte sind sehr jung und beide sind erst rund um die letzte Jahrhundertwende entstanden. Die ersten Berichte über Stilllegungen von Zertifikaten, welche im freiwilligen Markt gehandelt wurden, gehen in das Jahr 2004 zurück,[147] hier handelt es sich jedoch nur um sehr geringe Mengen.

Obwohl sich der freiwillige Markt und der verpflichtende Markt nebeneinander entwickelten, gab es doch viele Gemeinsamkeiten. Als gegen Ende der 1990er Jahre die ersten Klimaschutzprojekte entwickelt wurden, war das Kyoto-Protokoll noch nicht in Kraft. Die Projektentwickler wussten daher nicht, ob die Zertifikate aus solchen Klimaschutzprojekten im verpflichtenden Markt verkauft werden konnten, auch wenn alle relevanten Kriterien eingehalten wurden, da das Inkrafttreten dieses Marktes eben noch nicht klar war und sich bis in das Jahr 2005 hinauszögerte. Daher wurde der freiwillige Markt zu Beginn der 2000er Jahre als Rückzugsmöglichkeit gesehen, für den Fall, dass das Kyoto-Protokoll nicht in Kraft treten würde. Beide Systeme waren deshalb von Anfang an aufeinander abgestimmt.

Schließlich trat das Kyoto-Protokoll 2005 doch noch in Kraft und jene Projektentwickler, welche die vorgeschriebenen Standards (Clean Development Mechanism [CDM] und Joint Implementation [JI]) einhielten, konnten Zertifikate generieren, die am internationalen Markt einen zunächst steigenden Wert hatten. Der große internationale Handel mit Zertifikaten hatte begonnen. Daher musste sich der freiwillige Markt eine Nische suchen und fand diese zunächst in kleineren „Liebhaberprojekten", welche oft regional gehandelt wurden. Diese kleinen Projekte waren nämlich nicht „Kyoto-tauglich", da die CDM- oder JI-Projektentwicklungskosten sehr hoch waren. Oft mussten für eine solche Projektentwicklung mehrere 100.000 Euro vorab bezahlt werden, dies war für kleinere Projekte einfach nicht möglich.

Die Projektentwicklung der Projekte im freiwilligen Markt erfolgte zu Beginn nach dem Motto: *„Wir halten uns grundsätzlich an die Regeln des Compliance Marktes, nehmen aber für unseren Markt Marscherleichterungen in Anspruch"*. Man wollte Projektentwicklungskosten einsparen und sinnvollen Projekten dadurch trotzdem die Umsetzung ermöglichen, welche im verpflichtenden Markt nicht möglich gewesen wären.

Auch bei den Projektarten nutzte man die Flexibilität des zu Beginn relativ ungeregelten freiwilligen Marktes aus. Man ließ zu, dass Projekte entwickelt wurden, für welche es zunächst keine zertifizierte CDM-Methodik gab, wie zB Aufforstungsprojekte und Waldschutzprojekte (Projekte im Bereich „Reducing Emissions from Deforestation and Forest Degradation" [REDD+]).

147 *Haya B. et al.* Voluntary Registry Offsets Database v2025-02. Berkeley Carbon Trading Project, University of California, Berkeley (2025) unter: https://gspp.berkeley.edu/research-and-impact/centers/cepp/projects/berkeley-carbon-trading-project/offsets-database (abgerufen am 10.4.2025).

Nachdem es sich beim freiwilligen Markt definitionsgemäß um einen freien und daher um einen nicht durchgängig geregelten Markt handelt, ist auch die Abschätzung des gesamten Marktvolumens mit Unsicherheiten behaftet. Dies gilt besonders für die ersten Jahre zu Beginn dieses Jahrtausends. Eine der besten Quellen für die Menge an freiwilligen Klimaschutzzertifikaten bietet die „Voluntary Registry Offset Database“, welche von der Berkeley Public School gepflegt wird.[148]

Diese Datenbank enthält alle CO_2-Ausgleichsprojekte, die weltweit von vier großen freiwilligen Kompensationsprojektregistern angeführt sind: Verra (VCS), Gold Standard (GS), American Carbon Registry (ACR) und Climate Action Reserve (CAR). Diese vier Register sind für den überwiegenden Teil des freiwilligen Klimaschutzmarktes weltweit verantwortlich. Die nachstehende Grafik gibt einen Überblick über das Marktvolumen seit dem Jahr 2002.

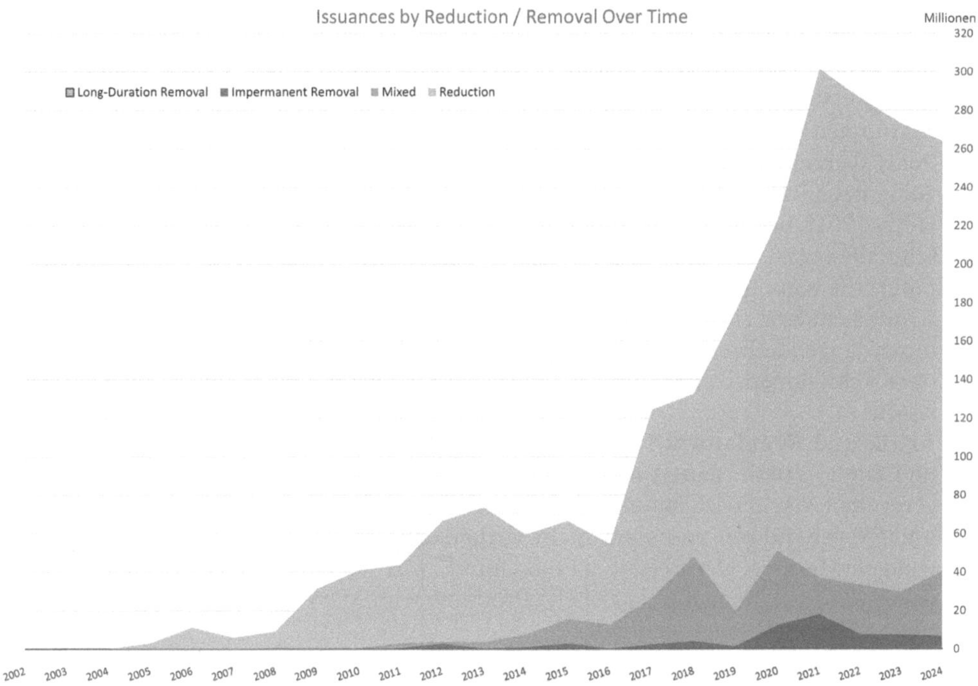

Abb 38: Mengen von CO_2-Ausgleichsprojekten der wichtigsten Standards im freiwilligen Markt[149]

148 *Haya B. et al.* Voluntary Registry Offsets Database v2025-02. Berkeley Carbon Trading Project, University of California, Berkeley (2025) unter: https://gspp.berkeley.edu/research-and-impact/centers/cepp/projects/berkeley-carbon-trading-project/offsets-database (abgerufen am 10.4.2025).

149 *Haya B. et al.* Voluntary Registry Offsets Database v2025-02. Berkeley Carbon Trading Project, University of California, Berkeley (2025) unter: https://gspp.berkeley.edu/research-and-impact/centers/cepp/projects/berkeley-carbon-trading-project/offsets-database (abgerufen am 10.4.2025).

Es ist gut zu erkennen, dass sich der Markt in vier Phasen aufteilen lässt:

- **Marktentstehung (2000–2008):** In dieser Phase entstehen erste Pilotprojekte, es werden nach und nach Standards entwickelt und der Markt kommt zögerlich in Gang. In dieser Phase muss den Marktteilnehmern noch erklärt werden, dass CO_2-Einsparungen an anderer Stelle denselben Effekt haben wie „heimische" Einsparungen und oft werden Klimaschutzprojekte noch als Entwicklungshilfe gesehen. Es gibt noch wenig Bereitschaft von großen Firmen für solche Investitionen, aber erste Marktteilnehmer können sich als Pioniere durchaus Wettbewerbsvorteile verschaffen. Der Markt beginnt sehr langsam zu entstehen und nimmt durch das Inkrafttreten des Kyoto-Protokolls im Jahr 2005 langsam Fahrt auf.
- **Kyoto- und Post-Kyoto-Periode (2008–2015):** Das Kyoto-Protokoll gilt grundsätzlich nur für Staaten, die einen positiven Ratifizierungsprozess durchlaufen haben. Im „Schlepptau" erwacht aber auch der freiwillige Markt, der Unternehmen die Möglichkeit gibt Beiträge zum Klimaschutz zu leisten und dies auch für Marketingaktivitäten nutzen zu können. Durch das Auslaufen des Kyoto-Protokolls im Jahr 2012 erleidet die Entwicklung von Klimaschutzprojekten einen schweren Rückschlag, erstmals sinkt das Marktvolumen wieder. Die Unsicherheit über ein Folgeabkommen wirkt als Hemmnis.
- **Paris Agreement und Greta-Periode (2016–2021):** Das Paris Agreement schafft völlig neue Rahmenbedingungen für den Klimaschutz. Die historische Einigung im Herbst 2015 bringt endlich den notwendigen Rückenwind für die weltweite Klimaschutzbewegung. Verstärkt wird der Effekt durch die aufkommende Fridays-for-Future-Bewegung, bei welcher junge Menschen weltweit ihrem Verlangen nach Klimaschutz lautstark Ausdruck verleihen. Die Folge für den Markt sind steigende Volumina, steigende Preise und Zuwachsraten, welche den Markt in wenigen Jahren von etwa 50 Millionen Tonnen um das sechsfache auf etwa 300 Millionen Tonnen ansteigen lassen.
- **Kritik und Regulatorik-Phase (seit 2022):** Das Feuerwerk der „Paris, Green Deal und Greta- Phase" dauert nicht lange: die Kritik am noch immer nicht durchgängig geregelten Markt wird lauter, kritische Artikel werden veröffentlicht und Misstrauen und Skepsis führen zu einem nicht vorhersehbaren deutlichen Rückgang des freiwilligen Marktes. Der Begriff „klimaneutral" wird von einigen Verbänden kritisiert, daher werden klimaneutral gelabelte Produkte vom Markt genommen und der Markt ist von Unsicherheiten geprägt.

Im Compliance Market konnten vereinbarungsgemäß nur jene Länder teilnehmen, die das Kyoto-Protokoll ratifiziert hatten. Daher waren Staaten wie die USA, die nicht teilnahmen, von diesem Emissionshandel ausgeschlossen. Dies war für den freiwilligen Markt nicht der Fall, denn hier konnten Projekte überall auf der Welt durchgeführt werden. Das war notwendig, denn sonst hätten in jenen Staaten, die nicht teilnahmen, keine Projekte entwickelt werden können. Die nachstehende Abbildung gibt einen Überblick, in welchen Staaten freiwillige Klimaschutzprojekte registriert wurden.

Abb 39: Überblick über die geographische Verteilung von Projekten im freiwilligen Klimaschutz[150]

In nachfolgender Tabelle sind jene Länder dargestellt, in welchen die meisten Projekte im freiwilligen Markt realisiert wurden. Es ist kein Zufall, dass mit den USA ausgerechnet jenes Land die Liste anführt, das aus dem Kyoto-Protokoll ausgetreten ist, da dieses Land durch den Austritt aus dem verpflichtenden Handel ausgeschlossen war. Die einzige Möglichkeit, Klimaschutzprojekte durchzuführen, war daher auf den freiwilligen Markt auszuweichen.

Land	Projekte	Zertifikate (Mio)
USA	1.640	504
Indien	1.720	370
China	1.509	248
Brasilien	318	134
Türkei	551	127
Indonesien	62	97
Peru	63	95
Kenia	307	71
Kambodscha	33	53

Tab 6: Tabellarische Darstellung der wichtigsten Handelsmärkte im freiwilligem Klimaschutz[151]

150 *Haya B. et al.* Voluntary Registry Offsets Database v2025-02. Berkeley Carbon Trading Project, University of California, Berkeley (2025) unter: https://gspp.berkeley.edu/research-and-impact/centers/cepp/projects/berkeley-carbon-trading-project/offsets-database (abgerufen am 10.4.2025).

151 *Haya B. et al.* Voluntary Registry Offsets Database v2025-02. Berkeley Carbon Trading Project, University of California, Berkeley (2025) unter: https://gspp.berkeley.edu/research-and-impact/centers/cepp/projects/berkeley-carbon-trading-project/offsets-database (abgerufen am 10.4.2025).

Die Flexibilität im freiwilligen Markt betraf nicht nur die Länder, die daran teilnahmen, sondern auch die Projektkategorien. Im Unterschied zum Compliance Market, welcher manche Gruppen von Klimaschutzprojekten von vornherein kategorisch ausschloss (wie zB Aufforstungs- und Waldschutzprojekte), machte sich auch hier der freiwillige Markt die sich zu Beginn bietende Flexibilität zu Nutze und erlaubte auch zusätzlichen Klimaschutzprojekt-Kategorien deren Entwicklung. Nachstehend ist die Vielfalt und die Anzahl der unterschiedlichen Projekttypen in einem Diagramm dargestellt.

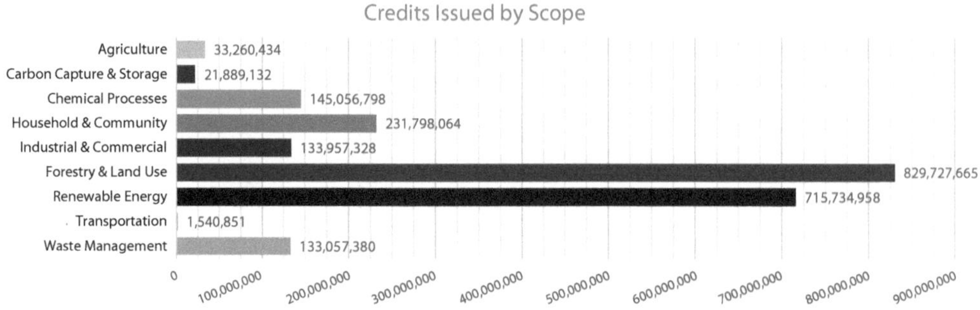

Abb 40: Darstellung der wichtigsten Projektkategorien im freiwilligem Klimaschutz[152]

Es zeigt sich, dass die größte Gruppe von Projekten jene ist, welche sich mit Waldwirtschaft und geänderter Landnutzung beschäftigt. Diese beiden Kategorien waren vom verpflichtenden Markt ausgeschlossen worden, daher bot sich der freiwillige Markt als Alternative für die Umsetzung solcher Projekte an.

Fazit im Bereich freiwilliger Klimaschutz

Ähnlich wie beim Kapitel 3.1.6. (EU-ETS-Phase 4) soll auch an dieser Stelle ein Fazit erfolgen, das einen kritischen und einen positiven Rückblick abbildet. Dies ist aber mit großer Unsicherheit verbunden, denn zum Zeitpunkt der Veröffentlichung dieses Buches im Jahr 2025 stellt sich die Frage: Ist der Markt im Bereich freiwilliger Klimaschutz nachhaltig beschädigt oder schwächelt dieser nur vorübergehend?

Allgemein kann festgestellt werden, dass die Eckpfeiler des verpflichtenden Marktes auch im freiwilligen Markt eingehalten wurden, obwohl man wesentlich mehr Flexibilität zuließ. Diese Flexibilität war aber leider auch genau das Schlupfloch, welches von schwarzen Schafen ausgenutzt wurde.

Aus heutiger Sicht ist die Tatsache, dass der freiwillige Klimaschutzmarkt von selbst entstanden ist, als Errungenschaft von Pionieren zu bezeichnen. Es war viel mehr als ein tauglicher Versuch „Klimaschutz für alle" möglich zu machen. An vielen Stellen der Welt wurden durch diesen Markt erst Investitionen in emissionssenkende Projekte ermöglicht, außerdem erzielte Klimaschutz dadurch eine Aufmerksamkeit, die sonst nicht gegeben gewesen wäre.

152 Ebd.

Kritischer Rückblick

Das Fehlen von Regeln, Normen und Standards zu Beginn kann im heutigen Rückblick als Problem angesehen werden. Dieser Umstand und die Tatsache, dass unterschiedliche Interpretationen des Begriffs „klimaneutral“ existierten, wurde von einigen Unternehmen ausgenutzt. Unterschiedliche Akteure erstellten unterschiedliche Definitionen, welche für Verbraucherinnen und Verbraucher nicht immer nachvollziehbar waren. Es muss daher kritisch angemerkt werden, dass die lange Phase der ungeregelten Normenlandschaft von einigen „schwarzen Schafen“ dazu ausgenutzt wurde, Produkte, Unternehmern und Organisationen als „klimaneutral“ auszuloben, welche den heutigen strengen Standards nicht mehr genügen würden.

Diese Marktteilnehmer haben dem freiwilligen Klimaschutzmarkt großen Schaden zugefügt. Durch diese ist der gesamte Markt in Misskredit geraten, obwohl viele Initiativen in diesem Bereich von Idealismus und Leidenschaft geprägt waren. Nachdem aber positive Schlagzeilen weniger sichtbar sind als negative, ist in der Öffentlichkeit der Eindruck entstanden, dass der gesamte Markt ein Glaubwürdigkeitsproblem hat. Daher soll auch an dieser Stelle nochmals festgehalten werden, dass der überwiegende Teil von in der Vergangenheit als „klimaneutral“ ausgelobten Unternehmen und Produkten ein Resultat von genauer Berechnung der Emissionen, ernsthaften Einsparungsbemühungen und notwendigen Investitionen in sorgfältig ausgewählten Klimaschutzprojekten war. Trotzdem muss kritisch angemerkt werden, dass der Markt erst dann begann sich sehr strengen Regeln zu unterwerfen, als ruchbar wurde, dass „schwarze Schafe“ existieren.

Positiver Rückblick

Seit Jahren gehört der freiwillige Klimaschutzmarkt zu einem der wesentlichen Eckpfeiler im CO_2-Markt. Seit dem Beginn wurden die Richtlinien mehrmals verschärft und der Markt hat vielen Projekten die notwendige Finanzierung erst ermöglicht. Es ist davon auszugehen, dass das Bewusstsein für Klimaschutz in der Öffentlichkeit wesentlich geringer wäre, hätte es den Markt nicht gegeben. Positiv ist auch anzumerken, dass bereits sehr früh mit dem Emissionshandel begonnen wurde und dass der Markt auch nach dem Auslaufen des Kyoto-Protokolls weiter Bestand hatte.

Somit kann im Bereich freiwilliger Klimaschutz positiv festgestellt werden, dass inzwischen die wesentlichsten Regelwerke vorhanden sind. Dadurch ist auch im freiwilligen Markt, der zu Beginn dieses Jahrtausends gleichsam von selbst entstanden ist, erstmals Rechtssicherheit für den Begriff „klimaneutral“ oder andere vergleichbare Claims geschaffen worden.

Der freiwillige Klimaschutzmarkt hat wesentliche Beiträge zum Klimaschutz geleistet, ohne dass dadurch eine Verpflichtung erfüllt wurde. Es bleibt zu hoffen, dass es künftig gelingt, durch die fortschreitende Arbeit im Bereich der Normierung „schwarzen Schafen“ das Handwerk zu legen. Dadurch soll der freiwillige Markt wieder jenen Stellenwert erhalten, welcher ihm zusteht: Er soll ein Markt für alle jene sein, die Klimaschutz machen wollen, ohne dass sie dazu gesetzlich verpflichtet sind. Viele Unternehmen sind bereit in einen solchen Markt zu investieren. Die Voraussetzung dafür ist eine unangreifbare, rechtssichere Kommunikation dieser gutgemeinten Investitionen!

6. Unternehmensinterner Emissionshandel

6.1. CO_2-Bepreisung als Instrument des Klimaschutzes

Die Begrenzung des globalen Temperaturanstiegs auf unter 2 °C, wie im Pariser Klimaschutzabkommen von 2015 festgelegt, erfordert umfassende und konsequente Maßnahmen. Ein Schlüsselinstrument ist die Bepreisung von Treibhausgasemissionen (THG), die als wirksamer Anreiz zur Dekarbonisierung von Wirtschaft und Gesellschaft dient. CO_2-Preismechanismen wie Emissionshandelssysteme (ETS) oder CO_2-Steuern haben sich hierbei international etabliert.[153]

Die zugrunde liegende Logik ist eindeutig: Die verursachten Emissionen erhalten einen wirtschaftlichen Wert, der die externen Kosten des Klimawandels – wie Umwelt- und Gesundheitsschäden – für Unternehmen und Verbraucher sichtbar macht. Ein effektiver CO_2-Preis kann somit Investitionen in saubere Technologien stimulieren, Innovationen vorantreiben und den fossilen Energieverbrauch nachhaltig reduzieren. Studien zeigen, dass der Markt ohne klare Preissignale blind für die realen Kosten des Klimawandels bleibt, was die notwendige Transformation hin zu einer klimaneutralen Wirtschaft hemmt.[154]

Eine dieser Maßnahmen ist der Internal Carbon Pricing (ICP), ein Instrument, das es Unternehmen ermöglicht, die Kosten ihrer Treibhausgasemissionen direkt in ihre Entscheidungsprozesse zu integrieren. Durch die Festlegung eines monetären Wertes auf die ausgestoßenen Emissionen – sei es durch interne Kohlenstoffgebühren, Schattenpreise oder implizite Kohlenstoffpreise – wird eine Grundlage geschaffen, die Investitionen in kohlenstoffarme Technologien und Prozesse begünstigt. Gleichzeitig hilft der ICP klimabezogene finanzielle Risiken transparenter zu machen und sie in der Unternehmensplanung zu berücksichtigen. Ein frühes Beispiel für die Anwendung von ICP bietet Shell, das bereits in den 2000er Jahren begann Investitionen mit einem internen Kohlenstoffpreis von 40–80 USD pro Tonne CO_2 zu bewerten.[155]

Während externe CO_2-Preise, etwa durch Emissionshandelssysteme oder Steuern, meist auf staatlichen Vorgaben beruhen, führen Unternehmen eine interne CO_2-Bepreisung häufig auf freiwilliger Basis ein. Ziel ist es dabei, die ökologischen Kosten betrieblicher Emissionen sichtbar zu machen und in Entscheidungen einzubinden. Projekte mit hohem Energie- oder Ressourcenbedarf werden infolgedessen kostenintensiver, was effizientere und klimafreundlichere Alternativen fördert. Ein interner CO_2-Preis hat jedoch nur dann eine spürbare Wirkung, wenn er hinreichend hoch angesetzt wird und klar geregelt ist, in welche Maßnahmen die erzielten Einnahmen fließen.[156]

---

153 *Harpankar, P.* (2019). Internal carbon pricing: Rationale, promise and limitations. Carbon Management, 10(3), 219–225.

154 *Rothschild, F. d.* (2023, 20. Dezember). Why the world needs a carbon price, unter: https://time.com/6549163/why-world-needs-a-carbon-price/ (abgerufen am 28.6.2025).

155 *Ahluwalia, M.* (2017, September). The business of pricing carbon: How companies are pricing carbon to mitigate risks and prepare for a low-carbon future. Center for Climate and Energy Solutions, unter: https://www.c2es.org/document/the-business-of-pricing-carbon-how-companies-are-pricing-carbon-to-mitigate-risks-and-prepare-for-a-low-carbon-future/ (abgerufen am 28.6.2025).

156 *Sinclair-Desgagné/Desjardins/Gianfrate/Ghitti* (2024, 19. November). Internal carbon pricing: A literature assessment and research agenda. Social Science Research Network, unter: https://papers.ssrn.com/sol3/papers.cfm?abstract_id=4647479 (abgerufen am 28.6.2025).

Beweggründe für eine interne CO_2-Bepreisung

Unternehmen verfolgen verschiedene Ziele, wenn sie einen internen CO_2-Preis etablieren. Zum einen minimieren sie Risiken in Hinblick auf mögliche steigende CO_2-Abgaben oder neue, strengere Gesetze. Zum anderen setzen sie so frühzeitig Kapital für nachhaltige Technologien, Effizienzprogramme und Investitionen in erneuerbare Energien frei, was die langfristige Wettbewerbsfähigkeit stärkt. Außerdem verbessern sie ihre Reputation, da Kunden zunehmend klimafreundliche Produkte erwarten und Investoren mehr Wert auf nachhaltige Geschäftsmodelle legen. Neben der direkten Emissionssenkung können Unternehmen die Mittel aus dem internen CO_2-Preis außerdem in soziale Projekte investieren, was zur gesellschaftlichen Verantwortung beiträgt, und ein positives Image fördert.

Voraussetzungen für eine wirksame Umsetzung

Damit der interne CO_2-Preis langfristig erfolgreich ist, muss er fest in die strategischen Planungs- und Entscheidungsprozesse integriert werden. Ebenso entscheidend ist eine regelmäßige Überprüfung des Preisniveaus und eine Anpassung an neue Marktbedingungen oder regulatorische Vorgaben. Viele Unternehmen konzentrieren sich zunächst auf direkte Emissionen (Scope 1) oder jene aus dem Energieverbrauch (Scope 2), während andere auch die Emissionen entlang der gesamten Wertschöpfungskette (Scope 3) in ihre Berechnungen einbeziehen.[157]

Auf diese Weise kann der „Corporate Carbon Footprint" (CCF) insgesamt reduziert und eine glaubwürdige Klimastrategie umgesetzt werden.

6.2. Carbon Controlling und der interne CO_2-Preis (ICP)

In der heutigen Geschäftswelt gewinnt das CO_2-Controlling zunehmend an Bedeutung, da Unternehmen verstärkt unter Druck stehen, ihre Treibhausgasemissionen zu reduzieren und nachhaltiger zu wirtschaften. Um Unternehmen gezielt und effizient dabei zu unterstützen, die Emissionen in den verschiedenen Unternehmensbereichen und -gesellschaften zu reduzieren und somit die Glaubwürdigkeit von Nachhaltigkeitsberichten zu steigern, bietet das Konzept des „Internal Carbon Pricing" (ICP) eine wertvolle Hilfe. ICP hilft Unternehmen, die Kosten ihrer CO_2-Emissionen zu quantifizieren und in ihre Entscheidungsprozesse zu integrieren.

Diese Maßnahmen sind nicht nur aus sozialer und ökologischer Sicht relevant, sondern auch aufgrund verschiedener externer Anforderungen. Zum einen fordern regulatorische Rahmenwerke wie die European Sustainability Reporting Standards (ESRS) eine detaillierte Berichterstattung über die CO_2-Bilanz von Unternehmen und die damit verbundenen Maßnahmen. Zum anderen steigt der Druck von Marktseite, da Kunden und Geschäftspartner zunehmend nachhaltige Praktiken erwarten und dies in ihren Kaufentscheidungen berücksichtigen. Unternehmen, die proaktiv CO_2-Controlling betreiben und einen internen CO_2-Preis implementieren, können somit nicht nur ihre Umwelt-

157 Ebd.

bilanz verbessern, sondern auch ihre Wettbewerbsfähigkeit und Marktposition stärken. Letztlich gilt auch bei der Reduktion von Emissionen: *„You can't manage what you don't measure."*

Verschiedene Mechanismen wie CO_2-Steuern, das Emissionshandelssystem (ETS) und Schattenpreise setzen derzeit an unterschiedlichen Märkten einen Preis für CO_2 fest. Studien schätzen, dass weltweit betrachtet CO_2-Preise von mindestens 50–100 USD pro Tonne bis 2030 notwendig sind, um die Pariser Klimaziele zu erreichen.[158]

Die Wichtigkeit des Umweltcontrollings und des ICP wurde auch von den ESRS der Europäischen Kommission erkannt und innerhalb der folgenden Abschnitte der CSRD, ESRS 2 als auch im ESRS E1–8 berücksichtigt. Dadurch werden betroffene Unternehmen aufgefordert Informationen zu wesentlichen Nachhaltigkeitsthemen jährlich transparent zu berichten.[159]

Doch was ist der ICP genau und welcher Voraussetzungen für seine effektive Anwendung bedarf es? Die interne CO_2-Bepreisung ist ein freiwilliges strategisches Instrument, das Unternehmen ermöglicht den Treibhausgasemissionen einen monetären Wert zuzuordnen. Ziel ist es, die Kosten von CO_2-Emissionen direkt in Geschäftsentscheidungen und Investitionsstrategien zu integrieren, um nachhaltigere Praktiken zu fördern und den Übergang zu einer kohlenstoffarmen Wirtschaft voranzutreiben.

Um dies gewährleisten zu können, bedarf es eines kontinuierlichen Monitorings der CO_2-Emissionen und darüber hinaus eines CO_2-Controlling-Ansatzes, um notwendige Daten und Steuergrößen verfügbar zu haben. Im Folgenden wird ein potenzieller Controlling-Ansatz skizziert und der ICP im Detail behandelt.

6.2.1. Carbon Controlling

Das Carbon Controlling lässt sich in vier wesentliche Bereiche unterteilen:

6.2.1.1. Festlegung der CO_2-Ziele

Um CO_2-Ziele festzulegen, ist es unerlässlich, zunächst einen Corporate Carbon Footprint (CCF) zu berechnen, wie zuvor ausführlich beschrieben. Der CCF dient als Grundlage, auf der Dekarbonisierungsziele entwickelt und Szenarien ähnlich der Finanzbuchhaltung erstellt werden. Die Erstellung eines Business-as-usual-Szenarios unter Einbeziehung der Geschäftsentwicklungsdaten des Unternehmens zeigt, wie sich die CO_2-Emissionen ohne zusätzliche Maßnahmen zur Emissionsreduktion entwickeln würden. Dabei werden sowohl interne Faktoren wie das organische und anorganische Wachstum des Unternehmens und die Entwicklung von Geschäftsbereichen mit unterschiedlichen Emissionsniveaus als auch externe Faktoren wie die Dekarbonisierung des bezogenen Stroms berücksichtigt.

158 Weltbank. (Mai 2024). World Bank Group, Global Carbon Pricing Revenues Top a Record $100 Billion, unter: https://www.worldbank.org/en/news/press-release/2024/05/21/global-carbon-pricing-revenues-top-a-record-100-billion (abgerufen am 1.4.2025).

159 Europäische Standards für die Nachhaltigkeitsberichterstattung (ESRS), Amtsblatt der Europäischen Union, L 205, 9. August 2024.

Im nächsten Schritt wird ein spezifischer Dekarbonisierungspfad für das Unternehmen definiert, der als Grundlage für die Szenarienplanung dient. Verschiedene Standards wie die der International Energy Agency (IEA), der Science Based Targets Initiative (SBTI) und der Food and Agriculture Organization (FAO) können als Inputs verwendet werden, um wissenschaftlich fundierte Dekarbonisierungsziele für eine Planungsperiode festzulegen. Nach Festlegung von Zielen müssen Szenarien entwickelt werden, um diese Ziele zu erreichen. Ein CO_2-Treibermodell wird auf Basis der Inputdaten der CO_2-Bilanz erstellt. In diesem Modell werden die direkten Treiber der Key Performance Indicators (KPIs) gemäß ihrer Berechnungsmethodik dargestellt und um zusätzliche interne und externe Treiber erweitert. Dieser Ansatz geht über die reine Erfassung der CO_2-Bilanz hinaus, da er tiefgreifende Faktoren einbezieht, die die zukünftige Emissionsentwicklung beeinflussen. Dazu gehören sowohl die unternehmenseigene Geschäftsentwicklung als auch externe Rahmenbedingungen.

Auf Basis des Treibermodells werden Szenarien entwickelt, die die Erreichung der festgelegten Dekarbonisierungsziele ermöglichen. Mithilfe von Simulationen werden potenzielle strategische Maßnahmen identifiziert. Ein zentraler Aspekt ist die Berücksichtigung des finanziellen Einflusses dieser Maßnahmen, der dann in die Geschäftsplanung integriert werden muss. Darüber hinaus müssen relevante externe Faktoren wie regulatorische Vorgaben und technologische Fortschritte in die Planung einbezogen werden, da diese die Umsetzbarkeit und Effektivität der Maßnahmen erheblich beeinflussen können.

6.2.1.2. Ableitung von Reduktionsmaßnahmen

Um die Lücke zwischen der Ausgangssituation und dem angestrebten Ziel zu überbrücken, müssen geeignete Maßnahmen ergriffen werden. Diese Maßnahmen sollten nach ihrer Priorität geordnet werden, wobei neben der Wirkung auf die Nachhaltigkeitsziele auch Faktoren wie Ressourcenverfügbarkeit, Risiko, Kosten-Nutzen-Verhältnis und Durchführbarkeit berücksichtigt werden müssen. Es ist entscheidend, eine Lösung zu finden, die unter Berücksichtigung dieser Aspekte die identifizierte Lücke schließt. Da Maßnahmen in der Regel langfristige Auswirkungen haben, sollte ihre Betrachtung mindestens über den gesamten Zeitraum des Geschäftsplans erfolgen. Das festgelegte Ziel muss durch die Maßnahmen nachweislich im kommenden Geschäftsjahr erreicht werden können. Etwaige verbleibende Lücken in den Folgejahren können durch zukünftige Maßnahmen weiter reduziert werden. Die Plausibilität der Zielerreichung muss dabei stets gewährleistet sein.

Für Konzepte, die spezifische Maßnahmen oder einen umfassenden Aktionsplan zur Umsetzung erfordern, sollten Informationen zu den wichtigsten Maßnahmen des Berichtsjahres sowie zu den geplanten Maßnahmen für die Zukunft bereitgestellt werden. Diese Informationen sollten die erwarteten Ergebnisse der Maßnahmen und die Art und Weise, wie deren Durchführung zur Erreichung der Ziele des Konzepts beiträgt, erläutern. Da es bei der Umsetzung von Nachhaltigkeitsmaßnahmen zu Konflikten mit finanziellen Zielvorgaben kommen kann, ist es entscheidend, diese Maßnahmen und die damit verbundenen spezifischen Zielvorgaben in die Anreizsysteme des Managements zu integrieren. Ein Beispiel hierfür ist die Reduktion von CO_2-Emissionen, die nicht nur in die Unternehmensplanung einfließen sollte, sondern auch als zentraler Bestandteil der Zielvorgaben des Managements verankert werden muss.

6.2.1.3. CO_2-Planung

Ein umfassender Planungsprozess ist essenziell für die Umsetzung der festgelegten Nachhaltigkeitsziele. In der mittelfristigen Planung werden Zielvorgaben und Nachhaltigkeitsmaßnahmen für jede Managementeinheit innerhalb der Steuerungsebenen definiert und entlang der Steuerungspyramide heruntergebrochen, wobei klare Verantwortlichkeiten zugewiesen werden. Es ist wichtig, dass diese nicht-finanziellen Zielvorgaben in Zielvereinbarungen und Vergütungssysteme integriert werden.

Während der Budgetierung erstellt das Management detaillierte Pläne zur Erreichung der Ziele und Umsetzung der Maßnahmen, wobei sowohl finanzielle als auch nachhaltigkeitsbezogene Aspekte (wie CO_{2e}-Emissionen) berücksichtigt werden. Fundierte Business Cases unterstützen die Bewertung. Ein Gegenstromverfahren stellt sicher, dass die Nachhaltigkeitsziele auf operativer Ebene realisierbar sind. Insbesondere die Geschäftsbereiche, die maßgeblich zu den Emissionen beitragen, sind gefordert ihren Anteil zur Erreichung der Dekarbonisierungsziele zu leisten. Dementsprechend ist eine frühzeitige Einbindung verschiedener Bereiche oder Niederlassungen unbedingt notwendig, um alle Stakeholder miteinzubeziehen.

Die festgelegten Maßnahmen müssen dabei sowohl hinsichtlich der verfügbaren finanziellen Mittel, der wirtschaftlichen Zielsetzungen (wie zB Ertragsziele) als auch der Nachhaltigkeitskennzahlen berücksichtigt werden. Die wirtschaftliche Machbarkeit und langfristige Vorteilhaftigkeit der definierten Maßnahmen sollten bereits in der strategischen Planung des Unternehmens umfassend bewertet worden sein.

6.2.1.4. Monitoring

Die Überwachung der Zielerreichung und der Umsetzung der Maßnahmen erfolgt kontinuierlich, wobei auch Prognosen erstellt werden können. Steuerungsmaßnahmen werden eingeleitet, sobald dies erforderlich ist, um die Erreichung der Nachhaltigkeitsziele sicherzustellen. Regelmäßige Berichte zur Messung von unterjährigen Zwischenzielen, wie zB der CO_{2e}-Reduktion, sind für eine zielgerichtete Steuerung unumgänglich.

Diese Berichte können monatlich oder quartalsweise erstellt werden und basieren auf der CO_{2e}-Bilanz, wobei die wesentlichen Emittenten berücksichtigt werden. Um eine präzise und effiziente Erfassung der benötigten Daten zu gewährleisten, ist eine Automatisierung der Kennzahlenerhebung unverzichtbar. Dies ermöglicht eine zeitnahe und genaue Datenerfassung, die für die Überwachung und Steuerung der Emissionsreduktionsziele entscheidend ist. Gleichzeitig wird die Integration dieser Prozesse in die bestehende Business-Intelligence-Landschaft des Unternehmens erforderlich, um eine nahtlose Datenverarbeitung und -analyse zu gewährleisten. Durch diese Maßnahmen können Unternehmen sicherstellen, dass sie ihre Nachhaltigkeitsziele effektiv verfolgen und erreichen.

6.2.2. Management-Kontrollrahmen für Internal Carbon Pricing

Das in nachstehender Abbildung dargestellte Rahmenwerk, bildet die Grundlage für eine fundierte Analyse, ein besseres Verständnis und eine gezielte Anwendung von ICP, die auf die spezifischen Gegebenheiten eines Unternehmens abgestimmt ist. Unternehmen sollten ICP zunächst ganzheitlich betrachten, ihre Risiken evaluieren, um dann klare strategische Grundprinzipien definieren zu können.[160]

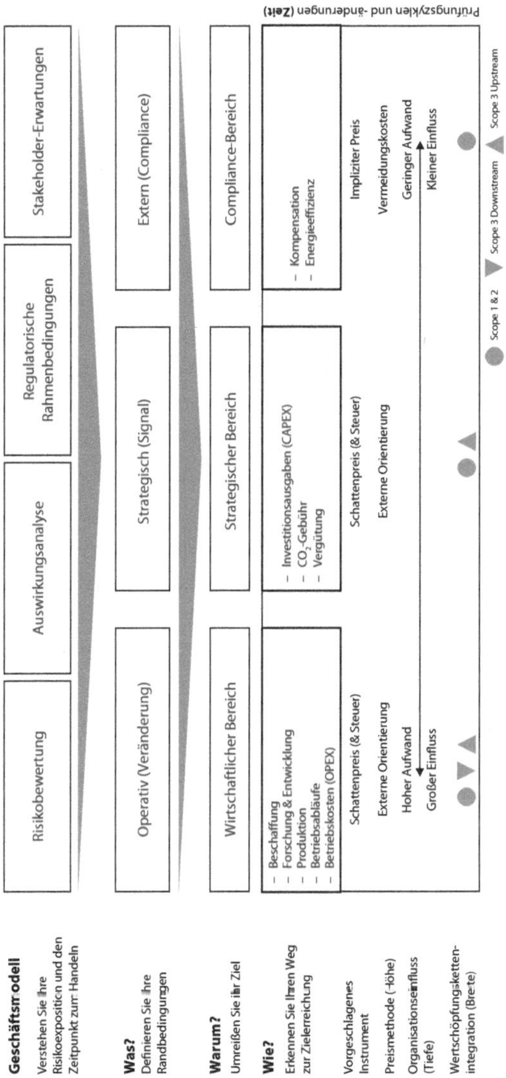

Abb 41: Rahmenwerk für Internal Carbon Pricing [Quelle: KPMG]

160 *Möller, P. D./Schatzmann, J. L./Schmid, J.* (2022), Internationaler Controller Verein eV (2022) unter: https://icv-controlling.com/ (abgerufen am 1.4.2025).

Das Carbon Disclosure Project (CDP) spielt eine zentrale Rolle bei der Förderung von Transparenz und Innovation im Bereich der CO_2-Bepreisung. Als weltweit agierende Non-Profit-Organisation unterstützt das CDP Unternehmen und Städte bei der Offenlegung ihrer Klimadaten und bietet eine Plattform, auf der Fortschritte, Strategien und Benchmarks im Klimaschutz veröffentlicht werden können. Dies ermöglicht nicht nur den Vergleich zwischen Unternehmen, sondern schafft auch Best Practices für eine wirksame CO_2-Bepreisung.

Laut aktuellen Daten berichteten 2022 weltweit 8.402 Unternehmen an das CDP, von denen 15 % bereits ein internes CO_2-Preismodell implementiert hatten. Weitere 18 % planten dies innerhalb der nächsten zwei Jahre. Die am häufigsten genutzte Methode ist der sogenannte Schattenpreis, der bei 68 % der Unternehmen zum Einsatz kommt. Dabei wird ein fiktiver Preis für jede Tonne CO_2 festgelegt, der in Investitions- und Beschaffungsentscheidungen einfließt, um klimafreundlichere Alternativen zu fördern.[161]

Besonders auffällig ist die regionale Verteilung: Während Europa und die Asien-Pazifik-Region führend bei der Nutzung interner CO_2-Preise sind, verzeichnete Asien in den letzten Jahren die höchste absolute Zunahme. Branchenübergreifend zeigt sich der Finanzsektor als Vorreiter, gefolgt von der verarbeitenden Industrie, die seit 2022 den Materialsektor überholt hat.[162] Dennoch gibt es innerhalb der Industrien große Unterschiede: Während einige Unternehmen interne Preise von unter 1 USD pro Tonne verwenden, bewegen sich andere bei über 100 USD. Letztere nähern sich damit den Schwellenwerten, die laut der High-Level Commission on Carbon Prices notwendig sind, um die Ziele des Pariser Abkommens zu erreichen.[163]

Ein weiterer relevanter Aspekt ist die Kombination interner und externer CO_2-Bepreisung. Rund die Hälfte der Unternehmen, die einen internen Preis nutzen, unterliegt bereits externen Regulierungen wie CO_2-Steuern oder Emissionshandelssystemen. Die Einnahmen aus globalen CO_2-Bepreisungssystemen beliefen sich 2023 auf etwa 104 Milliarden USD, was die wachsende Bedeutung dieses Instruments unterstreicht.[164] Dennoch wird deutlich, dass viele der aktuellen CO_2-Preise noch nicht ausreichen, um die Zwei-Grad-Grenze einzuhalten. Experten fordern bis 2030 Preisniveaus zwischen 50 und 100 USD pro Tonne, um eine signifikante Wirkung zu erzielen.[165]

Die Unterschiede in der Höhe der eingesetzten internen CO_2-Preise sind beträchtlich: Sie reichen von lediglich 0,01 USD bis hin zu 3.556 USD pro Tonne CO_2. Die Mehrheit der Unternehmen setzt jedoch Preise unterhalb von 100 USD pro Tonne an, wobei nur ein

161 Weltbank. (Mai 2023). The World Bank Group, State and Trends of Carbon Pricing, unter: https://openknowledge.worldbank.org/entities/publication/58f2a409-9bb7-4ee6-899d-be47835c838f (abgerufen am 1.0.2025).

162 *Bartlett, N./Coleman, T./Schmidt, S.* (2021). CDP Worldwide, unter: https://cdn.cdp.net/cdp-production/cms/reports/documents/000/005/651/original/CDP_Global_Carbon_Price_report_2021.pdf (abgerufen am 1.4.2025).

163 Weltbank. (Mai 2023). The World Bank Group, State and Trends of Carbon Pricing, unter: https://openknowledge.worldbank.org/entities/publication/58f2a409-9bb7-4ee6-899d-be47835c838f (abgerufen am 1.4.2025).

164 *Twidale, S.* Reuters unter: https://www.reuters.com/sustainability/climate-energy/global-carbon-emissions-pricing-raised-record-104-bln-2023-2024-05-21/ (abgerufen am 1.4.2025).

165 *Harpankar, K.* (2019). Internal carbon pricing: Rationale, promise, and limitations. Carbon Management, 219-225.

kleiner Teil (13 %) über 100 USD liegt. Trotz eines zuletzt gestiegenen Anteils höherer Preiskategorien bleiben viele Werte weiterhin unter den empfohlenen Schwellen, die für eine Ausrichtung an den Klimazielen notwendig wären.[166]

6.2.2.1. Grundlegende Prinzipien der Bepreisung des internen CO_2-Preises

Die vier Dimensionen des ICP

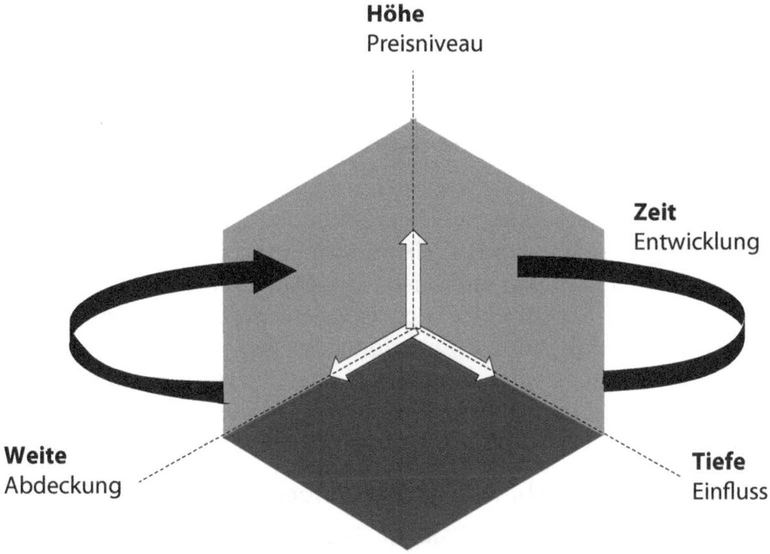

Abb 42: Vier Dimensionen der Bepreisung (Hannen, 2021) [Quelle: KPMG]

Die Umsetzung eines internen CO_2-Preises in Unternehmen erfordert eine strukturierte Herangehensweise, die vier zentrale Dimensionen umfasst: Höhe, Breite, Tiefe und Zeit. Jede dieser Dimensionen spielt eine entscheidende Rolle bei der Effektivität und Zielerreichung eines ICP und beeinflusst sowohl die strategischen als auch die operativen Entscheidungen eines Unternehmens. Die folgenden Ausführungen basieren auf den unten angegebenen Quellenangaben.[167, 168]

Höhe: Das Preisniveau des CO_2-Preises

Die Höhe des CO_2-Preises beschreibt das Preisniveau pro ausgestoßener Einheit Treibhausgase (zB USD/tCO_2), welche das Unternehmen in seine Geschäftsentscheidungen integriert. Ein höherer CO_2-Preis kann stärkere Anreize schaffen, Emissionen zu reduzieren, indem er emissionsintensive Entscheidungen verteuert. Der durch die CO_2-Be-

166 Weltbank. (Mai 2023). The World Bank Group, State and Trends of Carbon Pricing, unter: https://openknowledge.worldbank.org/entities/publication/58f2a409-9bb7-4ee6-899d-be47835c838f (abgerufen am 1.4.2025).

167 *Lam, L. E.* (Dezember 2017). CDP Worldwide, HOW-TO GUIDE TO CORPORATE INTERNAL CARBON PRICING, unter: https://cdn.cdp.net/cdp-production/cms/reports/documents/000/002/740/original/cpu-2017-how-to-guide-to-internal-carbon-pricing.pdf?1521554897 (abgerufen am 1.4.2025).

168 *Möller, P. D./Schatzmann, J. L./Schmid, J.* (2022). Internationaler Controller Verein eV, unter: https://icv-controlling.com/ (abgerufen am 1.4.2025).

preisung entstehende finanzielle Einfluss wird in der jeweiligen Landeswährung berechnet und in Investitionsentscheidungen einbezogen. Dadurch sollen sowohl Maßnahmen zur Reduzierung des CO_2-Fußabdrucks gefördert als auch wirtschaftlich nachhaltige Entscheidungen getroffen werden, die langfristiges Wachstum unterstützen.

Die Preishöhe sollte so gewählt werden, dass sie signifikante Verhaltensänderungen bewirkt und die Klimaziele des Unternehmens unterstützt. Es ist entscheidend, die weitreichenden Auswirkungen auf das betroffene Geschäftsmodell zu verstehen, um negative finanzielle Folgen zu vermeiden. Ein Unternehmen könnte mit einem niedrigen Preis beginnen, um die Akzeptanz zu erhöhen, und diesen Preis im Laufe der Zeit anheben, um die Wirkung zu verstärken.

Breite: Der Abdeckungsumfang der Emissionen

Die Breite des ICP beschreibt, welche Emissionsquellen innerhalb der Wertschöpfungskette des Unternehmens abgedeckt werden. Ein breiterer Ansatz, der beispielsweise die direkten (Scope 1), die indirekten energiebezogenen (Scope 2) und die vor- und nachgelagerten (Scope 3) Emissionen einbezieht, ermöglicht eine umfassendere Reduktion der Gesamtemissionen. So entschied sich etwa ein großes Supermarktunternehmen (Carrefour), Scope-1- und Scope-2-Emissionen in sein ICP aufzunehmen. Scope-3-Emissionen wurden zunächst ausgeschlossen, da detailliertere Daten noch nicht verfügbar waren. Der Geltungsbereich des ICP sollte so gestaltet sein, dass alle wesentlichen Emissions-Hotspots berücksichtigt werden, um die Effektivität zu maximieren.

Tiefe: Der Einfluss auf Geschäftsentscheidungen

Die Tiefe beschreibt, wie stark das ICP in die Entscheidungsprozesse des Unternehmens integriert ist und wie es die Handlungen von Partnern in der Wertschöpfungskette beeinflusst. Ein tiefer Einfluss bedeutet, dass das ICP wesentlicher Bestandteil der strategischen Planung ist. So nutzt Danone das ICP, um Kohlenstoffkosten und Einsparungen verschiedener Treibhausgas-Reduktionsprojekte bei CAPEX-Entscheidungen zu vergleichen. Da Danone auch Scope 3 Emissionen einbezieht, wird das ICP auf alle Emissionen angewendet, die mit Investitionsentscheidungen verbunden sind. Ein tief integriertes ICP erfordert ein klares Commitment des Managements und sollte darauf abzielen, signifikante Emissionsreduktionen durch eine umfassende Einbettung in alle relevanten Unternehmensprozesse zu erzielen.

Zeit: Die Entwicklung des ICP im Zeitverlauf

Die zeitliche Dimension des ICP beschreibt, wie sich die Höhe, Breite und Tiefe des Ansatzes über die Zeit entwickeln. Ein gut geplanter Zeitrahmen stellt sicher, dass das Unternehmen kontinuierlich Fortschritte erzielt und seine Strategie im Einklang mit dem Übergang zu einer kohlenstoffarmen Wirtschaft bleibt. Ein Beispiel dafür ist Danone, das nach der Pariser Klimakonferenz 2015 sein Ziel der Klimaneutralität bis 2050 erneuerte. Im Rahmen dieses Ziels wurde das ICP kontinuierlich aktualisiert, um sicherzustellen, dass es die effizientesten Reduktionsprojekte unterstützt und für Tochtergesellschaften geeignet bleibt. Regelmäßige Evaluierungen und Anpassungen der ICP-Dimensionen sind entscheidend, um auf ändernde Marktbedingungen und regulatorische Anforderungen zu reagieren.

Das Zusammenspiel der Dimensionen

Das Zusammenspiel der vier Dimensionen – Höhe, Breite, Tiefe und Zeit – ist ausschlaggebend für die Effektivität eines ICP. Die Höhe und Breite bestimmen den monetären Wert und die Abdeckung der CO_2-Emissionen, während die Tiefe darüber entscheidet, wie stark das ICP strategische und operative Entscheidungen beeinflusst. Die Zeitdimension gewährleistet eine kontinuierliche Optimierung und Anpassung des Ansatzes an neue Anforderungen. Ein ausgewogenes „4D-Profil“ ermöglicht es Unternehmen, Erfahrungen zu sammeln, Hemmnisse abzubauen und das ICP fortlaufend zu verbessern. Dies trägt entscheidend zur Transformation in eine kohlenstoffarme Wirtschaft bei und unterstützt gleichzeitig die langfristigen Klimaziele des Unternehmens.

6.2.2.2. Instrumente zur Bestimmung des internen CO_2-Preises

Die Implementierung einer internen CO_2-Bepreisung kann auf vielfältige Weise erfolgen und wird in der Praxis jeweils an die spezifischen Bedürfnisse und Ziele eines Unternehmens angepasst. In Abbildung 43 wird hierzu eine hierarchische Einteilung in explizite und implizite Preise vorgenommen, die unterschiedliche Optionen für die interne Bewertung und Steuerung von CO_2-Emissionen aufzeigen. Bei den expliziten Varianten wird zwischen realen Abgaben – beispielsweise eine interne CO_2-Steuer oder einen internen Emissionshandel – und imaginären Abgaben wie dem Schattenpreis unterschieden. Im Gegensatz dazu resultiert der implizite Preis aus den Grenzvermeidungskosten bereits umgesetzter Emissionsminderungsmaßnahmen.

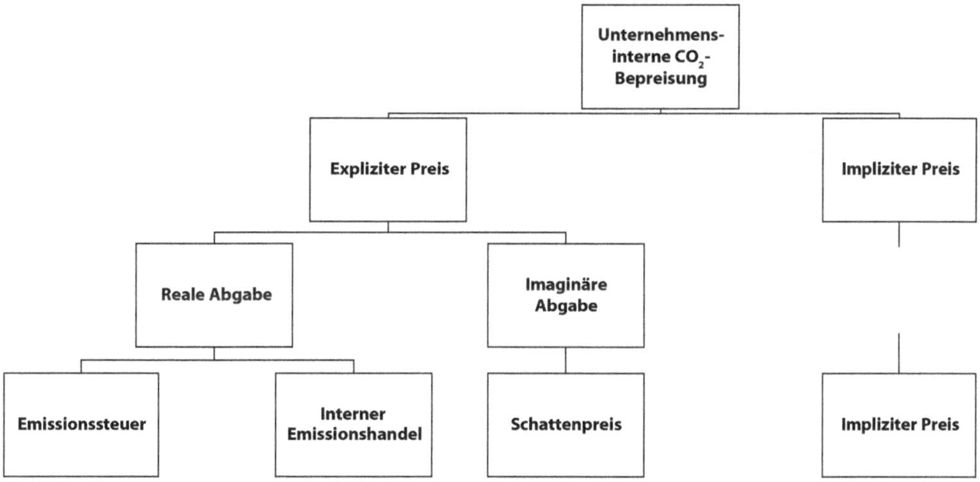

Abb 43: Überblick über mögliche ICP-Methoden[169] [Quelle: KPMG]

169 *Möller, P. D./Schatzmann, J. L./Schmid, J.* (2022). Internationaler Controller Verein eV, unter: https://icv-controlling.com/ (abgerufen am 1.4.2025).

Emissionssteuer

Die interne Emissionssteuer ist eine Form der CO_2-Bepreisung, bei der jeder ausgestoßenen Tonne Treibhausgase (zB tCO_{2e}) ein monetärer Wert zugeordnet wird. Diese Steuer wird den verursachenden Unternehmenseinheiten wie Produktionsstandorten oder Geschäftsbereichen (zB Dienstreisen) in Rechnung gestellt. Im Gegensatz zu externen CO_2-Steuern verbleiben die erzielten Einnahmen im Unternehmen und können zur Finanzierung emissionsmindernder Projekte, zur Kompensation von Emissionen oder zur Förderung innovativer Klimainitiativen verwendet werden.

Die Hauptvorteile der internen Emissionssteuer liegen in ihrer Praktikabilität und Ergebnisorientierung:

1. Sie belastet die Profit-und-Loss-Rechnung (P&L) der verursachenden Unternehmenseinheiten direkt und schafft somit finanzielle Anreize für emissionsarme Entscheidungen.
2. Die Einnahmen verbleiben im Unternehmen und können gezielt für interne Klimaschutzprojekte genutzt werden.
3. Sie unterstützt Verhaltensänderungen, da nachhaltige Ideen und energieeffiziente Prozesse gefördert werden.

Meist deckt die Steuer Scope-1- und Scope-2-Emissionen ab, während Scope-3-Emissionen häufig nur eingeschränkt einbezogen werden, etwa bei Geschäftsreisen. Unterschiedliche Preise können für Standorte, Abteilungen oder Emissionsarten (produktbezogen vs nicht produktbezogen) festgelegt werden, um spezifische Unternehmensbereiche gezielt zu lenken.

Interner Emissionshandel

Der interne Emissionshandel basiert auf dem „Cap-and-Trade"-Prinzip. Unternehmen setzen eine Obergrenze (Cap) für die Gesamtemissionen fest und verteilen Emissionszertifikate auf die Unternehmenseinheiten. Die Zertifikate können gehandelt werden, wobei Angebot und Nachfrage den Preis bestimmen. Mit einer schrittweisen Reduktion der Obergrenze werden Emissionsminderungen systematisch gefördert.

Der interne Handel bietet mehrere Vorteile

1. Er schafft Planungssicherheit für die Dekarbonisierungsziele durch eine feste Obergrenze.
2. Der Mechanismus steigert die Kostenwahrheit und belohnt emissionsarme Investitionen.
3. Unternehmen können erste Erfahrungen sammeln, um sich auf externe Emissionshandelssysteme vorzubereiten.

Die Implementierung eines internen Emissionshandels erfordert jedoch erhebliche administrative Anstrengungen, weshalb dieser Mechanismus besonders für große Unternehmen mit hohen Emissionen geeignet ist. Die Zertifikatsmenge muss sorgfältig geplant und angepasst werden, um zu hohe Preisschwankungen und Marktungleichgewichte zu vermeiden.

Schattenpreis

Der Schattenpreis ist ein theoretischer Wert, der in strategischen Investitionsentscheidungen wie Forschung und Entwicklung, Infrastruktur oder finanziellen Vermögenswerten berücksichtigt wird. Ziel ist es, die potenziellen Auswirkungen zukünftiger CO_2-Regulierungen zu simulieren und Investitionen in kohlenstoffarme Technologien zu lenken.

Ein Schattenpreis beeinflusst die finanzielle Bewertung von Projekten, indem er die interne Rendite (IRR) oder den Kapitalwert (NPV) direkt beeinflusst. Unternehmen nutzen ihn zur:

1. Bewertung von Capex-Projekten, die mit Emissionsveränderungen verbunden sind, zB Wechsel von Heizanlagen,
2. Risikoabschätzung regulatorischer und stakeholderbezogener Anforderungen,
3. strategischen Planung und Analyse von Trends.

Im Gegensatz zur Emissionssteuer ist der Schattenpreis nicht an eine finanzielle Transaktion gekoppelt. Dadurch fehlen direkte Anreize für Verhaltensänderungen, weshalb klare Richtlinien für Anwendung und Konsequenzen notwendig sind, um seine Wirksamkeit zu steigern.

Impliziter Preis

Der implizite Preis beschreibt die Grenzvermeidungskosten aller Maßnahmen und Projekte, die ein Unternehmen zur Reduktion von Emissionen umsetzt. Dieser Preis wird retrospektiv berechnet und dient als Benchmark für zukünftige explizite Bepreisungsmechanismen. Beispiele für Projekte sind erneuerbare Energien, Energieeffizienzmaßnahmen oder Kohlenstoffkompensationen.

Obwohl der implizite Preis weniger incentiviert als explizite Mechanismen, schafft er ein besseres Verständnis des CO_2-Fußabdrucks und der unternehmerischen Kosten zur Emissionsminderung. Mehrere implizite Preise können parallel bestehen, um spezifische Projekte oder Bereiche differenziert zu bewerten.

Wie unterscheiden sich diese Mechanismen?

Die Methoden zur internen CO_2-Bepreisung lassen sich grob in explizite und implizite Ansätze unterteilen. Bei expliziten Verfahren – etwa einer Emissionssteuer oder einem Emissionshandel – werden tatsächliche Geldbeträge für Emissionen angesetzt, was für direkte Lenkungswirkungen sorgt. Ein Schattenpreis hingegen ist ein rein rechnerischer Wert ohne unmittelbare Zahlungen, der vor allem in Investitions- und Risikobewertungen einfließt. Schließlich wird der implizite Preis aus bereits umgesetzten Minderungsmaßnahmen abgeleitet und dient eher als retrospektiver Benchmark, um den Effekt und die Kosten von Emissionsreduktionsprojekten zu quantifizieren.

Die Auswahl eines geeigneten Mechanismus zur internen CO_2-Bepreisung hängt stark von den spezifischen Anforderungen und Zielen eines Unternehmens ab. Verschiedene Mechanismen wie die CO_2-Steuer, der interne Emissionshandel, der Schattenpreis und der implizite Preis bieten unterschiedliche Vorteile und Einsatzmöglichkeiten.

6.2.2.3. Fallstudien und Leading-Practice Ansatz

Die zuvor genannten ICP-Instrumente werden bereits heute in der Praxis eingesetzt. Nachstehend ist eine Übersicht über Unternehmen aus diversen Branchen, die verschiedene Methoden anwenden, um die Prinzipien des ICP in ihre Unternehmensstrategien zu integrieren, dargestellt.

FUJITSU

ICP: 7 Euro/tCO_2 (impliziter CO_2-Preis und Emissionssteuer)

Fujitsu nutzt seinen internen CO_2-Preis, um die Kosten für Emissionsreduktionen und die Kapitalrendite (ROI) von Umweltmaßnahmen intern zu berechnen. Werden konzernweit definierte Emissionsziele (beispielsweise im Rahmen der Science Based Targets) überschritten, kauft das Unternehmen Zertifikate oder investiert verstärkt in Energieeffizienzmaßnahmen. So sollen langfristig sowohl die Emissionen gesenkt als auch mögliche finanzielle Risiken reduziert werden.

Google

ICP: 51 Euro/tCO_2 (Schattenpreis)

Google integriert diesen Schattenpreis in sein Risikobewertungsmodell und in die Strategien für Finanzen und Rechenzentren. Auf diese Weise werden Emissionen bei strategischen Entscheidungen berücksichtigt. Beispielsweise kann durch den Preis eine Priorisierung emissionsarmer Technologien oder die Optimierung des Energieverbrauchs in Rechenzentren ausgelöst werden.

BMW

ICP: 475 Euro/tCO_2 (Schattenpreis)

BMW hat sich für einen bewusst hohen internen CO_2-Preis entschieden, um Investitionen in kohlenstoffarme Produkte und Technologien zu fördern. Ein Bonus-Malus-System in den Business-Cases für neue Fahrzeugmodelle legt ein Ziel für g CO_2/km fest. Werden diese Vorgaben unterschritten, profitieren Projekte von Boni, während bei Überschreitungen finanzielle Nachteile

Novartis

ICP: 100 Euro/tCO_2 (Schattenpreis)

Novartis nutzt diesen Preis, um die Kosten eines „Nichtstuns" beziehungsweise einer unterlassenen Emissionsreduktion zu bewerten. Das Unternehmen unterstützt darüber hinaus Projekte und Investitionen (zB im Bereich Energieeffizienz) mithilfe des internen CO_2-Preises. In jüngerer Zeit wurde der Ansatz auch auf Scope-3-Emissionen ausgeweitet, um über die gesamte Wertschöpfungskette hinweg CO_2 einzusparen.

Microsoft

ICP (2012–2016): 5–10 USD/tCO_2; aktuelles Beispiel: 100 USD/tCO_2 (Schattenpreis)

Seit 2012 erhebt Microsoft einen unternehmensweiten internen CO_2-Preis, der zunächst nur für Scope-1- und Scope-2-Emissionen galt. Im Jahr 2020 wurde das Modell auch auf

Scope-3-Emissionen ausgeweitet. Die Einnahmen aus dem CO_2-Preis fließen in einen zentralen Nachhaltigkeitsfonds, der unternehmensweit Projekte zur Emissionsreduktion und zur Förderung von Innovationen unterstützt. Aktuell wird unter anderem ein vergleichsweise hoher interner Preis für Flugreisen (100 USD/tCO_2) angesetzt, um den Anreiz zu verstärken, Reisen zu reduzieren oder klimafreundlichere Alternativen zu nutzen.

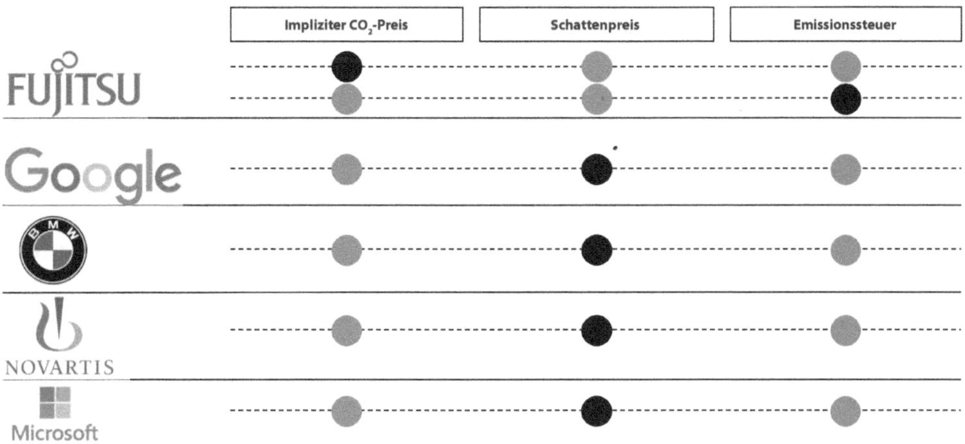

Abb 44: Übersicht eingesetzter ICP-Instrumente bei ausgewählten Unternehmen [Quelle: KPMG]

6.2.2.4. Implementierungsleitfaden

Die Implementierung eines internen CO_2-Preises in einem Unternehmen erfordert einen strukturierten Ansatz, der in vier Hauptschritte unterteilt ist. Diese Schritte sind: das Engagement des Unternehmens, die Gestaltung des ICP-Ansatzes, die Einführung des ICP-Ansatzes und die Überwachung und Bewertung des ICP-Ansatzes. Jeder dieser Schritte wird durch den 4D-Rahmen unterstützt, der die Dimensionen Höhe, Breite, Tiefe und Zeit umfasst.[170]

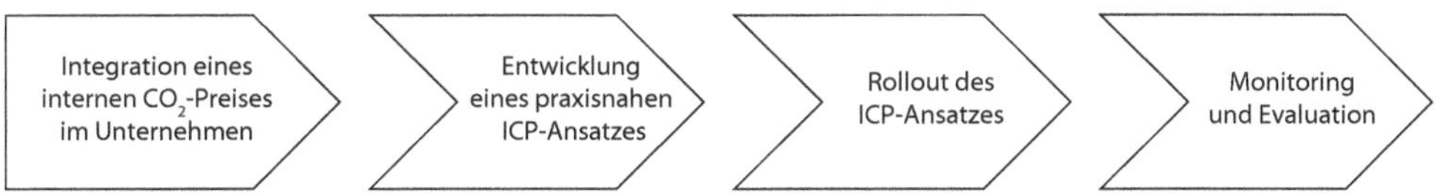

Abb 45: Vierstufiger Leitfaden[171] [Quelle: KPMG]

170 *Lam, L. E.* (Dezember 2017). CDP Worldwide, HOW-TO GUIDE TO CORPORATE INTERNAL CARBON PRICING, unter: https://cdn.cdp.net/cdp-production/cms/reports/documents/000/002/740/original/cpu-2017-how-to-guide-to-internal-carbon-pricing.pdf?1521554897 (abgerufen am 1.4.2025).

171 *Lam, L. E.* (Dezember 2017). CDP Worldwide, HOW-TO GUIDE TO CORPORATE INTERNAL CARBON PRICING, unter: https://cdn.cdp.net/cdp-production/cms/reports/documents/000/002/740/original/cpu-2017-how-to-guide-to-internal-carbon-pricing.pdf?1521554897 (abgerufen am 1.4.2025).

Integration eines internen CO_2-Preises im Unternehmen

Der erste Schritt besteht darin, Unterstützung zu gewinnen und Stakeholder im Unternehmen von den Vorteilen eines ICP-Ansatzes zu überzeugen. Dies erfordert die Einbindung des Vorstands und relevanter Abteilungen, um zu zeigen, wie der ICP-Ansatz dem Unternehmen helfen kann, den Übergang zu einer kohlenstoffarmen Wirtschaft zu bewältigen. Es ist wichtig, die Ziele der Unternehmensstrategie in Bezug auf den Klimawandel zu definieren und die Treibhausgasemissionen (GHG) des Unternehmens zu verstehen. Dies hilft bei der Auswahl eines ICP-Instruments und die Höhe des CO_2-Preises zu bestimmen, der erforderlich ist, um das Unternehmen zur Reduzierung seines CO_2-Fußabdrucks zu bewegen.

Dimension	Inhalte und Ziele	Beispiele und Praxis
Breite	Identifizierung aller relevanten Emissionsquellen (Scope 1, 2, ggf Scope 3); Fokus auf Hotspots, um die grüßten Einsparpotenziale zu adressieren	Carrefour stellte fest, dass 60 % der Emissionen aus der Beschaffung (Scope 3) stammen. Daher wurde der Fokus darauf gelegt, obwohl Datenlücken eine Herausforderung darstellten.
Höhe	Einleitung einer Diskussion über ein realistisches Preisniveau, das Entscheidungen beeinflusst; Balance zwischen ökonomischer Tragfähigkeit und ambitioniertem Klimaschutz	DSM startete mit einem Schattenpreis von 50 Euro/tCO_2, um Investitionsentscheidungen gezielt zu steuern. Dies half, Nachhaltigkeitsüberlegungen mit finanziellen Zielen zu verknüpfen.
Tiefe	Einbindung relevanter Abteilungen (zB Finanzen, Beschaffung, Strategie) in Workshops und Stakeholder-Gespräche, um die Akzeptanz des ICP zu erhöhen	Carrefour integrierte den ICP frühzeitig in die Investitionsplanung
Zeit	Erstellung eines Zeitplans mit Pilotphasen, Feedbackzyklen und iterativen Anpassungen, um die Einführung schrittweise und mit möglichst geringem Widerstand zu realisieren.	Mars benötigte ein Jahr, um eine umfassende Akzeptanz innerhalb des Unternehmens aufzubauen. Pilotprojekte halfen dabei, Widerstände abzubauen und die Praktikabilität des ICP nachzuweisen.

Tab 7: Praxisbeispiele für die Integration eines internen CO_2-Preises

In der Praxis zeigt sich, dass die Einbindung eines Governance-Teams mit Vertretern aus Nachhaltigkeit, Finanzen und weiteren Schlüsselabteilungen entscheidend ist. Workshops und klare Kommunikation helfen, Akzeptanz und Ownership zu schaffen.

Entwicklung eines praxisnahen ICP-Ansatzes

Sobald das Unternehmen die Relevanz eines internen CO_2-Preises erkannt hat, muss ein tragfähiges Design für dessen Anwendung entwickelt werden. Dies umfasst die Definition der Preisstruktur (zB einheitlicher vs differenzierter Preis, statischer vs dynamischer Preis) sowie die Identifikation der betroffenen Emissionsquellen (Scope 1, 2 und/oder 3). Die Wahl des CO_2-Preises kann sich an externen Benchmarks (zB Emissionshandelssysteme, regulatorische Vorgaben) oder an unternehmensspezifischen Marginalkosten für Emissionsreduktionen orientieren. Ein zentraler Bestandteil ist die Mechanik der Umsetzung: Wird ein Schattenpreis für Investitionsentscheidungen genutzt oder wird eine interne CO_2-Abgabe mit echten finanziellen Transaktionen implementiert? Hier gilt es, den Spagat zwischen administrativer Machbarkeit und wirksamem Einfluss auf Entscheidungen zu bewältigen. Erste Simulationen und Pilotprojekte helfen, die Auswirkungen auf Geschäftsentscheidungen abzuschätzen und mögliche Herausforderungen frühzeitig zu identifizieren.

Dimension	Inhalte und Ziele	Beispiele aus der Praxis
Breite	Auswahl der Emissionsbereiche mit dem höchsten Einfluss (Scope 1, 2, ggf 3); Fokus auf Hotspots, die durch finanzielle Steuerung effektiv reduziert werden können	Walmart arbeitet mit Lieferanten zusammen, um Emissionen in der Wertschöpfungskette (Scope 3) zu reduzieren (Project Gigaton).
Höhe	Festlegung eines CO_2-Preises, der Entscheidungen messbar beeinflusst	BP nutzt Preise zwischen 40 und 120 USD/tCO_2 für Investitionsbewertungen, je nach regionalen Marktbedingungen.
Tiefe	Entwicklung eines Mechanismus, der Entscheidungen beeinflusst (zB Schattenpreise, interne CO_2-Abgaben)	DSM verwendet Schattenpreise, um CO_2-intensive Investitionen weniger attraktiv zu machen.
Zeit	Planung einer langfristigen Entwicklung	Shell passt seinen CO_2-Preis regelmäßig an regulatorische Entwicklungen an.

Tab 8: Beispiele für einen praxisnahen internen CO_2-Preis

In der Praxis zeigt sich, dass Unternehmen mit einem moderaten CO_2-Preis starten können, um Akzeptanz zu schaffen, und diesen schrittweise erhöhen, sobald der ICP besser in Geschäftsentscheidungen integriert ist. Pilotprojekte in spezifischen Abteilungen helfen, die Auswirkungen des CO_2-Preises auf Investitions- und Beschaffungsentscheidungen zu testen und den Ansatz datenbasiert zu optimieren.

Ausrollung des ICP-Ansatzes

Das schrittweise Ausrollen des ICP ist entscheidend für dessen Akzeptanz und Wirksamkeit. Zunächst sollten Pilotprojekte in strategisch wichtigen Unternehmensbereichen durchgeführt werden, um die Praxistauglichkeit des Ansatzes zu testen. Diese Pilotphasen dienen dazu, Rückmeldungen aus den betroffenen Bereichen zu sammeln, Prozesse zu optimieren und gegebenenfalls Anpassungen vorzunehmen. Parallel dazu sollten unterstützende Tools wie CO_2-Kalkulatoren, Leitfäden und Trainingsmodule entwickelt werden, um die Anwendung des ICP in den relevanten Geschäftsprozessen zu erleichtern. Der Roll-out sollte zudem mit einer klaren internen Kommunikation begleitet werden, in der der Nutzen des ICP für das Unternehmen und dessen Klimaziele herausgestellt wird. Das Management sollte sich aktiv zur Bedeutung des ICP bekennen, um dessen institutionelle Verankerung zu stärken. Ein schrittweiser Ansatz – zB zunächst die Anwendung auf CAPEX-Entscheidungen, später auf Beschaffungsprozesse – kann die Implementierung erleichtern.

Dimension	Inhalte und Ziele	Beispiele und Praxis
Breite	Erweiterung des Ansatzes durch Pilotprojekte zur Erprobung in verschiedenen Unternehmensbereichen oder Regionen	Carrefour testete einen Schattenpreis für Investitionen und stellte fest, dass verschiedene Abteilungen unterschiedliche Herangehensweisen benötigen. Die Pilotphase zeigte, dass ein hoher CO_2-Preis notwendig war, um Entscheidungen zu beeinflussen (ca 150 USD/tCO_2).
Höhe	Anpassung des CO_2-Preises auf Basis von Testergebnissen, Feedback und Marktentwicklungen; Unternehmen können differenzierte Preisniveaus für verschiedene Regionen oder Abteilungen einführen	DSM verwendete eine Pilotphase, um das richtige CO_2-Preisniveau zu bestimmen. Das Unternehmen startete mit einem Schattenpreis und passte diesen über die Zeit an, um Investitionen gezielt zu lenken.
Tiefe	sicherstellen, dass der ICP in relevante Entscheidungsprozesse (zB Investitionen, Beschaffung, Produktentwicklung) integriert wird; Pilotprojekte helfen, Akzeptanz zu steigern und Widerstände zu identifizieren	Carrefour rollte den ICP schrittweise aus, indem er zuerst in Investitionsentscheidungen für Filialen integriert wurde. Die Investitionskomitees mussten den CO_2-Kostenfaktor gesondert ausweisen.
Zeit	iterative Einführung und schrittweise Anpassung auf Basis von Pilotprojekten, Evaluationen und Unternehmenszielen; Regelmäßige Überprüfung und Weiterentwicklung des ICP	Danone evaluierte seine erste ICP-Implementierung von 2010 bis 2012 und setzet nach 2015 eine überarbeitete Version ein. Das Unternehmen überprüft regelmäßig, ob der ICP noch seinen Klimazielen entspricht.

Tab 9: Beispiele für das Ausrollen des internen CO_2-Preises

Tools wie CO_2-Kalkulatoren, Finanzmodelle oder ERP-Systeme können die Integration des ICP in Investitions- und Beschaffungsentscheidungen erleichtern. Regelmäßige Feedbackzyklen aus den Pilotprojekten helfen, praktische Herausforderungen zu identifizieren und den Ansatz kontinuierlich zu optimieren.

Monitoring und Evaluation

Nach der Implementierung ist eine regelmäßige Überprüfung der Wirksamkeit des ICP erforderlich, um dessen langfristige Relevanz sicherzustellen. Dazu sollte ein Monitoring-System eingerichtet werden, das zentrale Kennzahlen erfasst, wie zB die Anzahl der Geschäftsentscheidungen, die durch den ICP beeinflusst wurden, die Höhe der eingesetzten CO_2-Preise oder die tatsächlich erzielten Emissionsreduktionen. Feedback von Nutzern aus den Geschäftsbereichen kann dabei helfen, Optimierungspotenziale zu identifizieren. Eine jährliche Evaluation sollte prüfen, ob der gesetzte CO_2-Preis die gewünschten Anreize schafft oder angepasst werden muss. Auch externe Entwicklungen wie steigende regulatorische CO_2-Preise oder neue Technologien sollten in die Bewertung einfließen. Falls erforderlich, kann die Struktur des ICP weiterentwickelt werden, etwa durch eine schrittweise Erhöhung des CO_2-Preises oder eine Ausweitung auf weitere Geschäftsbereiche. Die Evaluationsergebnisse sollten transparent kommuniziert und zur kontinuierlichen Verbesserung des Ansatzes genutzt werden.

Dimension	Inhalte und Ziele	Beispiele und Praxis
Breite	Erweiterung des Ansatzes auf weitere Emissionsquellen (zB Scope 3) und betroffene Geschäftsbereiche	Danone überprüfte nach Einführung des ICP, ob die Emissionen in der gesamten Wertschöpfungskette (einschließlich Scope 3) durch Beschaffungsentscheidungen beeinflusst werden können.
Höhe	regelmäßige Überprüfung des Preisniveaus und Anpassung an veränderte Marktbedingungen, technologische Entwicklungen oder regulatorische Anforderungen	DSM führte eine Evaluationsphase durch und stellte fest, dass ein höherer Preis die Investitionsentscheidungen stärker beeinflusst. DAher wurde der ICP schrittweise angepasst.
Tiefe	Bewertung, inwieweit der ICP tatsächlich Investitions- und Beschaffungsentscheidungen beeinflusst und ob er als Steuerungsinstrument effektiv ist	Shell misst, wie der ICP in Kapitalausgaben einfließt und ob er Investitionen in emissionsärmere Technologien fördert.
Zeit	Sicherstellen der langfristigen Relevanz durch regelmäßige Überprüfung der ICP-Wirksamkeit und schrittweise Anpassung an neue Unternehmensstrategien und Klimaziele	Carrefour überprüft dreimal pro Jahr, wie der ICP in den Investitionsentscheidungen berücksichtigt wird, und passt den Mechanismus bei Bedarf an.

Tab 10: Beispiele für Monitoring und Evaluation des internen CO_2-Preises

Die Definition klarer KPIs, wie zB die durch ICP beeinflussten Geschäftsentscheidungen, CO_2-Reduktionen pro Investition oder die wirtschaftliche Rentabilität von Klimamaßnahmen, erleichtert die Erfolgskontrolle und ermöglicht eine gezielte Weiterentwicklung des Ansatzes.

6.2.2.5. Zukunftsausblick für den internen CO_2-Preis

Der interne CO_2-Preis wird in den kommenden Jahren weiter an Bedeutung gewinnen, da immer mehr Länder Maßnahmen zur Treibhausgasreduktion ergreifen und Unternehmen sich an strengere Vorgaben anpassen müssen. Neben den direkten Emissionen (Scope 1) rücken auch indirekte Emissionen aus zugekauftem Strom (Scope 2) und entlang der Wertschöpfungskette (Scope 3) verstärkt in den Fokus. Unternehmen, die ihren CO_2-Fußabdruck nicht systematisch erfassen, riskieren, künftige Risiken zu unterschätzen.

Die Verbreitung interner CO_2-Preise lässt sich durch drei zentrale Faktoren vorantreiben

Erstens spielt das Topmanagement eine Schlüsselrolle. Geschäftsführerinnen und Geschäftsführer sollten die Bedeutung frühzeitig erkennen, in ihre Strategie integrieren und ihre Belegschaft sensibilisieren. Dies erfordert nicht nur eine solide Datengrundlage, sondern auch den Aufbau von „Klimakompetenz“.

Zweitens wirkt der Finanzmarkt als externer Druckfaktor. Banken, Versicherer und Investoren fordern zunehmend transparente CO_2-Bewertungen und verlässliche Szenarien zur Klimabilanz, um die Auswirkungen von Klimaschutzmaßnahmen auf den Geschäftserfolg zu beurteilen.

Drittens können die Zivilgesellschaft und die Politik dazu beitragen, dass CO_2-Preissysteme im Unternehmensalltag ankommen. Kritische Nachfragen zu Emissionen und den Effekten solcher Systeme schärfen das Bewusstsein. Gleichzeitig sollte die Politik durch steuerliche Anreize, Standards und klare Regulierungen verlässliche Rahmenbedingungen schaffen.

Langfristig werden wettbewerbsfähige Geschäftsmodelle interne CO_2-Preise nicht nur einführen, sondern diese kontinuierlich anpassen müssen. Plattformen, Austauschformate und Best-Practice-Beispiele können den Prozess beschleunigen und Unternehmen jeder Größe einen Mehrwert bieten. Unternehmen, die frühzeitig Klimarisiken erkennen, steuern und in strategische Chancen umwandeln, werden nachhaltig profitieren.[172]

172 Deutsches Global Compact Netzwerk. (September 2018). Interner CO2-Preis in Unternehmen, unter: https://www.globalcompact.de/migrated_files/wAssets/docs/Umweltschutz/Publikationen/Diskussionspapier-Interner-Co2-Preis_screen.pdf (abgerufen am 1.4.2025).

7. Zusammenhang zwischen Emissionshandelsmärkten und Regulatorik

7.1. Überblick

In den vorangehenden Kapiteln wurden die verschiedenen Spielarten des Emissionshandels im Detail vorgestellt und diskutiert. In diesem Kapitel wird nun die Vogelperspektive eingenommen, um abschließend noch einmal „das große Ganze" zu betrachten. Dabei steht der Zusammenhang zwischen den verschiedenen Emissionshandelsmarktmechanismen und relevanter Regulatorik im Vordergrund. Ziel ist, die verschiedenen Emissionsmärkte im Lichte der relevanten regulatorischen Rahmenwerke zu verstehen.

In einigen Fällen ist der Bezug von Regulatorik und einem spezifischen Handelssystem unmittelbar. Im Kapitel zum UNFCCC zB wurde die Rolle des Kyoto-Protokolls und des Pariser Klimaabkommens im Zusammenhang mit dem staatenübergreifenden Emissionshandel erläutert. Das Kyoto-Protokoll war das erste verbindliche internationale Abkommen zum Klimaschutz und legt in Artikel 17 fest, dass Länder, die über „überschüssige" Emissionseinheiten verfügen, diese an Länder verkaufen können, die ihre in den verpflichtenden Klimaaktionsplänen, den sogenannten Nationally Determined Contributions (NDCs), festgelegten Ziele verfehlen. Artikel 6 des Pariser Klimaabkommens greift diesen Mechanismus des zwischenstaatlichen Emissionshandels auf und sieht für Länder zwei Optionen für den Handel mit Emissionen bzw Kompensationen vor. Die eine erlaubt es zwei Ländern, ihre eigenen Bedingungen für ein bilaterales Emissionshandelsabkommen festzulegen (Artikel 6.2). Die zweite zielt darauf ab, ein zentrales von den Vereinten Nationen verwaltetes System zu schaffen, das es Ländern (und auch Unternehmen) ermöglicht, ihre Emissionen zu kompensieren und mit diesen Kompensationen zu handeln (Artikel 6.4).

In anderen Fällen jedoch ist der Zusammenhang zwischen regulatorischem Regelwerk und dem Emissionshandel nicht unmittelbar ersichtlich und dennoch existieren wichtige Verbindungen. Dies gilt insbesondere im Fall der Corporate Sustainability Reporting Directive (CSRD) und der Corporate Sustainability Due Diligence Directive (CSDDD).[173] Beide EU-Richtlinien nehmen nicht explizit Bezug auf den Handel mit Emissionen. Aber sie verlangen von großen Teilen der Wirtschaft, ihren Einfluss auf Umwelt und Mensch offenzulegen. Dadurch entsteht für Unternehmen neben dem wirtschaftlichen Erfolg auch der Druck, ihre Geschäftstätigkeiten im Sinne der Nachhaltigkeit und mit Blick auf das Ziel des Pariser Klimaabkommens, die Erderwärmung auf 1,5 °C zu beschränken, auszurichten und entsprechende Bemühungen standardisiert zu berichten. Die CSRD und die CSDDD sind kritische regulatorische Werke, die die Reduktion von

173 Zu dem Zeitpunkt, an dem dieses Buch verfasst wird, sieht die EU eine Abschwächung der Anforderungen der *CSRD* und der *CSDDD* im Rahmen der sogenannten *Omnibus-Initiative* vor. Diese mag die Tragweite der Richtlinien im Hinblick auf den Umfang der Berichterstattungsanforderungen (insbesondere im Fall kleiner und mittelständischer Unternehmen) in einigen Aspekten einschränken.

Emissionen katalysieren sollen, und somit komplementäre Instrumente zum EU-ETS und zu CBAM.

Darüber hinaus hat die EU-Regelungen und Richtlinien herausgegeben, die das Thema Emissionshandel explizit adressieren. Der EU-ETS wurde basierend auf der Verabschiedung der EU Emissions Trading Directive (2003/87/EC) am 25. Oktober 2003 ins Leben gerufen. Der komplementäre Carbon Boarder Adjustment Mechanism wurde seinerseits durch eine entsprechende im Mai 2023 verabschiedete Verordnung etabliert. Sowohl ETS als auch CBAM werden im Detail in Kapitel 3. behandelt. Des Weiteren gibt es neue regulatorische Entwicklungen in der EU, die zunehmend Bezug auf den freiwilligen Emissionshandel (VCM) und den Umgang mit Offsets nehmen. Zwei aktuelle und wesentliche Beispiele sind die Empowering Consumers for the „Green Transition Directive" (ECGT-Verordnung) und das Carbon Removal Certification Framework (CRCF). Die sich im Entwurf befindende Green Claims Directive zielt darauf ab, Greenwashing zu verhindern, indem spezifische Regeln für Aussagen zur „grünen Natur" von Produkten und Dienstleistungen festgelegt werden. Konsumenten sollen sicher sein können, dass solche Aussagen verlässlich, vergleichbar und verifizierbar sind. Die Richtlinie sieht unter anderem vor, dass Unternehmen transparent über Treibhausgaskompensationen berichten müssen, einschließlich der Trennung von Emissionen und Kompensationen, sowie die Angabe, ob die Kompensationen Emissionsreduktionen oder -entfernungen betreffen (siehe Kapitel 5. „Freiwilliger Klimaschutz), und Informationen über die Qualität der Kompensationen bereitstellen müssen.

Das im November 2024 von der EU verabschiedete CRFC soll ein Regelwerk für die Zertifizierung von Offsets, das heißt freiwillig Kompensationen, schaffen und dadurch die Finanzierung von Kohlenstoffentfernungsprojekten erleichtern, indem es Investoren und anderen Akteuren Vertrauen in die Qualität und Integrität der zertifizierten Entfernungen gibt. Langfristig soll das CRCF dazu beitragen, die EU-Klimaziele zu erreichen, indem es die Integration von Kohlenstoffentfernungen in verschiedene EU-Klimapolitikinstrumente wie das Emissionshandelssystem (ETS), die Lastenteilungsverordnung (ESR) und die Verordnung über Landnutzung, Landnutzungsänderungen und Forstwirtschaft (LULUCF) ermöglicht. Interessant ist, dass die EU als Regulator durch das CRFC und die Green Claims Directive versucht, maßgeblich Einfluss auf den freiwilligen und dadurch auch zumindest teilweise als unreguliert verstandenen Markt für Emissionshandel zu nehmen.

In diesem Kapitel werden die vier oben genannten EU-Regularien skizziert. Sie sind nicht die einzigen, zählen aber sicherlich zu den relevantesten im Kontext der EU-Regulatorik. Ziel ist es, folgende Fragen in Kürze zu beantworten: Was ist das Ziel der Regulatorik? Wer ist davon betroffen? Welche Herausforderungen ergeben sich für die Betroffenen?

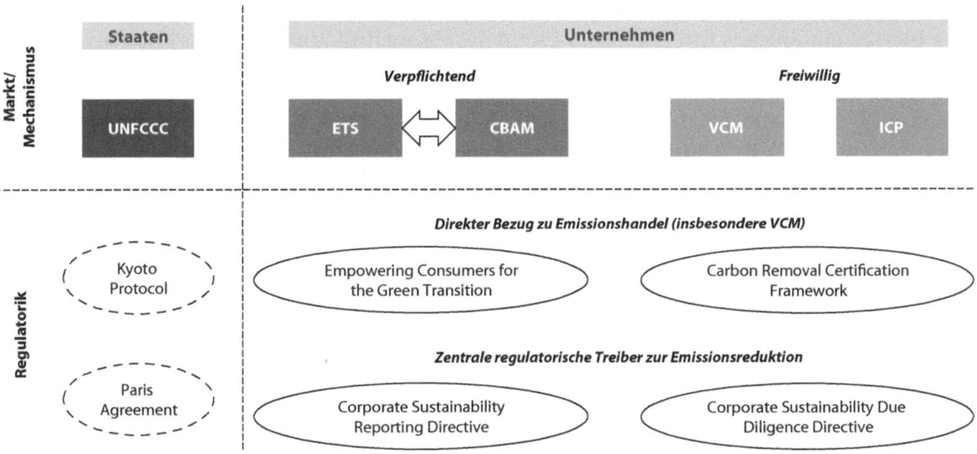

Abb 46: Überblick zu Emissionshandelsmarktmechanismen und Regulatorik [Quelle: KPMG]

7.2. Corporate Sustainability Reporting Directive – CSRD

Am 21. Juni 2022 haben der Europäische Rat und das Europäische Parlament eine vorläufige politische Einigung zur Richtlinie über die Nachhaltigkeitsberichterstattung von Unternehmen (CSRD) erzielt. Der Vorschlag wurde von der Europäischen Kommission im Zuge des EU Green Deals angenommen und am 5. Jänner in Kraft gesetzt. Ziel ist die Überarbeitung und Stärkung der Regeln der bestehenden Richtlinie zur nichtfinanziellen Berichterstattung (NFRD) bzw in Österreich das NaDiVeG.[174] Die neuen Berichterstattungsanforderungen führen zu erheblichen Veränderungen für die betroffenen Unternehmen sowie zu einer Verlagerung von der freiwilligen zur obligatorischen Offenlegung als Teil der Verantwortung des Managements.[175]

Die CSRD soll sicherstellen, dass Unternehmen zuverlässige und vergleichbare Nachhaltigkeitsinformationen liefern, die Stakeholder und Stakeholderinnen benötigen, um die nicht-finanzielle Leistung zu bewerten. Ihr Hauptziel ist die Verbesserung der Transparenz, um eine Neuausrichtung von Investitionen in nachhaltigere Technologien und Unternehmen zu ermöglichen. Die Richtlinie führt zu einem hohen Anstieg der Zahl der Unternehmen, die den EU-Vorschriften zur Nachhaltigkeitsberichterstattung unterliegen. Derzeit sind allein in Österreich rund 130 Unternehmen betroffen, und zwar große Unternehmen von öffentlichem Interesse (mit mehr als 500 Beschäftigten), die bereits der NFRD unterliegen. Ab 2028 sollen weitere Unternehmen sowie Nicht-EU-Unternehmen, die wirtschaftlichen Aktivitäten in der EU nachgehen, gemäß CSRD berichten.

Während unter der NFRD die Berichterstattungsstandards frei wählbar waren (zB die der Global Reporting Initiative [GRI] oder des Sustainability Accounting Standards Board [SASB]) muss die nicht-finanzielle Berichterstattung laut CSRD gemäß European

174 Nachhaltigkeits- und Diversitätsverbesserungsgesetz.
175 ESRS – EUROPEAN SUSTAINABILITY REPORTING STANDARDS, Leitfaden der IG Lebenszyklus Bau (2024).

Sustainability Reporting Standards (ESRS) erfolgen. Die ESRS sollen gewissermaßen den bereits etablierten International Financial Reporting Standards (IFRS) entsprechen und einheitliche Berichterstattungsstandards liefern.

In Summe bestehen die ESRS aus zwölf Standards, zwei davon sind allgemeine und übergreifende Anforderungen, fünf beziehen sich auf Umweltthemen, vier auf soziale und ein Standard deckt das Thema Governance ab. 2026 soll ein zweites ESRS-Set eingeführt werden, welches branchenspezifische Standards und Standards für KMUs umfasst.

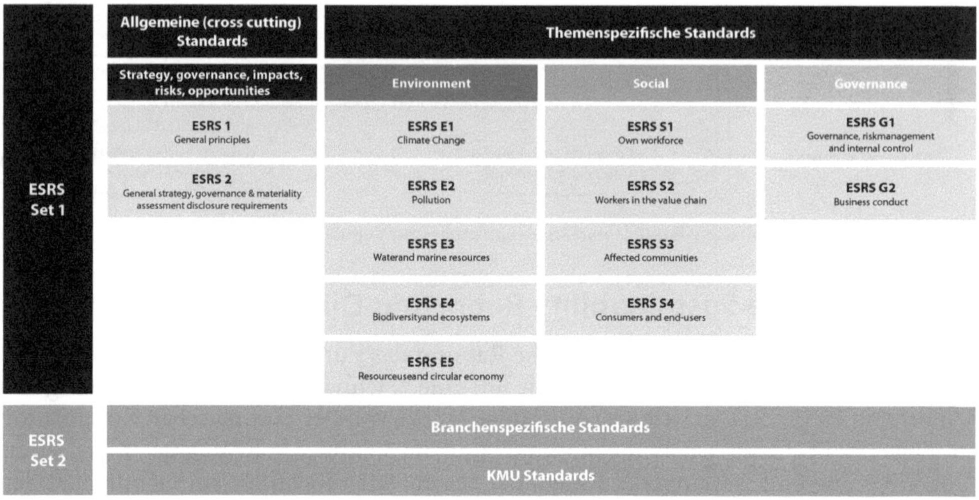

Abb 47: Übersicht zu den ESRS [Quelle: KPMG]

Die Erstellung des Corproate Carbon Footprint (CCF) ist durch die Offenlegungspflicht in Bezug auf die nicht-finanzielle Berichterstattung innerhalb der EU auf völlig neue Beine gestellt worden. Der ESRS E1 zum Thema Klimawandel beinhaltet Offenlegungspflichten in Bezug auf die sieben Treibhausgase (THG): Kohlendioxid (CO_2), Methan (CH_4), Distickstoffoxid (N_2O), teilfluorierte Kohlenwasserstoffe (HFKW), perfluorierte Kohlenwasserstoffe (PFC), Schwefelhexafluorid (SF_6) und Stickstofftrifluorid (NF_3). Darüber hinaus legt er Offenlegungspflichten fest, die beschreiben, wie das Unternehmen mit seinen Treibhausgasemissionen sowie den damit verbundenen Übergangsrisiken umgeht. Durch den E1-Standard werden nicht nur einheitliche, sondern auch umfassendere Anforderungen hinsichtlich der Berechnung und Berichterstattung von betrieblichen Emissionen festgelegt als durch die bisher bekannten Standards.[176]

Die CSRD stellt somit eine Weiterentwicklung der zunächst nur im freiwilligen Markt durchgeführten CCF-Berechnung dar. Zudem verpflichtet die Verordnung sukzessive mehr und mehr Unternehmen, die nicht vom ETS betroffen sind, zur Berechnung und Offenlegung der von ihnen verursachten Emissionen. ETS und CSRD schlagen somit in die gleiche Kerbe, indem sie Druck auf betroffene Unternehmen ausüben, ihre Emissionen zu erheben und zu reduzieren.

176 GHG-PAS 2050 etc.

Zum Zeitpunkt der Fertigstellung dieses Buches im Sommer 2025 wurde innerhalb der politischen Verantwortlichen der EU diskutiert, ob im Sinne der „Omnibus- Regelung" die bisher geltenden Regeln der CSRD aufgeweicht werden sollen. Die Autoren können die gegenwärtigen Entwicklungen nicht vorhersehen, es scheint aber politischer Wille zu sei, dass eine deutliche Marsch-Erleichterung für viele Betriebe beschlossen wird. Es ist auch erkennbar, dass die Grenzen so verschoben werden, dass viele Betriebe (hauptsächlich KMU) zunächst von der CSRD nicht betroffen sein werden. Es scheint im Sommer 2025 so, wie wenn die EU schrittweise zentrale Elemente des Green Deals aufweichen möchte.

7.3. Corporate Sustainability Due Diligence Directive (CSDDD)

Die CSDDD ist ein weiteres zentrales Rechtsinstrument, um den Übergang von Unternehmen zu einer nachhaltigen Wirtschaft sicherzustellen und die Klimaziele der EU zu erreichen. Es erfordert von betroffenen Unternehmen einfach formuliert, dass sie sorgfältig überprüfen und offenlegen, welchen Einfluss sie über die gesamte Wertschöpfungskette hinweg auf Mensch und Umwelt nehmen. Während die CSRD darauf abzielt, die Transparenz und Aussagekraft von Nachhaltigkeitsberichten, die Unternehmen veröffentlichen, zu erhöhen, definiert die CSDDD konkrete Handlungspflichten, die Unternehmen erfüllen müssen, um nachhaltige Geschäftspraktiken sicherzustellen.

Es muss aufgezeigt werden, welche Maßnahmen proaktiv ergriffen werden, um Prozesse und Governance im Unternehmen so zu gestalten, dass negative Auswirkungen auf Menschenrechte und Umwelt vermieden werden. Darüber hinaus sind von betroffenen Unternehmen sogenannte Übergangspläne zur Minderung der Folgen des Klimawandels zu entwickeln und umzusetzen, sodass sie ihr Geschäftsmodell und ihre Strategie mit dem Übergang zu einer nachhaltigen Wirtschaft und der Begrenzung der Erderwärmung auf 1,5° C in Einklang bringen. Insbesondere in diesem Punkt bestehen zwischen CSRD und CSDDD Synergien: Unternehmen, die einen Übergangsplan für den Klimaschutz entwickeln, der den Anforderungen der CSRD sowie den ESRS-Standards gemäß ESRS E1-1 entspricht, erfüllen damit gleichzeitig die Vorgaben der CSDDD für solche Übergangspläne. Grundlage hierfür ist stets die Erhebung der Treibhausgasbilanz über die Scopes 1, 2 und 3, auch bekannt als Corporate Carbon Footprint (CCF).

Da die CSDDD von Unternehmen die Entwicklung und Umsetzung dieser Übergangspläne abverlangt, übt sie de facto einen größeren Druck auf betroffene Unternehmen aus, Emissionen zu reduzieren. Während die CSRD „nur" eine Offenlegungs- und Berichtspflicht zu den bilanzierten Emissionen impliziert, werden Unternehmen durch die CSDDD verpflichtet, aufzuzeigen, wie sie zur Einhaltung des 1,5-Grad-Ziels des Pariser Klimaabkommens beitragen.

Die Richtlinie zu diesen Sorgfaltspflichten wurde am 13. Juni 2024 erlassen und trat am 25. Juli 2024 in Kraft. Betroffen sind Unternehmen, die entweder mehr als 1.000 Beschäftigte haben und einen weltweiten Nettoumsatz von mehr als 450 Millionen Euro erzielen oder die oberste Muttergesellschaft einer Gruppe sind, die diese Schwellenwerte erreicht. Besonders betroffen sind Branchen mit hohen Umweltauswirkungen wie die

Landwirtschaft, die Lebensmittelverarbeitung und der Einzelhandel, da sie ihre Beschaffungsmethoden anpassen müssen, um faire Preise und existenzsichernde Löhne auch bei ihren Lieferanten sicherzustellen.

Die CSDDD verlangt die Berücksichtigung der gesamten Lieferkette.[177] Unternehmen sollen deshalb auch überprüfen und sicherstellen, dass Lieferanten sich an menschenrechtliche Vorgaben halten und keine Praktiken anwenden, die die Umwelt zerstören. Dadurch ergibt sich ein immenser Aufwand im Zusammenhang mit der Erhebung und Auswertung relevanter Daten sowie bei der Identifikation, Analyse und Steuerung relevanter Risiken. Darüber hinaus sind mit der Umsetzung der Richtlinie potenziell beträchtliche Kosten verbunden, insbesondere für die Anpassung von Geschäftsstrategien, die Entwicklung und Umsetzung von Übergangsplänen zur Minderung der Klimafolgen sowie für die Überprüfung und Einhaltung der neuen Vorschriften. Unternehmen müssen möglicherweise in neue Technologien investieren, neue Lieferanten suchen und ihre Lieferketten anpassen. Denn Unternehmen müssen auch sicherstellen, dass sie ihre Geschäftspartner in die Einhaltung der neuen Vorschriften einbeziehen und gegebenenfalls vertragliche Zusicherungen einholen.

Bei Verstößen gegen die neuen Vorschriften drohen Unternehmen Sanktionen, die von öffentlichen Erklärungen, in denen das verantwortliche Unternehmen und die Art des Verstoßes genannt werden, bis hin zu Bußgeldern reichen. Die Sanktionen sollen wirksam, verhältnismäßig und abschreckend sein und können bis zu 5 % des weltweiten Nettoumsatzes des Unternehmens betragen.

7.4. Empowering Consumers for the Green Transition Directive (ECGT)

Die am 26. März 2024 in Kraft getretene Richtlinie zur Stärkung der Verbraucher für den ökologischen Wandel durch besseren Schutz gegen unlautere Praktiken und durch bessere Informationen (2024/825/EU) ändert und ergänzt die bestehende Richtlinie über unlautere Geschäftspraktiken (2005/29/EG) sowie die Verbraucherrechte-Richtlinie (2011/83/EU). Sie zielt darauf ab, zugleich den Verbraucherschutz zu stärken und den ökologischen Wandel zu fördern, indem sie unlautere Geschäftspraktiken bekämpft, die auf der Vermittlung irreführender oder falscher Informationen zur Nachhaltigkeit bzw „ökologischen Unbedenklichkeit“ von Produkten und Dienstleistungen fußen. Die ECGT umfasst unter anderem folgende Regeln und Verbote:

- Allgemeine Umweltaussagen (zB „grün“ oder „öko“) in schriftlicher oder mündlicher Form werden mit wenigen Ausnahmen grundsätzlich verboten. Solche Aussagen sind nur dann zulässig, wenn sie klar spezifiziert und nachvollziehbar begründet sind.
- Nachhaltigkeitssiegel müssen künftig höheren Glaubwürdigkeitsstandards entsprechen. Kennzeichnungen, die weder von staatlichen Stellen stammen noch auf einem unabhängigen Drittzertifizierungssystem basieren, werden verboten. Zudem müssen diese Siegel für alle Unternehmen zugänglich sein und Bewertungsmaßstäbe der Siegel müssen offengelegt werden.

177 In Deutschland zB wird die CSDDD im nationalen Lieferkettengesetz abgebildet.

- Irreführende Umweltaussagen, die das gesamte Produkt betreffen, obwohl sie nur für einen Teil gelten, werden untersagt. Unternehmen müssen zudem sicherstellen, dass sie keine irreführenden Aussagen machen, die Verbraucher täuschen könnten, wie etwa die Behauptung, dass ein Produkt klimaneutral sei, ohne dass dies durch den gesamten Lebenszyklus des Produkts nachgewiesen werden kann. (Der im Kapitel 5.5. „Greenwashing" beschriebene Fall einer österreichischen Brauerei fällt genau in diese Kategorie von Irreführung.)
- Werbung mit gesetzlich vorgeschriebenen Anforderungen als besondere Eigenschaft des Produkts oder Unternehmens wird ebenfalls verboten.

Das Verbot in Bezug auf die Verwendung von Offsets, also Emissionskompensationen, hat viel Aufmerksamkeit erregt. Die Richtlinie verbietet nicht grundsätzlich die Nutzung von Offsets. Verboten ist es jedoch, Behauptungen über die Kompensation von Emissionen aufzustellen, die suggerieren, dass die Umweltauswirkungen eines Produkts oder einer Dienstleistung durch die Kompensation neutralisiert werden.

Hersteller und Händler dürfen somit nicht mehr behaupten, dass ein Produkt hinsichtlich seiner Treibhausgasemissionen eine neutrale, reduzierte oder positive Umweltwirkung hat, wenn diese Aussagen auf Kompensationen außerhalb der eigenen Wertschöpfungskette basieren. Ausnahmen gelten lediglich für unternehmensbezogene Aussagen (also ohne Bezug auf ein Produkt) und falls nachgewiesen werden kann, dass das Unternehmen das Reduktionspotenzial zur Gänze ausgeschöpft hat und lediglich unvermeidbare Emissionen kompensiert. Genutzte Offsets müssen dann gemäß dem Carbon Removals Certification Framework zertifiziert werden (siehe unten).

Die ECGT-Richtlinie (wie auf die Green Claims Directive) nimmt somit explizit Bezug auf freiwillige Emissionshandelsmärkte, indem sie deutlich striktere Regeln für die Verwendung von Offsets auferlegen. Die ECGT-Richtlinie soll zudem von der sich noch im Entwurf befindenden Green Claims Directive ergänzt werden. Unternehmen sollen danach künftig alle umweltbezogenen Marketingangaben zur Genehmigung vorlegen, bevor sie diese verwenden. Die Behauptungen sollen laut des aktuellen Richtlinien-Entwurfs innerhalb von 30 Tagen von akkreditierten Gutachtern bewertet werden. Unternehmen, die gegen die Vorschriften verstoßen, können von der Auftragsvergabe ausgeschlossen werden, verlieren ihre Einnahmen und müssen mit einer Geldstrafe von mindestens 4 % ihres Jahresumsatzes rechnen.

Die ECGT-Richtlinie betrifft eine Vielzahl von Unternehmen und Branchen, insbesondere solche, die Produkte und Dienstleistungen mit ökologischen und sozialen Merkmalen anbieten. Dazu gehören Hersteller von Konsumgütern, Elektronik, Textilien sowie Anbieter digitaler Inhalte und Dienstleistungen. Unternehmen, die ausschließlich gesetzlich vorgeschriebene Kennzeichnungen verwenden, fallen nicht unter die neuen Regelungen. Betroffen sind zudem alle Unternehmen, die Offsets dazu genutzt haben, um ihre Produkte und Dienstleistungen als „klimaneutral" oder „grün" am Markt zu positionieren.

Eine der größten Herausforderungen für die betroffenen Unternehmen besteht darin, die Transparenz und Glaubwürdigkeit ihrer Nachhaltigkeitsaussagen zu gewährleisten.

Dies erfordert nicht nur die Einhaltung strengerer Informationspflichten, sondern auch die kontinuierliche Überwachung und Anpassung der Geschäftsprozesse, um den neuen Anforderungen gerecht zu werden und das Risko von finanziellen und Reputationsschäden zu minimieren. Entsprechende Governance-, Kontroll- und Entscheidungsstrukturen können dazu notwendig werden, um bestehende, unzureichend gestützte „green claims" zurückzuziehen und zukünftige mögliche Aussagen vor Veröffentlichung gründlich zu prüfen.

Die Umsetzung der Richtlinie bringt somit für Unternehmen verschiedene Kosten mit sich. Dazu zählen die Kosten für die Anpassung von Marketingstrategien, die Implementierung von Zertifizierungssystemen und die regelmäßige Überprüfung durch unabhängige Dritte. Unternehmen müssen zudem sicherstellen, dass ihre Umwelt- und Sozialaussagen klar, objektiv und überprüfbar sind, was zusätzliche Ressourcen für die Erstellung und Überprüfung detaillierter Umsetzungspläne erfordert.

Bei Nichteinhaltung der neuen Vorschriften drohen Unternehmen Sanktionen. Diese können von den zuständigen nationalen Behörden verhängt werden und umfassen Maßnahmen wie Bußgelder, Verkaufsverbote für bestimmte Produkte oder die Verpflichtung zur Korrektur irreführender Informationen. Die genauen Sanktionen variieren je nach Mitgliedstaat und Schwere des Verstoßes, aber die Richtlinie zielt darauf ab, durchsetzbare und abschreckende Maßnahmen zu gewährleisten, um die Einhaltung der Vorschriften sicherzustellen.

7.5. Carbon Removal Certification Framework (CRCF)

Das Carbon Removal Certification Framework (CRCF) wurde von der Europäischen Union im November 2024 verabschiedet und zielt darauf ab, ein systematisches Regelwerk für die Zertifizierung und Anerkennung freiwilliger Emissionsabbauprojekte (Carbon Removal) zu schaffen. Eines der Ziele dieser Regulierung ist es, Investoren und anderen Akteuren Vertrauen in die Qualität und Integrität der zertifizierten Emissionsentfernungen zu geben und somit die Finanzierung solcher Projekte zu erleichtern. Indem es einheitliche Standards und Verfahren zur Messung, Berichterstattung und Verifizierung von Kohlenstoffentfernungen festlegt, soll das CRCF die Bemühungen der EU zur Erreichung ihrer Klimaziele und die Begrenzung der Erderwärmung entsprechend dem Pariser Klimaabkommen unterstützen.

7.5.1. Implikationen für Unternehmen

Das CRCF betrifft eine breite Palette von Unternehmen und Industrien, darunter insbesondere die Land- und Forstwirtschaft, Energieerzeugung und produzierende Industrien. Die Richtlinie verpflichtet Unternehmen, die Emissionsabbauprojekte durchführen oder unterstützen, diese gemäß den vorgeschriebenen Zertifizierungskriterien zu betreiben. Besondere Aufmerksamkeit gilt hierbei den Bereichen der dauerhaften Kohlenstoffentfernung, der temporären Entfernung zB durch Carbon Farming und der Kohlenstoffspeicherung in Produkten. Ab dem Inkrafttreten der Richtlinie müssen diese Unternehmen sicherstellen, dass ihre Projekte den Anforderungen des CRCF entsprechen, um ihre Zertifikate zu erhalten und auf dem Markt anerkannt zu werden.

Die Anwendung des CRCF bringt mehrere Herausforderungen für betroffene Unternehmen mit sich. Erstens erfordert die Zertifizierung eine genaue und wissenschaftlich fundierte Quantifizierung der entfernten bzw gebundenen Emissionen. Diese Quantifizierung muss relevant, konservativ, vollständig, konsistent, transparent und vergleichbar sein, was durch eine Kombination aus Vor-Ort-Messungen und Fernerkundung oder Modellierung erreicht wird. Unternehmen müssen auch sicherstellen, dass ihre Aktivitäten zusätzliche Anforderungen erfüllen, das heißt, sie müssen über die gesetzlichen Anforderungen hinausgehen und durch die Zertifizierung wirtschaftlich rentabel werden. Des Weiteren müssen Unternehmen transparente Monitoring- und Berichtssysteme einführen, um die Speicherung, Überwachung und mögliche Aufhebungen der Kohlenstoffentfernungen ordnungsgemäß zu dokumentieren. Dies betrifft insbesondere Projekte, welche die Speicherung von Emissionen in natürlichen Senken nutzen wie zB beim Humusaufbau oder Aufforstungsprojekte. Dies schließt die Notwendigkeit eines robusten Haftungsmechanismus ein, um Fälle von Kohlenstoffumkehrungen zu adressieren.

In der Praxis müssen Unternehmen zunächst einen Antrag auf Zertifizierung bei einem anerkannten Zertifizierungsschema stellen. Dies beinhaltet die Vorlage eines Aktivitätsplans, der Nachweise für die Einhaltung der relevanten Artikel der Richtlinie sowie einen Monitoringplan enthält. Nach Annahme des Antrags bewertet eine Zertifizierungsstelle die vorgelegten Daten und führt einen Zertifizierungsaudit durch, um die Genauigkeit und Zuverlässigkeit der Informationen sowie die Übereinstimmung mit den Richtlinien sicherzustellen. Ein erfolgreicher Auditbericht führt zur Ausstellung eines Konformitätszertifikats, das alle wesentlichen Informationen enthalten muss.

Zertifizierungsstellen müssen von einer nationalen Akkreditierungsstelle anerkannt und unabhängig von Unternehmen oder Unternehmensgruppen sein, um Interessenkonflikte zu vermeiden. Die Kommission wird auch eine Unionsregistrierung für permanente Kohlenstoffentfernungen, Carbon Farming und Kohlenstoffspeicherung in Produkten einrichten, um Informationen zum Zertifizierungsprozess öffentlich zugänglich zu machen und die Rückverfolgbarkeit der zertifizierten Einheiten zu gewährleisten.

Die CRCF-Verordnung legt fest, dass die Zertifizierung von entfernten Emissionen nicht für Emissionen gilt, die unter den Geltungsbereich der ETS-Richtlinie fallen (Artikel 1.2). Derzeit schließt die ETS-Richtlinie die Nutzung von CO_2-Entnahmeeinheiten zur Erfüllung der darin festgelegten Verpflichtungen aus. Ebenso ist die Verwendung externer Offsets derzeit nicht gestattet – vor allem aufgrund negativer Erfahrungen mit der der Integration von Offset-Gutschriften.[178] Die überarbeitete ETS-Richtlinie sieht zudem einen Zeitplan für das weitere Vorgehen in Bezug auf negative Emissionen vor. Bis spätestens 31. Juli 2026 wird die Europäische Kommission einen Bericht vorlegen, der bei Bedarf von einem Gesetzesvorschlag begleitet wird. Bis dahin wird die Idee der Integration von freiwilligen Emissionsgutschriften beziehungsweise von VCM und dem verpflichtenden ETS wohl ausschließlich Teil akademischer Diskussionen bleiben.

178 Umweltbundesamt, The EU Carbon Removal Certification Framework: Options for using certified removal units and funding mitigation activities, Climate Change 44/2024.

8. Nachwort

Das vorliegende Buch entstand in den Jahren 2024 und 2025. Zu dieser Zeit war das Paradoxon festzustellen, dass einerseits die Klimakrise immer augenscheinlicher wurde und andererseits genau diese Klimakrise bei den politischen Diskussionen und Entscheidungen keine oder nur eine untergeordnete Rolle spielte. Im Gegenteil: Es ist eine Tatsache, dass frühere mutige politische Weichenstellung wie der Green Deal der EU oder der Inflation Reduction Act in den USA wieder aufgeweicht oder rückgängig gemacht werden. Auch der in diesem Buch behandelte Emissionshandel ist im Wesentlichen eine Erfindung der Politik, denn es handelt sich dabei um keinen natürlichen, sondern um einen künstlich geschaffenen Markt. Daher steht auch der Emissionshandel auf einem Scheideweg, die Diskussion über einen weltweiten Markt mit einheitlichen Spielregeln läuft seit Jahren, ohne zu einem eindeutigen Ergebnis zu kommen.

Sollte jemand in 50 Jahren, also im Jahr 2075, dieses Buch in Händen halten, so wird die Klimakrise viele der heute noch ungeklärten Fragen längst beantwortet haben: Wie heiß ist es dann wirklich? Welche Auswirkungen hat diese Temperaturerhöhung auf Biosphäre, Wüsten, Regenwälder, Küstenstädte und vor allem auf uns Menschen? Sind dann die Kipppunkte bereits gekippt? Oder positiv betrachtet: Haben die Menschen des einundzwanzigsten Jahrhunderts die Energiewende in Richtung erneuerbarer Quellen vollständig vollzogen? Nutzt man im Jahr 2075 überhaupt noch fossile Quellen? Gibt es zu dieser Zeit ausreichende Senken, die es schaffen, den CO_2-Gehalt in der Atmosphäre wieder zu reduzieren? Und welche Rolle spielt dabei der Emissionshandel?

Die Autoren dieses Buches kennen die Antworten auf die obigen Fragen nicht. Sie eint aber die Überzeugung, dass diese Fragen derzeit die wichtigsten unserer Zeit sind, schließlich geht es um nicht weniger als um das Überleben der Zivilisation so wie wir sie gegenwärtig kennen. Die Autoren haben sich daher für dieses Buch zusammengeschlossen, um Antworten, Einschätzungen und eine gegenwärtige Übersicht zu verpflichtenden und freiwilligen Emissionshandelsmärkten zu geben.

Der Emissionshandel ist sicherlich nicht die einzige Lösung der Klimakrise, aber er bietet sich als ein Teil der Lösung an. **Wichtig ist nicht, wo Klimaschutz passiert, wichtig ist nur, dass Klimaschutz passiert**, denn wir haben zwar keine Zeit mehr zu verlieren, aber einen Planeten zu gewinnen.

Abschließend soll noch erwähnt werden, dass sämtliche üblicherweise für Autoren vorgesehene Erlöse laut einstimmiger Vereinbarung der „Scientist for Future" (S4F)-Bewegung zugutekommen. Die Leserinnen und Leser können das vorliegende Buch also mit einem guten Gewissen erwerben, weil sie nebenbei einen guten Zweck unterstützen. Die S4F haben sich der wissenschaftlichen Begleitung im Kampf gegen die Klimakrise verschrieben, die Autoren danken für diese notwendige und andauernde Unterstützung.

Collected Courses of the
Academy of European Law

1991 Vol. II -2

Academy of European Law

Florence

Directed by

Antonio Cassese and Joseph H. H. Weiler